KB039069

세계 속의 한국경제: 2021~2030

세계 속의 한국경제: 2021~2030

서울사회경제연구소 엮음

김혜원·양문수·유재원·이강국·정세은·조복현 지음

한울
아카데미

책머리에

한국경제의 시급한 과제는 코로나19가 야기한 당면 위기를 극복하는 것이다. 이와 함께 긴 시각과 비전을 가지고 위기 이후 다가올 미래에 대비할 필요성도 커지고 있다. 여러 가지 우려가 제기되어 왔다. 한국경제의 발전이 지속될 수 있는가? 성장 활력이 떨어지고 있는 것은 아닌가? 미래의 먹거리가 마련될 수 있는 것인가? 게다가 미중무역전쟁, 보호무역주의, 글로벌 가치사슬의 재편 등 전례 없는 세계적 충격이 가해지고 있는 것도 한국경제의 미래 준비를 재촉하고 있다. 이 책에서는 한국경제의 내일을 위해 무엇이 필요한지 다루었다.

너무 먼 미래보다는 10년 정도를 내다보고 살펴보는 것이 현실적일 뿐 아니라, 손에 잡히는 분석이 가능할 것이다. 『세계 속의 한국경제: 2021~2030』라는 이 책의 제목은 2030년을 내다보며 한국경제를 논의하자는 의도가 담겨 있다. 올해가 2020년이므로 2020년대라는 표현이 10년 앞을 내다본다는 의미가 된다

이러한 목적을 위해 이 책은 크게 2부로 나뉜다. 첫 번째 부분은 향후 10년간 예상되는 경제 환경 변화에 한국경제가 어떻게 대응하는 것이 필요한지를 다룬다. 두 번째 부분은 한국경제가 한 단계 더 발전하기 위해서 필요한 방향과 정책을 제시한다.

'제1부 2020년대 도전과 대응'에서는 10년 내에 나타날 수 있는 한국경제에 대한 도전적인 환경의 변화와 이에 대한 대응을 검토하고 있다. 10년 내로 가시화되는 경제 환경은 크게 ① 세계경제 측면에서 미중무역갈등을 포함한 자국 이기주의의 강화, ② 코로나19 이후 언택트(Untact)의 강화 및 양극화의 심화, ③ 인구 고령화에 따른 경제 활력의 침체 및 노인 빈곤의 심화 등을 들 수 있을 것이다. 이러한 도전에 대해 한국경제는 어떻게 대응해야 할 것인가? 세계경제 환경의 변화에 대해 서비스산업의 구조 고도화, 기존 제조업의 혁신과 디지털 신사업 육성, 중국 의존도의 완화, 포용적 통상정책 등 한국경제의 전략적 대응이 필요할 것이다. 코로나로 그 필요성이 더욱 드러나는 사회 안전망의 강화, 양극화 해소를 뒷받침하기 위한 재정 개혁이 추진돼야 할 것이다. 고령화에 대비한 중고령자의 고용 대책 등이 마련돼야 할 것이다. 제1부는 이러한 내용을 다루기 위해 세계경제 환경 변화와 한국의 대응, 코로나 이후 복지와 재정, 초고령자 사회와 중고령자 고용 정책이라는 세 개의 글로 구성된다.

유재원의 「세계경제 환경 변화와 한국의 대응」은 세계경제가 글로벌 금융위기의 긴 그늘에서 벗어나 안정적 성장세를 보일 것이라는 기대가 코로나 사태로 인하여 여지없이 무너졌음을 지적하면서 시작한다. 한국이 현 위기를 어떻게 헤쳐 나갈 것인지 논의하려면, 먼저 뉴 노멀(New Normal)이라 불리는 지난 십여 년간 세계경제의 흐름을 되돌아볼 필요가 있다. 글로벌 금융위기 이후 세계경제의 성장세는 둔화되었고, 국제무역은 이보다 더 빠른 속도로 위축되었다. 또한 확장 일로를 겪던 글로벌 가치사슬은 약화되었고, 미국 트럼프 행정부 출범 이후 미중 무역분쟁과 기술패권경쟁이 심화되었다. 같은 기간 중 한국경제의 변화 역시 이러한 세계경제의 흐름과 놀랍도록 닮아 있다. 한국경제는 성숙 단계에 진입하면서 총공급 측면에서 성장동력이 상당히 위축되었고, 총수요 측면에서는 내수 및 해외 수요의 동반 부진에 시달리고 있다. 더욱이 높은 대외의존도와 대중국 수직분업은 글로벌 가치사슬 경쟁력이 높지 않은 한국이 미중 분쟁의 결과 상당한 경제적 피해를 입게 될 것을 예고한다.

이러한 환경변화에 대처하려면 한국은 글로벌 금융위기를 극복하는 과정에서 상대적으로 등한시해 왔던 구조 개혁과 혁신을 가속화해야 한다. 첫째, 투자 부진과 양질의 일자리 부족을 타개하기 위해 서비스산업의 구조 고도화에 박차를 가하고 외국인직접투자 활성화를 추진해야 한다. 둘째, 한국은 글로벌 가치사슬을 강화하기 위해 기존 제조업의 혁신과 디지털 신산업 육성에 주력해야 한다. 셋째, 과다한 중국 의존도를 줄이고 동북아 통상허브를 구축하여, 지역 네트워크에서 차지하는 위상을 높여야 한다. 넷째, 중소기업의 수출 역량 및 구조조정 지원을 강화함으로써 통상 정책의 포용성을 제고해야 한다. 한국경제가 새로운 세계경제 환경 변화에 얼마나 빨리, 얼마나 강하게 대응할 수 있는지에 새로운 도약의 기회가 달려 있다.

정세은의 「코로나 이후 복지와 재정」은 문재인 정부가 포용·공정·혁신을 내걸었으나 이러한 비전을 실현할 정도의 시스템 개혁을 추구하지 않은 것으로 평가한다. 개혁하지 않아도 경제가 그럭저럭 굴러왔기 때문일 것이다. 그러나 우리는 한국경제가 얼마나 노동의 착취와 자산 시장의 거품에 의존하여 작동해 왔는지를 코로나 사태로 명백히 알게 되었을 뿐 아니라 기존의 시스템이 더 이상 작동 불가능하다는 것을 알게 되었다.

시장 실패가 일어나고 있는 국면에서는 재정의 역할이 중요하다. 재정은 전 국민 고용안전망의 확보와 좋은 일자리 창출이라는 역할을 감당하기 위해 대폭 확대되어야 한다. 재정 확대는 재원 조달 방식에 영향을 미칠 수밖에 없다. 비정규직 노동자, 영세 자영업자도 보호할 수 있는 고용 혹은 취업안전망을 도입하고 실업 부조 제도도 도입해야 하며 이는 정규 노동의 범위를 넘어선다는 것이므로 임금에 보험료를 부과하던 방식에서 벗어나 소득 기반으로 바뀌는 시스템 개편이 요구된다. 부과 방식의 변경뿐 아니라 재원의 규모도 확대되어야 한다. 증세는 고용안전망뿐만 아니라 전반적인 복지 확대, 한국형 뉴딜의 집행을 위해서도 필요하다. 대규모 증세를 위해서 상위 1%를 대상으로 하는 증세로는 충분하지 않을 것이고 상위 10%를 대상으로 하는 증세를 모색할 필요가 있다. 그러나 증세를 단기적으로 너무 서두를 필요는 없다. 단기적으로는 적자재정, 국가채무 확대를 통해 재정을 확대하는 것이 바람직하다. 국가채무 확대는 재정 건전성을 악화시키므로 재정 건전성을 지키기 위해서 재정 규율을 도입해야 한다는 주장도 있지만 단기적 국채 증가는 위험하다고 볼 수 없다.

김혜원의 「초고령사회와 중고령자 고용 정책」은 2025년 초고령사회에 진입하는 우리나라는 생산 인구 감소와 피부양 인구 증가로 커다란 부양 부담을 겪을 것으로 예상한다. 장기적으로 출산율 제고를 통한 인구 부양비를 낮추는 것을 목표로 해야 하지만 단기·중기적으로 생산가능인구의 경제활동을 증가시키는 것이 반드시 필요하다. 이를 위해 청년의 고용률 및 여성의 경제활동 참가율 증가와 함께 중고령자의 경제활동을 증가시킬 필요가 있다. 우리나라의 중고령자 경제활동 참가율은 세계적으로 높은 수준으로서 이는 노후소득보장 체계가 충분히 성숙되지 않았기 때문이며 향후 양적으로 중고령 인적 자원의 경제활동 참가율이 하락할 것으로 예상된다. 더욱 중요한 문제는 중고령자 경제활동 참가의 질적 수준을 높이는 것이다. 우리나라 중고령자의 생애 경력 경로를 살펴보면 인적 자본을 집중적으로 축적한 생애 주된 일자리에서 50세 전후에 퇴직하고 이후 20여 년간 상대적으로 낮은 임금의 짧은 근속 기간의 일자리를 거친 후에 70세 전후에 은퇴한다. 퇴직한 이들이 기존의 인적 자본을 활용하고 새롭게 인적 자본을 축적하는 일자리에서 일할 수 있도록 하는 것이 중요한 정책 과제이다.

필자는 50세 이상 비자발적 퇴직자 중 근속 연수 5년 이상자를 대상으로 임금보험제도의 도입을 제안한다. 실험보험제도는 비자발적 퇴직으로 소득이 0으로 변하는 경우 실업급여를 지급하여 가계소득을 지원하고 안정적 구직 활동을 보장하는 데 비해, 임금보험제도는 비자발적 퇴직 후에 재취업한 일자리의 임금이 일정 수준 이하로 되는 경우 퇴직 전 임금보다 하락한 금액 중 일부를 보장하는 제도이다. 임금보험제도는 생애 주된 일자리에서 퇴직하고 새로 일을 배우고 경력을 쌓는 기간 동안 개인적으로 치르는 인적자본 투자 비용을 지원함으로써 단순 일자리에 안주하지 않고 경력 일자리에 투자할 수 있도록 하는 효과가 있다. 이러한 제도를 통해 비자발적으로 퇴직하는 중고령 핵심 인력들이 제2의 인생 경력에 도전할 수 있고 거시적으로 우리나라 경제의 인적자본 총량 증가와 부가가치 생산성 제고를 통해 실질적 부양비가 낮아질 수 있을 것으로 기대된다.

제2부는 '새로운 발전 방향의 모색'이라는 제목으로, 한국경제가 한 단계 높은 발전을 위해서 나아가야 할 방향성을 짚어보고자 한다. 이 책에서는 그 방향 중 중요한 것으로 불평등 해소, 사회적경제 활성화, 남북한 경제협력을 제시하고자 한다. 공정경제가 밑받침되어야 경제주체의 혁신 등 활력 있는 경제활동이 활발해질 수 있다는 점, 사회적 통합과 민주적 참여의 가치가 높아지고 있다는 점, 한반도의 통합적 발전이 정체된 한국경제의 새로운 돌파구로 작용될 수 있다는 점이 고려되었다. 제2부는 이러한 내용을 다루기 위해 불평등과 경제발전, 지역공동체 경제와 지역화폐, 장기적 관점에서 본 남북한 경제협력 방안이라는 세 개 글로 구성된다.

이강국의 「불평등과 경제발전」은 경제발전론의 관점에서 최근 급속히 발진되고 있는 불평등에 관한 여러 경제학 연구들을 소개하고 평가하며 앞으로의 연구 방향을 제시한다. 이를 통해 이들 논의가 한국에 주는 시사점을 도출하려는 시도이다. 이 연구는 먼저 불평등의 다양한 차원에 관해 살펴보고 진정한 발전에 불평등이 어떤 함의를 지니는지 논의한다. 또한 쿠즈네츠 곡선과 불평등이 성장에 미치는 영향 등 불평등과 경제성장 사이에 나타나는 복잡한 상호 관계를 검토한다.

필자는 불평등이 제도와 혁신 등 경제성장의 근본 요인에 미치는 영향에 관해 기존 연구들의 논의를 발전시키고 새로운 실증연구 결과를 제시한다. 이러한 논의를 종합하여 필자는 불평등과 경제발전에 관한 이러한 논의가 한국에 주는 시사점을 제시한다. 결론은 장기적으로 불평등은 지속적인 경제성장과 번영에 악영향을 미칠 가능성이 크다는 것이다.

조복현은 「지역공동체 경제와 지역화폐: 사회적경제 발전을 위한 지역화폐 시스템」에서 고용과 평등의 경제적 가치, 사회통합과 민주적 참여의 사회적 가치, 환경개선과 자원절약의 생태적 가치를 지향하는 지역화폐의 사용에 대한 실험이 다양하게 세계적으로 시행되어 왔지만, 지역화폐제도는 아직 기존 화폐제도에 대한 보완 수준에 머무르고 있으며 지역공동체의 건설 목표에서도 그 성과가 미미한 상태라고 평가한다. 최근 사회적경제 활동이 활발하게 일어나고 있는데, 지역화폐가 사회적경제와 결합하면 그 효과가 더 커질 수 있을 것이다. 이 연구는 이러한 의도에서 사회적경제 활성화를 위한 지역화폐 시스템의 새로운 설계를 시도하였다. 이 지역화폐 시스템의 시도는 제3세대 유형의 킴가우어나 이행 화폐의 모형을 기초로 확장성과 투명성, 지속가능성을 어떻게 제고시킬 수 있을까 하는 문제를 고려하면서 전개하였다.

새로운 지역화폐 시스템은 국가화폐를 기반으로 발행되고 국가화폐와 교환 비율이 동일하다. 이 시스템은 소비자, 생산공급자 및 유통업자 등 사업체,

총괄관리기구, 참여금융기관으로 구성되며, 지역화폐는 국가화폐에 의한 할인 구입을 통해 발행되고, 태환은 가능하지만 태환 시 수수료가 부과된다. 지역화폐는 지폐와 전자지갑을 병행하며 참여금융기관을 통한 대출도 가능하다. 이 시스템의 운영은 회원의 회비 등 수입으로 경비를 조달한다. 지역화폐의 유통 활성화를 위해서는 할인발행과 제품의 품질개선으로 소비자 유인, 사회적경제 내의 상호 조달 증대로 공급자의 지역화폐 사용 유인, 소비자와 사업체 사이의 정보 교환 증가와 유대 강화 증진 등의 대책이 필요하다. 또한 지역화폐의 지속성을 위해서는 블록체인 기술의 활용, 재정 자립의 달성, 전문 인력의 상근 등과 같은 대책도 필요하다.

양문수의 「장기적 관점에서 본 남북한 경제협력방안」은 한국 사회 내에서는 남북경협의 활성화, 나아가 남북경제공동체가 한국경제의 활로를 모색할 수 있는 새로운 돌파구가 될 수 있다는 인식이 확산되기 시작했음을 지적한다. 특히 한국경제가 장기침체의 늪에 빠졌고, 이런 위기를 타개할 대안이 뚜렷하게 보이지 않는다는 공감대가 커질수록 남북경협 및 남북경제공동체에 대한 기대감이 커져 갔다. 장기적인 관점에서 보았을 때 북한의 경제성장이 본격화한다면 비록 그 규모에서는 차이가 나겠지만 과거 중국이나 베트남의 성장이 한국경제에 기여했던 것과 유사한 형태로 기여할 가능성이 높다. 즉 북한은 남한에 대해 시장과 생산기지로서 역할을 수행할 것이며, 따라서 규모의 경제 및 생산요소의 보완이라는 측면에서 남한 경제에 크게 기여할 수 있다는 것이다. 또한 남한은 동북3성을 비롯해 동북아 지역과의 경제협력 공간을 복원할 수 있는 등, 여러 분야에 걸친 다양한 효과가 발생할 수 있다. 다만 이런 기대는 아직 잠재성의 영역에 머물러 있다.

현실에서는 역사상 가장 강력한 대북 제재의 장벽이 가로막고 있다. 대북 제재가 완화·해제되기 위해서는 북미 간 핵 협상이 진전되어야 하는데 북미

간 의견 차가 워낙 커서 앞을 내다보기가 어렵다. 단기간 내 협상이 타결되고 제재가 완화되어 남북경협이 재개될 가능성은 그리 높지 않다. 상당한 시일을 요할지도 모른다. 극적으로 제재가 완화되어 남북경협이 재개된다고 하면 남북경협 방안에 대한 남북한의 합의 도출을 위해 짧지 않은 협의·협상의 과정을 거쳐야 한다. 아울러 남북경협의 내용과 방법 등에 대한 남한 내 보수진영과 진보진영 간 합의 수준 제고를 위한 노력도 지속적으로 이루어져야 한다. 적지 않은 과제가 우리 앞에 놓여 있다.

끝으로 이 책에 실린 소중한 원고를 써주신 필자에게 깊이 감사드린다. 이 글을 책으로 펴낼 수 있도록 도와주신 한울엠플러스(주) 편집진에 감사드린다. 그리고 이 책의 발간을 위하여 수고를 아끼지 않은 서경연 연구진에게도 감사드린다. 이 책이 한국경제를 둘러싼 세계환경의 변화를 이해하고 이에 대응하는 한국경제의 정책 방향 모색에 기여하기를 바란다.

2020년 12월

서울사회경제연구소 소장 장세진

차례

제2부 새로운 발전 방향의 모색

제1부 2020년대 도전과 대응

제1장

세계경제 환경 변화와 한국의 대응

성장, 무역, 글로벌 가치사슬 및 기술패권경쟁을 중심으로

유재원 | 건국대학교 경제학과 교수

1. 서론

2019년 말 발생한 코로나바이러스 감염증(COVID-19)이 전 세계로 급속히 퍼져나가면서, 심각한 인명 피해는 물론 경제적으로도 대공황에 비견할 만한 충격을 주고 있다. 2020년대는 세계경제가 2008년 글로벌 금융위기의 긴 그늘에서 벗어나 안정적 성장세를 보일 것이라는 기대는 여지없이 무너져 내리고 있다. 코로나 사태가 어떻게 세계경제를 바꿔놓을지 아직 판단하기 쉽지 않지만, 글로벌 금융위기가 초래한 세계화의 둔화 내지 퇴조가 심화될 조짐이 나타나고 있다. 세계경제는 큰 폭의 역성장을 보이는 가운데 국제무역의 위축은 더욱 두드러지고 있다. 또한 트럼프 행정부 출범 이후 본격화된 미중 무역분쟁과 기술패권경쟁은 더욱 악화될 기미를 보이고 있다. 세계경제가 언제 충격에서 벗어날지 예측하기 힘든 상황이 지속되면서 글로벌 금융위기 이후 유행했던 '뉴 노멀(New Normal)'이라는 용어가 다시금 주목을 받고 있다.

이러한 일련의 사태는 제2차 세계대전 이후 규범으로 받아들여지던 세계

화, 특히 무역자유화 및 자본자유화의 이득에 대한 거센 비판으로 이어졌다. 로드릭(Rodrick, 2018)은 그 이유를 세계화의 순기능이 세계 각국 및 국내 각 계층에 의해 공유될 수 있는 제도적·정책적 기반을 마련하기도 전에 성급하게 진행되었기 때문이라고 지적한다. 글로벌 금융위기 이후 전 세계적으로 소득불평등 문제가 부각되면서 시장만능주의에 대한 비판이 증대된 것도 이러한 부작용에 기인한 것이다. 코로나 사태는 글로벌 금융위기의 연장선상에서 국내외 갈등과 분쟁을 증대시킬 것으로 우려된다.

한국경제가 당면하고 있는 문제들은 글로벌 금융위기 이후 세계경제의 흐름과 놀랍게도 닮아 있다. 한국경제는 1997년 외환위기 이후 성장동력이 크게 위축되었고, 글로벌 금융위기 이후 내수뿐 아니라 해외수요 부진으로 큰 어려움을 겪어왔다. 여기에다가 제2차 세계대전 이후 추진되어 온 다자간 무역자유화가 벽에 부딪히면서 대외 지향적 성장 정책에는 매우 불리한 위치에 놓이게 되었다. 특히 미중 무역분쟁은 중국 시장에 대한 의존도가 높은 한국에 상당한 어려움을 초래할 것으로 보인다.

세계경제와 한국경제가 직면하고 있는 불확실성은 매우 크다. 대외의존도가 높은 한국경제는 수출의 성장기여도가 제약된 상황에서 악화되는 소득불평등을 완화하고 일자리를 창출해야 하는 과제를 안고 있다. 어려울수록 원칙에 충실해야 한다는 말이 있다. 코로나 사태가 초래한 위기 상황에 적절히 대처하고 새로운 기회를 창출하려면 지속적이고 안정적인 성장을 위한 기본 과제를 충실하게 수행해야 한다.

이 장에서는 세계경제 환경 변화가 한국경제가 맞고 있는 구조 변화와 어떻게 결합되어 영향을 줄 것인지를 분석한 후, 한국의 정책 대응을 모색하고자 한다. 이를 위해 논의의 초점은 성장, 무역, 글로벌 가치사슬, 기술패권경쟁이라는 네 가지 핵심 용어에 맞추고자 한다. 똑같은 주제어를 중심으로 세계경제 환경 변화와 한국경제의 현황을 분석한 후, 정책과제를 도출하고자 한다. 요약하면 이 장에서는 성장·혁신과 관련된 문제점 및 과제를 집중적으로 다루고자 한다. 그렇다고 해서 한국경제가 직면하고 있는 공정성이나 소득불평등 문제가 중요하지 않다는 말은 아니다. 성숙 단계에 들어선 한국은 포용성을 높이지 않고서는 더 이상 지속적인 성장이 불가능할 것이다. 그러나 그 역도 마찬가지이다. 포용성을 높이려면 혁신에 좀 더 박차를 가해야 한다.

이 장의 구성은 다음과 같다. 제2절에서는 세계경제 환경의 불확실성 증대를 세계경제의 성장둔화, 국제무역의 위축, 무역분쟁과 기술패권경쟁의 전개, 글로벌 가치사슬의 약화를 중심으로 살펴본다. 제3절에서는 한국경제가 직면하고 있는 문제점들을 성장동력의 위축, 내수 및 해외수요의 부진, 높은 대외의존도와 대중국 수직분업, 낮은 글로벌 가치사슬 경쟁력을 중심으로 살펴본다. 제4절에서는 한국의 대응 방안을 앞서 제시한 4가지 핵심 용어를 중심으로 살펴본다. 제5절에서는 주요 결과를 요약하고 결론을 맺는다.

2. 세계경제성장의 둔화와 불확실성의 증가

1) 세계경제의 성장세 둔화

1945년 제2차 세계대전이 끝나고 1970년대 원유 파동이 닥치기 전까지를 '번영의 황금기'라고 부른다. 이 기간 중 세계경제는 GATT와 IMF를 중심으로 하는 국제무역 및 국제통화 질서 아래 높은 경제성장을 이어나갔다. 미국은 세계경제를 이끄는 경제대국의 위상을 공고히 했고, 유럽과 일본도 전쟁의 폐해에서 벗어나 고도성장을 실현했다. 하지만 1970년대에 들어오면서 전 세

〈그림 1-1〉 전 세계 주요국의 1인당 GDP 성장률(1951~2015) (단위: %)

A. 미국, 일본 및 독일

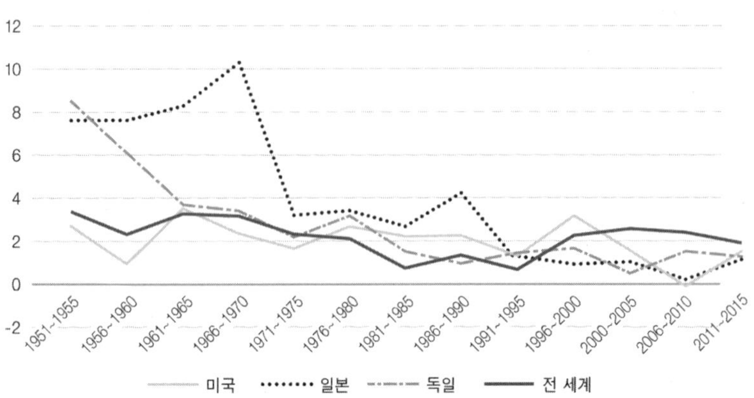

B. 동아시아 주요국

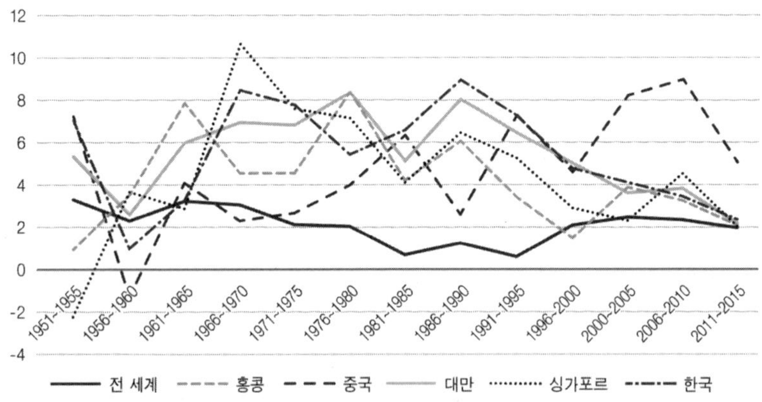

주: 2011년 미국 달러화 기준 1인당 국민소득의 5년 평균 성장률.
자료: The Maddison Project(2018).

계는 두 차례에 걸친 원유 파동으로 인해 경기침체를 경험했고, 미국 달러화를 중심으로 하는 고정 환율 제도는 붕괴되었다.

〈그림 1-1〉은 1951~2015년 기간 중 전 세계 주요국의 1인당 국민소득 증가율(5년 평균)을 보여준다. 우선 주요 선진국(A)의 추이를 보면 1970년대 원

유파동으로 인한 경기침체는 1980년대 중반이 되어서야 극복되었고, 1990년대 후반부터 2008년 글로벌 금융위기 직전까지 장기간에 걸쳐 성장세를 보였다. 한편 동아시아 주요국은 1960년대부터 2000년대까지 세계 평균 성장률을 웃도는 양호한 성과를 보이다가 2010년대에 들어오면서 세계 평균 성장률에 근접하고 있다. 중국은 2001년 WTO 가입 이후 높은 성장을 지속하다가, 글로벌 금융위기 이후 성장률이 하락했다. 글로벌 금융위기가 세계경제성장을 둔화시킨 부정적 영향은 무시할 수 없다. 2009년에는 -0.1%라는 전후 초유의 부의 성장을 기록했고, 각국의 강력한 부양 정책에도 불구하고 세계경제의 회복은 좀처럼 이루어지지 못했다.

그렇다면 코로나 사태 이후 세계경제의 성장세는 어떻게 될 것인가? 총수요와 총공급의 동시 충격으로 세계경제의 침체가 불가피하다는 견해는 현실이 되고 있다(Baldwin and di Mauro, 2020b). 코로나 사태 이전 IMF는 2020년대 전반 세계경제 성장률이 3.6%에 달할 것으로 전망했다. 그러나 2020년 4월에는 이러한 전망을 대폭 수정해 세계경제가 2020년 큰 폭의 역성장을 보인 후 2021년에 V 자 회복을 보일 것으로 예측했다(〈그림 1-2〉 참조). 그러나 경기하락의 폭과 회복 시점을 짐작하기에 아직 성급하다. 설사 코로나 사태가 극복되더라도 글로벌 금융위기 이전의 성장 궤도로 복귀하기는 총수요와 총공급 모두 부정적 요인들이 우세할 것으로 보인다.

우선 총수요 측면에서 소비·투자·수출 등 총수요를 구성하고 있는 요소들의 증가 유인을 찾기 어렵다. 소비의 경우 글로벌 금융위기로 인해 일부 선진국을 제외하면 크게 감소한 데다가, 장기적으로도 소득불평등이 악화되면서 소비 성향이 높은 저소득층과 중산층의 소비가 위축되는 경향을 보이고 있다. 투자의 경우 글로벌 금융위기 이후 부진을 벗어나지 못하고 있는데 경기침체 및 영업 환경 악화로 인한 현금흐름의 감소가 일차적인 원인이 되고 있

〈그림 1-2〉 코로나 사태 이후 세계경제 성장 전망 (단위: %)

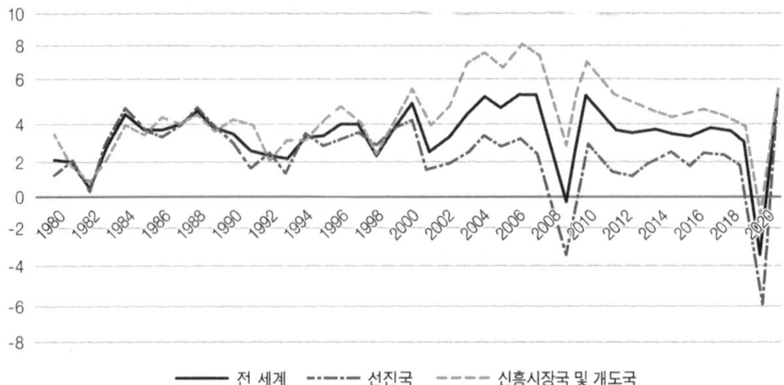

주: 2019년 이후 수치는 추정치임.
자료: IMF(2020).

다. 수출 감소도 세계경제의 성장세 둔화에 더해 신보호주의적 무역환경이 부정적 영향을 증대시킬 것으로 전망된다.

총공급 측면에서도 어렵기는 마찬가지이다. 미중 무역분쟁으로 대변되는 무역환경악화는 코로나 사태 이후 더욱 악화될 조짐을 보이고 있고, 글로벌 가치사슬이 분절되면서 효율성 하락이 우려된다. 기대를 걸어볼 수 있는 것은 코로나 사태 이후 4차 산업혁명이 가속화될 가능성이다. 하지만 4차 산업혁명은 3차 산업혁명의 연속에 불과하며 새로운 생산성 증대가 획기적이지 않다는 반론도 만만치 않다(Gorden, 2016).[1)]

1) 고든(Gorden, 2016)은 1970년대 이후 미국의 성장률이 추세적 하락을 보인 이유는 생산성의 증가가 특별하게 폭발적으로 발생하는 대신 점증적이고 지속적으로 이루어지고, 그 바탕에는 기술적 진보의 피로감이 드러나기 시작했기 때문이라고 설명하고 있다.

2) 국제무역의 증가세 위축

제2차 세계대전 이후 국제무역의 증가세는 세계경제의 성장세를 능가했다. 각국의 경제성장에 따른 자연적인 증가에 더해 GATT를 중심으로 하는 관세 인하로 무역장벽을 경감하는 효과가 더해졌기 때문이다. 일례로 전 세계 상품 수출이 국내총생산(GDP)에서 차지하는 비중은 19세기 중반 이후 꾸준히 증가세를 보이다가 제1차 세계대전 이후 감소세로 돌아섰고 제2차 세계대전 이후 다시 증가세로 바뀌었다. 이는 무역 증가율이 생산증가율을 앞질렀다는 것을 보여주는데, 이러한 추세는 글로벌 금융위기를 계기로 확연하게 꺾였다.

〈그림 1-3〉에서 볼 수 있는 바와 같이 2008년 글로벌 금융위기로 인해 세계 상품 및 서비스 수출의 증가율은 2009년 -10.0%로 크게 떨어졌다가 2010년에는 13.0%로 반등했다. 그러나 2011~2015년에 연평균 4.1%의 성장률을 보였고, 2016~2019년에는 이보다 크게 감소했다. 흥미롭게도 글로벌 금융위기의 충격이 선진국보다도 신흥시장국 및 개도국의 수출에 더 큰 영향을 주었다는 점이다. 여전히 신흥시장국 및 개도국의 수출 증가율이 선진국보다 크지만, 그 격차는 크게 줄어들었다.

세계무역의 빠른 증가세는 전후 세계경제의 지속적 성장을 견인하는 역할을 담당해 왔다. 특히 한국을 비롯한 신흥공업국이 채택한 수출주도형 경제성장 정책은 이러한 세계경제 환경에 잘 맞아떨어졌다. 그러나 글로벌 금융위기 이후에는 신흥시장국 및 개도국의 경우 수출 성장률이 실질 GDP 성장률에 못 미치는 역전 현상이 나타나고 있다.

전 세계 수입 증가율은 수출 증가율의 거울 이미지라고 할 수 있지만, 선진국 그룹과 신흥시장 및 개도국 그룹 간 상당한 차이를 보이고 있다. 즉 2010

〈그림 1-3〉 세계 상품 및 서비스 수출입의 증가율 추세 (단위: %)

A. 수출

B. 수입

주: 2019년 수치는 추정치임.
자료: IMF(2019).

년대 선진국 그룹은 수입 증가율의 감소에도 불구하고, 성장보다는 빠르게 수입이 증가하고 있다. 그러나 신흥시장국 및 개도국의 경우 수입 증가율 감소 폭이 성장률의 둔화보다 더 크다. 이는 이 국가들의 경우 경기침체로 인한 수

〈그림 1-4〉 코로나 사태 이후 무역 감소 전망

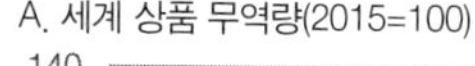

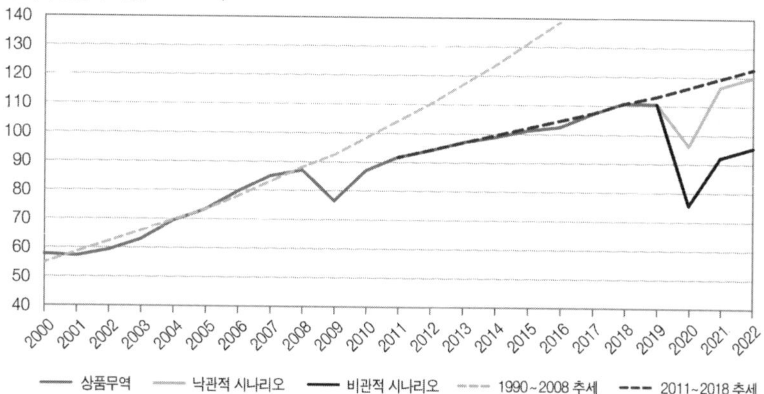

B. 세계 상품 무역 증가율/세계 GDP 증가율(%)

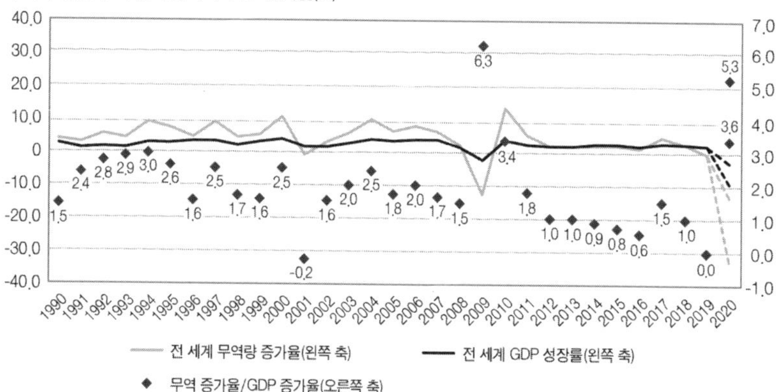

자료: WTO(2020).

입 감소가 심각함을 시사한다.

코로나 사태는 세계무역에 직격탄이 될 것으로 전망된다. WTO(2020)에 따르면 세계무역량은 2020년 13%에서 32% 정도 감소할 것으로 보인다. 이는 세계 모든 국가들이 두 자릿수의 무역 감소를 겪게 될 것임을 시사한다. 단, 각국의 정책 대응이 유효하다면 세계무역량은 2021년에 V 자 회복세를 보일 수도 있다. 그러나 글로벌 금융위기의 경험상 세계무역량의 증가세가 이전과 완연하게 다르게 감소될 공산이 크다.

〈그림 1-4〉는 세계무역과 GDP 증가율 추세를 보여준다. 전자를 후자로 나눈 값은 2020년의 경우 3.6에서 5.3의 값을 보일 것으로 전망된다. 이는 세계무역의 감소가 실물 생산의 감소보다 훨씬 더 클 것을 의미한다(WTO, 2020).

3) 무역분쟁과 기술패권경쟁의 전개

제2차 세계대전 이후 세계무역의 빠른 증가는 GATT 체제를 중심으로 하는 관세 인하의 추진에 힘입은 바가 크다. 그런데 미국의 트럼프 행정부가 추진하는 일방주의적 통상 정책은 이러한 세계무역 질서를 위협하고 있다. 미국은 일방주의적 통상 정책의 배경으로 불공정 교역으로 인한 경상수지 적자 지속을 들고 있다. 〈그림 1-5〉에서 볼 수 있는 바와 같이 미국의 경상수지 적자는 1990년대 초부터 악화되기 시작해 글로벌 금융위기 직전인 2006년에는 -8000억 달러에 달했다. 미국이 불공정무역으로 문제 삼고 있는 중국의 경상수지흑자는 2000년 WTO 가입을 계기로 증가하기 시작했고 글로벌 금융위기가 발생한 2008년 4200억 달러의 흑자를 기록했다. 그러나 위기 이후에는 그 흑자 폭이 크게 줄어들었다. 2019년 현재 흑자 폭이 가장 큰 지역은 EU(3726억 달러)이고, 다음으로 일본(1721억 달러), 중국(1477억 달러)순이다. 중동 및 중앙아시아 국가들은 국제원유가 하락으로 -149억 달러의 적자를 기록했다.

글로벌 금융위기 이전 중국의 대미무역흑자는 미국 측에서는 글로벌 무역 질서는 물론 금융질서까지 위협하는 요소로 비판받았다.[2] 그러나 미국의 경

2) 미연준위원장이었던 벤 버냉키(Ben Bernanke)는 중국 등 아시아 신흥경제의 과다 저축이

〈그림 1-5〉 세계 주요국의 경상수지 추이 (단위: 10억 달러)

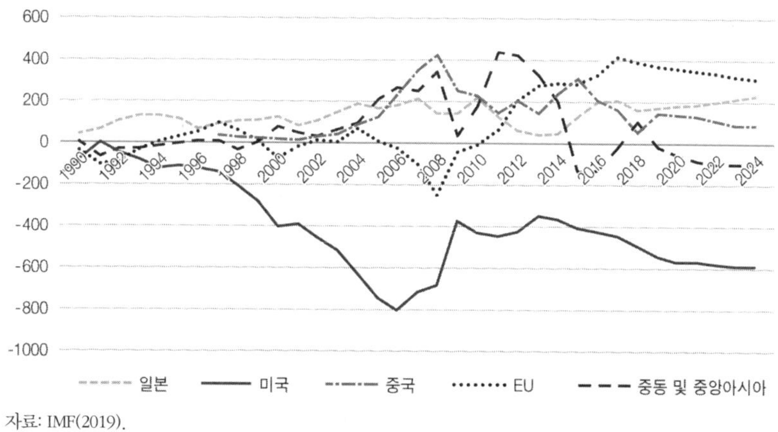

자료: IMF(2019).

상수지 적자의 원인을 중국을 포함한 동아시아 국가들의 과잉 저축에서 찾는 것은 자국의 책임을 외부로 전가하려는 시도로 보인다(유재원, 2008). 미국의 글로벌 금융위기 역시 미국의 확장적 거시경제 정책으로 인한 경기과열과 금융 부문의 무분별한 대출에 기인한 바가 크다.

중국의 경상수지 흑자 폭이 크게 줄어든 상황에서 중국을 불공정 무역의 주범으로 지적한 것은 이해하기 힘들다.[3] 일단 미중 무역분쟁은 2019년 1차

경상수지 불균형을 야기하고 경상수지 흑자가 미국 국채 매입에 사용됨으로써 금리를 낮추고 경기과열을 초래하는 요인이 된다고 비판했다(Bernanke, 2004). 글로벌 금융위기 이후에는 동아시아의 경상수지 흑자가 미국 내 서브프라임 금융위기와 글로벌 금융위기의 원인을 제공했다는 주장까지 제기되었다(Wolf, 2009).

3) 미중 무역분쟁의 핵심이 패권경쟁이라는 주장도 있다. 정치학자들은 현재 미중갈등을 '패권'을 둘러싼 중국의 도전과 미국의 응전으로 해석한다. 패권은 국제 질서를 형성하고 유지하는 데 필요한 국가적 리더십이라고 볼 수 있다. 국제통화 질서에서 달러가 갖는 독점적 위상이나 국제무역질서에서 미국이 WTO를 무시하고 일방주의적 정책을 펼치는 것 역시 미국의 패권을 보여준다. 중국이 미국 중심의 국제경제 질서에 도전하고, 미국이 이를 응징한다는 견해가 타당한지 좀 더 두고 볼 필요가 있다.

휴전 상태에 합의함으로써 휴전 상태에 들어갔다. 그렇다고 미국과 중국의 쌍무적 관세 부과가 철회된 것은 아니다. 미국과 중국은 상대국으로부터의 수입에 각각 21.0%와 21.1%를 부과하고 있다(Bown, 2020). 보복관세의 부과가 상대국뿐 아니라 자국의 사회적 후생을 감소시킨다는 주장은 실제 대공황 기간 중 이미 검증된 바 있다. 그럼에도 불구하고 미국 트럼프 행정부가 관세라는 고전적 수단을 꺼내든 것은 중국의 양보를 끌어내기 위한 행동이라는 주장도 있다. 즉 미국은 관세 부과로 인한 사회적 후생의 감소를 감수하고 지금보다 유리한 고지를 점하기 위한 전략적 선택을 취하고 있다(Mattoo and Staiger, 2019). 코로나 사태 이후 미중 무역분쟁은 다시 악화될 조짐을 보이고 있다. 또한 향후 상당 기간은 해결을 기대하기 어려울 것으로 전망된다.

현재 진행되고 있는 미중무역갈등이 어떻게 전개될 것인지에 대해서는, 과거 미일무역분쟁 타결이 중요한 실마리를 제공할 것이다. 미일무역분쟁은 이미 1950년대 일본의 섬유 수출에서 시작해 철강·자동차까지 확대되었고, 일본은 자율적 수출규제(Voluntary Export Restraint)를 도입하는 한편 시장 개방을 약속했다. 미국 정부는 1985년 엔화가치를 대폭 상승시켜 일본의 대미 무역수지 흑자를 줄이려고 시도했다. 급기야 미일 간 구조조정협의(structural impediment initiative)라는 명목으로 저축-투자, 토지 정책, 배분 시스템, 배타적 기업관행, 재벌 중심의 경제구조, 가격 결정 관행 등 구조적 문제를 해결하려는 데 초점을 맞췄다. 〈표 1-1〉에서 보는 바와 같이 미국 측 요구는 상당 부분 관철되었다(최종원, 1994). 미일분쟁이 진행되면서 상당수 일본 기업은 해외로 공장을 이전했고, 반도체 산업과 같은 고부가가치 산업은 한국과 대만의 따라잡기가 가속화되었다. 그럼에도 불구하고 일본의 대미 무역수지는 흑자였으나 일본의 경기침체 지속으로 미국의 압력이 완화되었다(Urata, 2000).

미중 간 1차 협상을 마친 상황에서 조속한 최종 타결을 기대하기 힘든 이

〈표 1-1〉 미일 구조조정 협의 최종 합의 사항

항목	미국 측 요구 내용	일본 측 합의 내용
저축·투자 패턴	공공투자 증대/개정	1991~2000 기간 중 총 430조 엔으로 증액(1981~1990 기간 중 총 263조 엔)
토지 정책	농지, 택지 동등 과세	택지 공급 확대를 위한 토지 세제 개편(1990)
유통 구조	'대규모 소매 점포법' 폐지	1990년 7월부터 개정 착수
배타적 거래 관행	'독점 금지법' 강화	차기 국회에 개정안 제출 특허 심사 시간 단축 손해배상 제도 개선 형사 처벌의 적극적 활용
계열 관계	계열 기업 간 불법 담합 방지	계열 기업 간 거래 감시 강화 외국인투자 자유화
가격 메커니즘	내외 가격차 축소	양국 합동보고서 발표 제3차 행정개혁위원회 설치 가격차 조사 지속 및 결과 발표

자료: 최종원(1994: 35~36), 〈표 3-3〉.

유는 "미중 무역분쟁의 핵심이 단순히 경상수지 불균형이 아니라 차세대 기술우위를 놓고 벌이는 경쟁에 있다"라는 주장도 흥미롭다. 중국이 2015년 발표한 '중국제조 2025' 계획의 핵심은 2025년까지 중국을 제조 강국 대열에 합류시키고, 2045년까지는 세계 초일류의 제조 강국으로 세운다는 것이다(진베이, 2017). 이러한 계획이 얼마나 현실성이 있는지 정확하게 판단하기 힘들다.[4] 하지만 미국은 중국의 기술 강국 부상이 시간문제라는 인식하에 이를 시정 내지 억제하려는 의도를 가지고 있는 것으로 보인다.

---

4) 2016년 발표된 딜로이트(Deloitte)의 『글로벌 제조업 경쟁력 보고서』에 따르면 중국의 제조업 경쟁력은 1위를 차지하고 있으며, 2020년에는 중국이 미국에 이어 2위를 차지할 것으로 전망하고 있다. 그러나 중국은 아직 첨단기술을 보유한 기술선진국에 비해 우위를 점하지 못하고 있다. 중국의 제조업 경쟁력은 비용적인 측면에서 우위를 갖는 것으로 나타나고 있는데 반해, 미국·독일·일본의 경우 인적 자원, 사회 기초시설, 혁신지원 정책 등 기술 혁신적 측면에서 비교우위가 존재하는 것으로 조사되었다.

첨단기술산업을 둘러싼 무역 마찰은 미중 무역분쟁이 처음이 아니다. 미국은 1970년대 후반 일본의 대미 반도체 수출이 급증하자 양국의 관세를 동시에 인하하자고 제안해 이를 관철시켰다. 미국은 반도체산업에서 자국이 경쟁력이 있다고 판단했기 때문에 양국 기업의 경쟁 조건을 동일하게 고치는 것에 만족했을 것이다. 그러나 미국은 일본 정부의 연구 개발 원조가 일본 기업의 경쟁력을 강화하는 한편, 연구 개발 프로젝트에서 외국 기업을 부당하게 배제하고 있다고 비판했다(일본경제신문사, 1989). 이는 WTO 보조금 협정으로 이어졌는데, 2020년 초 미국·EU·일본이 중국에게 WTO 보조금 협정 개정을 제안한 것은 '기술패권'을 둘러싼 경쟁의 심화를 예고한다.

4) 글로벌 가치사슬의 약화

세계무역환경 변화와 관련해 또 하나 주목할 현상은 글로벌 가치사슬(Global Value Chain: GVC)의 약화이다. 글로벌 가치사슬은 생산의 국제분업을 의미하는데 생산 과정에서 발생하는 부품이나 소재의 국경 간 이동에 기초한다. 전통적 형태의 국제분업이 최종재의 국제무역으로 이루어진 반면, 글로벌 가치사슬은 제품의 설계·생산·유통·판매에 이르는 전 과정에 걸친 분업 체계를 의미한다.

글로벌 가치사슬 약화의 의미를 파악하려면 글로벌 금융위기 이전 글로벌 가치사슬 확대의 원인을 먼저 파악해야 하는데 크게 생산의 세계화, 즉 세계 생산의 분절(fragmentation)과 상품에 대한 세계적 수요 증가라는 두 가지 요인이 작용한 것으로 분석되고 있다. 따라서 글로벌 금융위기 이후 GVD 약화는 분절화 추세 둔화와 동시에 상품보다는 비교역재 성격이 강한 서비스 수요가 증가한 것이 주효했기 때문이라고 볼 수 있다(Timmer et al., 2016).

〈그림 1-6〉 글로벌 GDP 대비 생산 활동의 부가가치 창출비율 추이

(단위: %)

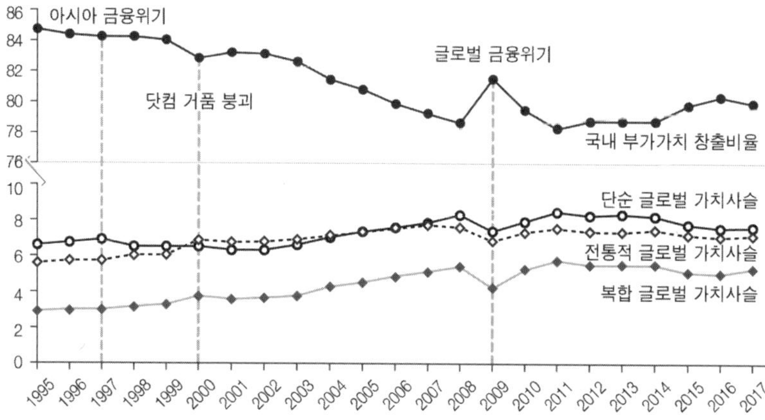

자료: WTO et al.(2019), 그림 1.2.

〈그림 1-6〉은 생산기준 GVC 분해 방식에 따른 글로벌 GDP 대비 부가가치 창출비율 추이를 보여준다(WTO et al., 2019). 그래프의 윗부분은 국내 부가가치 창출비율을 보여주며 아랫부분은 전통적 무역을 통한 글로벌 가치사슬(Traditional GVC), 생산 과정에서 중간재 교역이 국경을 한 번 넘어서 이루어지는 단순 글로벌 가치사슬(Simple GVC), 두 번 이상 국경을 넘나드는 복합 글로벌 가치사슬(Complex GVC)의 비율을 보여준다. 글로벌 GDP 대비 국내 부가가치 비중은 글로벌 금융위기 이후 증가한 반면, 글로벌 가치사슬에 따른 부가가치 창출비율은 감소했다. 특히 2012~2016년 기간 중 이 생산 활동들은 부(-)의 성장을 기록했는데, 그 충격은 복합 GVC, 단순 GVC 및 전통적 GVC순으로 나타났다(WTO et al., 2019). 2017년에는 GVC 성장세가 회복되는 모습을 보였는데, 최근 코로나 사태는 글로벌 공급망에 다시금 상당한 강도의 부정적 충격을 가할 것으로 우려된다.

글로벌 금융위기 이후 글로벌 가치사슬 약화에는 보호무역 기조 강화, 아

시아 주요국의 내수 중심 경제구조 변화, 선진국 및 신흥시장국 간 생산비용 격차의 축소 등이 주요 원인으로 지적된다(최기산·장태윤, 2018).

첫째, 무역갈등의 고조는 국가 간 GVC 네트워크의 원활한 작동을 저해하고 글로벌 가치사슬 분업의 확산을 제약할 수 있다.[5] 최근 미국이 중국 화웨이의 통신 장비 사용을 금지하고 구글과 같은 자국 기업에게 중국 스마트폰 업체에 소프트웨어를 제공하지 못하도록 한 것은, 글로벌 GVC의 단절 위협이 극단적 협상 수단으로 활용될 수 있음을 시사한다(박복영, 2019).

둘째, GVC 확대 과정에서 생산기지 역할을 담당했던 아시아 주요국이 내수 중심 구조로 변화하면서 제조업의 글로벌 수직적 분업이 약화되었다. 여기에다가 선진국과 신흥국 간 생산비용 격차 감소는 다국적 기업들이 글로벌 가치사슬 네트워크에 참여할 유인을 크게 줄이고 있다.

셋째, 신흥국의 생산비용이 증가하고 무역갈등이 증가하면서 다국적 기업들의 신흥국에 대한 해외투자가 감소하고, 기존 투자 기업의 국내 철수 사례도 늘고 있다.

글로벌 가치사슬의 전반적인 약화에도 불구하고 지역허브의 역할은 강화될 것으로 전망된다(Meng et. al, 2019). 〈그림 1-7〉은 2017년 복합 GVC의 글로벌 공급망 허브를 보여준다. 흥미롭게도 글로벌 공급망은 몇몇 허브를 중심으로 연결되어 있다. 중국은 세계의 공장으로 부상하면서 거의 전 산업에 걸쳐 영향력을 행사하기에 이르렀다. 하지만 기술 정도가 높은 산업은 중국이 글로벌허브 역할을 담당하기보다 독일 및 미국과 함께 지역허브 역할을 분점하고 있다.

---

5) 일례로 2012~2017년 중 전 세계 관세 및 비관세 무역 제재 건수는 2009~2011년 대비 연평균 219건 증가한 것으로 나타났다(최기산·장태윤, 2018).

〈그림 1-7〉 복합 GVC의 글로벌 공급망 허브(2017)

A. 전체 산업

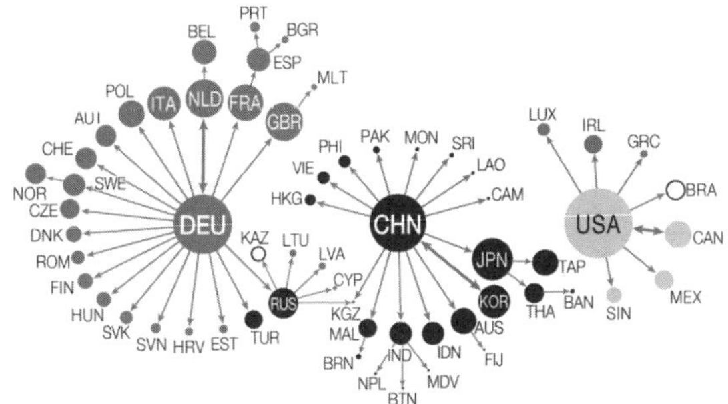

B. 섬유산업

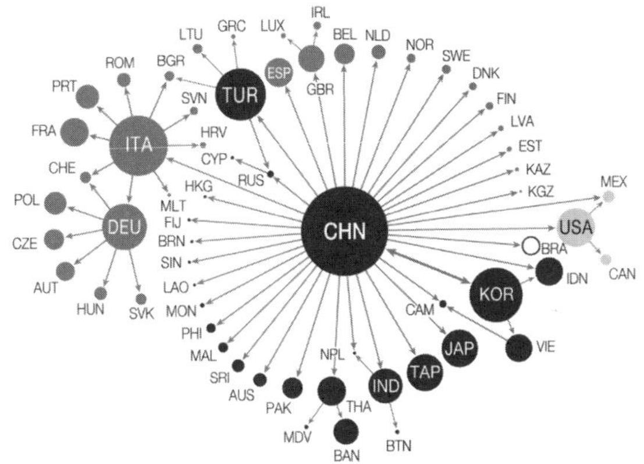

C. ICT 산업

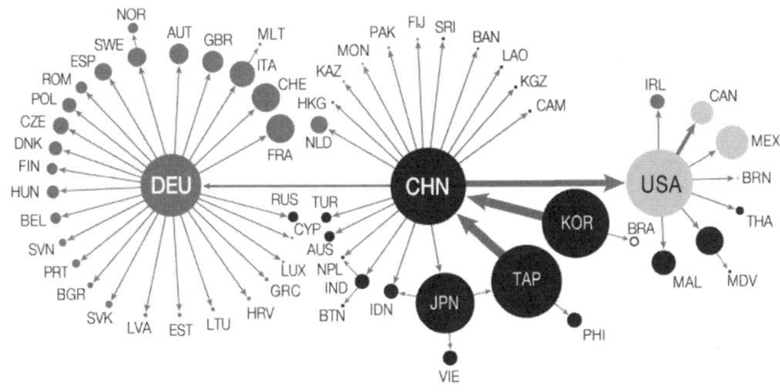

자료: WTO et al.(2019), 그림 1.15, 1.16, 1.17.

첫째, 〈그림 1-7〉의 첫 번째 그래프는 전체 산업 수준에서 공급허브의 연결망을 보여준다. 2017년에는 독일·중국·미국이 지역허브 역할을 담당하고 있는데, 2000년 독일과 미국이 양대 축이었던 데 비해 중국의 부상이 괄목할 만하다. 중국은 과거 최종재를 수출하는 세계공장에서 중간재와 서비스의 수출입국으로 변모했다. 중국의 부상에 따라 일본의 위상은 급속히 위축되었다 (Meng et al., 2019).

둘째, 섬유산업의 복합 GVC의 경우 중국의 허브 역할은 더욱 두드러진다. 2000년 독일·중국·미국이 지역허브 역할을 담당하는 가운데 유럽에는 이탈리아와 영국의 별도 허브를 형성했다. 2017년 중국은 독보적인 글로벌 공급망 허브 역할을 담당하게 되었다. 풍부한 노동력에 기초한 비교우위가 외국인직접투자와 결합하면서, 전통적 네트워크와 단순 GVC에서는 경쟁 상대를 찾기 어렵게 되었다. 복합 GVC에서도 중국의 위상이 크게 강화된 가운데 이탈리아가 지역허브 위상을 유지하고 있다.

셋째, 기술 수준이 비교적 높은 ICT 산업의 경우 중국의 부상이 괄목할 만하다. 하지만 독일과 미국은 중국과 함께 글로벌 공급허브 역할을 담당하고 있고, 일본 또한 아시아 지역에서 중요한 역할을 지속하고 있다. 중국의 부상은 자국의 기술력뿐 아니라 외국인직접투자에 힘입은 바가 크다. 따라서 무역분쟁과 기술패권경쟁이 강화될 경우 중국의 어려움이 가중될 것이다.

코로나 사태로 인한 충격이 허브 국가들을 강타하면서 글로벌 공급망에 심각한 타격이 예상된다. 공급망 허브의 공급 역량에 문제가 발생하면 인접 국가들에 공급 전염이 발생할 위험이 큰데, 실제로 이러한 사태가 발생하고 있다.[6] 이러한 공급 충격에다가 미국이 진행 중인 무역 전쟁까지 가세한다면

6) 2020년 3월 현대자동차 회사는 중국산 부품 공급 중지로 공장 가동을 중단했다. 현대자동

극단적인 경우 글로벌 공급망이 해체되는 결과도 예상할 수 있다. 이러한 상황에 대한 적절한 대응은 다수의 공급선을 확보하는 방법이라고 할 수 있다(Baldwin and di Mauro, 2020a). 하지만 글로벌 공급망의 붕괴는 전 세계적으로 효율성 감소라는 비용을 요구하게 될 것이다.

3. 한국경제의 현황과 전망

1) 성숙단계 진입과 성장동력 위축

코로나 사태가 한국경제에 미칠 충격을 이해하려면 1997년 외환위기와 2008년 글로벌 금융위기를 겪으면서 나타난 문제들을 이해하는 것이 중요하다. 한국경제가 고민하고 있는 가장 중요한 문제 중의 하나는 성장률의 저하이다. 1960년대 중반 이후 수출과 투자에 힘입어 고도성장을 기록했던 한국경제는 1997년 외환위기 이후 성장률이 크게 떨어졌다. 성장률의 저하는 경제가 성숙함에 따라 나타나는 자연스러운 현상으로 볼 수 있다(Eichengreen, Perkins and Shin, 2012). 그러나 한국의 소득수준을 볼 때 현재와 같은 낮은 성장률은 때 이른 감이 있다. 이러한 맥락에서 한국경제가 일본과 같은 장기침체에 접어들었다는 주장도 제기되고 있다(박상준, 2016).

〈그림 1-8〉은 주요 선진국을 대상으로 1인당 소득수준이 2011년 구매력평가 기준으로 3만 달러를 달성한 시점을 전후한 5년간 평균성장률을 비교하

차 미국 앨라배마 공장은 코로나바이러스 확진자 발생으로 가동을 일시 중단했고, 유럽의 현대차 체코 공장과 기아차 슬로바키아 공장은 양국 간 물류 중단으로 부품 공유가 어려워지면서 공장 가동이 중단되었다.

〈그림 1-8〉 주요 선진국의 1인당 국민소득 3만 달러 달성 시점의 성장률 비교 (단위: %)

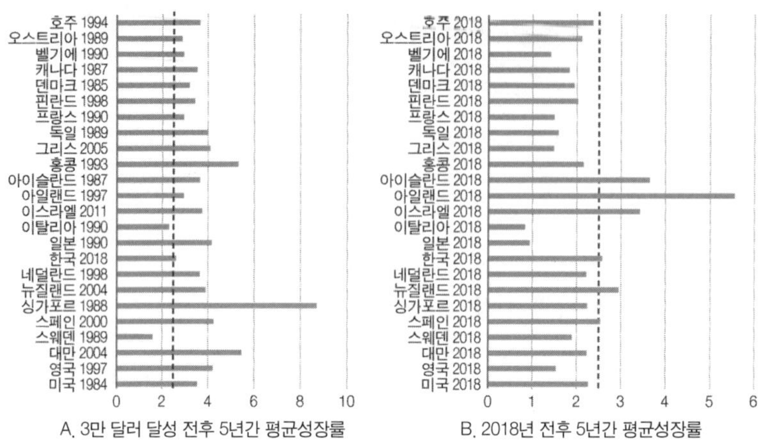

주: 2019년과 2020년 수치는 코로나 사태 이전의 전망치 사용.
자료: IMF(2019).

〈그림 1-9〉 동아시아 주요국의 1인당 국민소득 추세 (단위: 2011년 구매력 평가 기준, USD)

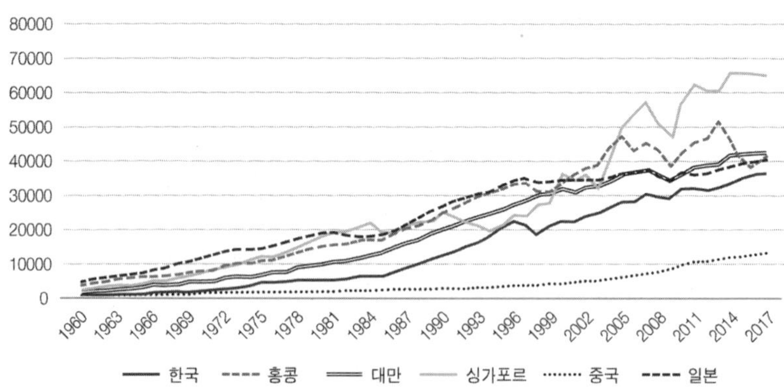

자료: Groningen Growth and Development Center, Penn World Table version 9.1, 2019. https://www.rug.nl/ggdc/productivity/pwt/?lang=en (검색일: 2020.3.15).

고 있다. 한국은 2018년 1인당 국민소득이 3만 달러를 넘어섰고, 2016~ 2020년 사이 연평균성장률은 2.59%로 추정되었다. 이는 이탈리아(2.29%)와 스웨덴(1.59%)을 제외하면 가장 낮은 편이다. 한국보다 먼저 3만 달러를 달성한

〈표 1-2〉 한국의 경제성장률과 요인별 기여도 추이(1991~2018)

	실질 GDP 성장률			1인당 GDP 성장률		
	1991~2000	2001~2010	2011~2018	1991~2000	2001~2010	2011~2018
성장률(%)	7.0	4.4	3.0	5.8	3.8	2.4
노동투입(%)	1.0	0.8	0.8	0.7	0.7	0.9
자본투입(%)	3.8	1.9	1.4	3.2	1.5	0.8
총요소생산성(%)	2.0	1.6	0.7	2.0	1.6	0.7

자료: 권규호(2019).

싱가포르, 홍콩, 대만은 상당히 양호한 성장을 보인 것과는 대조적이다. 한편 2016~2020년 5년간 평균성장률을 비교하면 아이슬란드, 아일랜드, 이스라엘, 뉴질랜드 등이 한국보다 높은 것으로 나타났다.

〈그림 1-9〉는 아시아 신흥시장 4개국과 일본 및 중국의 1인당 국민소득을 비교한 것이다. 한국의 1인당 국민소득 수준은 아시아 신흥시장 4개국 중 가장 낮다. 1960년대 초를 시작점으로 볼 때 한국의 1인당 국민소득은 대만이나 싱가포르의 1/2, 홍콩의 1/4 수준에 불과해 격차가 나는 것은 당연할지 모른다고 생각할 수 있다. 그렇지만 싱가포르의 경우 소득수준이 1995년에 한국과 거의 같은 수준으로 근접했다가 2017년에는 한국의 거의 2배에 달했다. 대만의 경우도 2017년 1인당 국민소득은 4만 3211달러를 기록해 한국은 물론 홍콩보다 높은 편이다. 이렇게 볼 때 외환위기가 한국의 성장률 하락에 미친 영향은 상당히 크다고 할 수 있으며, 이를 극복하기 위한 노력이 부족했다고 평가할 수 있다.

KDI 권규호(2019)의 연구를 보면 한국의 잠재성장률은 1990년대 7.0%에서 2010년대(2011~2018) 3.0%로 하락했다. 잠재성장률 하락의 가장 큰 원인은 자본 및 노동투입 기여도 하락이다. 외환위기 이후 설비투자의 둔화에 따라 자본기여도는 1990년대 3.8%에서 2010년대에는 1.4%로 하락했다. 노동투입의 경우도 노동시간 감소로 인해 1990년대 1.0%에서 2010년대에는 0.8%로 감소했다. 이러한 요소투입을 대체할 총요소생산성의 향상은 눈에 띄지 않는다. 총요소생산성의 기여도 역시 1990년대 2.0%에서 2010년대에는 0.7%로 감소했다. 1인당 성장률 및 성장기여도를 분석하면 2010년대 노동생산성 증가세가 크게 둔화되었는데, 이는 총요소생산성과 물적자본의 기여도가 동시에 하락했기 때문이라고 해석할 수 있다(권규호, 2019).

2010년대 총요소생산성 기여도가 감소한 이유로는 제도, 자원배분의 효율성, 교육 및 인적자본의 개선 속도가 둔화되었을 가능성 등이 제기되고 있다(권규호, 2019). 글로벌 금융위기 이후 세계경제성장이 둔화됨에 따라 대외 수요의 부진도 한 가지 이유일 것이다. 향후 세계경제 환경의 개선을 기대하기 힘든 상황에서 총요소생산성의 증가가 빠르게 회복되기는 힘들다고 주장한다(권규호, 2019).

2000년대 이후 총요소생산성의 감소 추세를 산업별로 나눠보면 〈표 1-3〉과 같다(표학길·전현배·이근희, 2018). 2000~2010년 사이 서비스업의 총요소생산성 증가는 제조업보다 낮은 편이다. 하지만 2011~2015년에는 제조업의 총요소생산성 증가율이 마이너스(-)의 값을 기록하면서 서비스업보다도 오히려 낮게 나타났다.[7] 이 연구에 따르면 한국의 총요소생산성을 주요 선진국과 비교했을 때 제조업의 경우 생산 효율성이 낮은 것으로 나타났다. 서비스업의 경우에는 부가가치 증가율이 선진국에 비해 높은 반면 총요소생산성의 산출

7) 2011~2015년 기간 중 한국의 제조업 총요소생산성의 증가율은 일본보다는 높지만 미국·독일·프랑스·영국 등 주요 선진국보다 낮고, 총요소생산성의 산출기여율은 이 선진국들 모두보다 낮은 것으로 나타났다. 한편 서비스업의 경우는 한국의 총요소생산성 증가율이나 산출기여도 둘 다 일본·프랑스보다 높지만 미국·독일·영국보다는 낮은 것으로 나타났다(표학길·전현배·이근희, 2018).

〈표 1-3〉 한국의 제조업 및 서비스업의 부가가치 증가율과 요인별 기여도 추이(2001~2015)

	제조업			서비스업		
	2001~2005	2006~2010	2011~2015	2001~2005	2006~2010	2011~2015
부가가치(%)	6.30	6.18	3.42	4.28	3.69	2.91
노동투입(%)	0.26	0.20	0.99	1.60	1.50	0.69
자본투입(%)	4.68	3.56	3.12	3.21	2.17	1.61
총요소생산성(%)	1.36	2.43	-0.69	-0.52	0.03	0.61

자료: 표학길·전현배·이근희(2018).

기여율이 낮은 것으로 나타나 요소투입 증가가 여전히 중요한 역할을 하는 것으로 나타났다.

2) 내수와 해외수요의 동반 부진

총수요 측면에서 한국의 성장률 하락 요인을 살펴보면 내수와 해외수요가 둘 다 부진하다는 것이다. 내수는 소비, 투자, 정부지출 중 수입으로 충당되지 않고 국내 생산에 대해 이루어지는 지출을 의미한다. 소비가 소득에 의해 결정되는 종속변수이고 정부지출은 독립적으로 결정된다고 볼 때, 총수요를 결정하는 중요한 변수는 투자와 수출이라고 해도 무방할 것이다.

〈그림 1-10〉은 한국의 총고정자본형성과 재화 및 서비스 수출의 증가율 추이를 보여준다. 우선 투자율의 경우는 외환위기 이후 크게 줄어들었는데, 그 이유를 과잉투자가 사라졌다고 보는 주장이 일반적이다(Eichengreen, Perkins and Shin, 2012; 이제민, 2017). 그렇다고 해도 글로벌 이후 하락세가 이어지고 있는 것은 우려스러운 현상이다. 특히 2018년과 2019년에는 동 지표가 마이너스(-)를 기록했다.

〈그림 1-10〉 한국의 총고정자본형성 및 수출 증가율 추이 (단위: %)

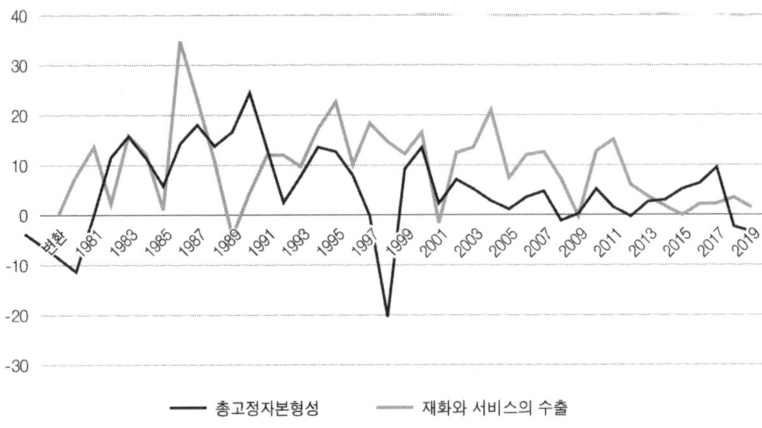

자료: 한국은행.

글로벌 금융위기 이후 투자 부진은 대부분의 선진국뿐 아니라 신흥시장국에서도 공통적으로 나타나는 현상이다. 2010년 이후 신흥시장국의 투자 증가세가 약해진 것은 경기침체, 마이너스 교역조건 충격, 부채 부담 증가, 정치적 리스크 고조 등이 투자의 걸림돌로 작용하는 것으로 보여진다(Kose et al., 2017). 한국의 경우 최근 투자 부진의 원인은 기업소득 감소로 인한 투자 여력의 축소, 기업 투자 환경의 악화, 산업구조조정 지연 등 세 가지로 요약할 수 있다(김천구, 2019).

첫째, 기업소득 감소는 일부 대기업을 제외하면 전반적으로 나타나고 있는데, 이는 국민소득계정상 기업 분배 국민소득이 줄어들고 있다는 것으로 확인할 수 있다. 기업 차원의 마이크로 자료를 보더라도 기업들의 현금흐름이 글로벌 금융위기 이후 악화된 것은 분명 투자 부진의 원인이라고 볼 수 있다(Kim, Kwon and Ryou, 2019).

둘째, 기업투자환경 악화는 기업의 현금흐름 감소의 배경이라고 볼 수 있다. 김천구(2019)는 국내외 경기 부진을 주요 원인으로 꼽고 있으나 이외에도 '4차 산업혁명'하에서 이루어지는 빠른 기술 변화, 중국을 비롯한 신흥시장국과의 경쟁 심화, 글로벌 무역환경의 악화, 규제의 잔존 등 여러 가지 요인을 생각해 볼 수 있을 것이다.

셋째, 산업구조조정 지연은 투자 여력이 없는 한계기업의 증가, 투자의 한계생산성 하락, 반도체, IT투자 축소 등이 원인으로 지적되고 있다(김천구, 2019). 한편 금융위기 설비투자는 전기전자 제조업에 집중되고 있는데 기계류 투자 중심으로 하락 추세가 지속되는 것으로 나타났다(이항용, 2020).

다음에는 재화 및 서비스 수출의 성장세 둔화에 대해 간략하게 살펴보도록 하자. 한국의 수출 증가율 저하는 2013년 이후 본격적으로 나타나고 있는데, 여기에는 국제무역 증가세의 약화 외에도 글로벌 경쟁의 심화와 한국의 주력 수출산업의 경쟁력 약화를 주목할 필요가 있을 것이다. 코로나 사태로 인해 세계경제 성장세와 국제무역 증가세가 위축된다면 한국의 수출은 더욱 어려워질 수밖에 없을 것이다.

총수요 측면에서 재화 및 서비스의 수출 감소가 지속된다면 소비나 투자 활성화를 통해 이를 상쇄할 수 있을 것인가? 이를 위해서는 투자의 활성화가 전제되어야 할 것이다. 〈표 1-4〉는 GDP 지출 항목별 성장기여도를 보여준다. 외환위기 이후 총고정자본형성 기여도가 이전에 비해 상당히 낮아져서 2000년대 후반에는 1% 미만으로 낮아졌다. 소비기여도 역시 2000년대 전반 1.3%에서 2000년대 후반에는 1% 미만으로 떨어졌다. 반면에 수출 성장기여도는 외환위기 이후 2000년대 전반과 후반에 각각 3.6%를 기록했다가 2010년대에 들어와서는 전반부에는 2.3%, 후반부에는 1.3%로 낮아졌다. 그러나 여전히 투자나 소비보다는 성장기여도가 훨씬 큰 것이 현실이다. 요약하면 수출 성장기여도는 크게 감소했음에도 불구하고, 이를 내수로 대체하자는 주

〈표 1-4〉 최종수요의 항목별 성장기여도 추이 (단위: %)

연도	총지출	총고정자본형성	민간소비	정부지출	수출	(공제)수입
1961~1965	7.3	2.6	5.2	0.4	1.1	-1.8
1966~1970	12.6	6.2	6.8	0.9	3.0	-5.3
1971~1975	9.3	2.9	5.0	0.7	5.1	-4.1
1976~1980	7.2	4.3	3.8	0.6	3.8	-4.3
1981~1985	10.1	3.0	4.6	0.4	2.1	-0.8
1986~1990	10.3	5.3	4.8	0.8	4.1	-5.2
1991~1995	8.2	3.5	4.2	0.5	3.7	-3.6
1996~2000	5.4	0.2	1.9	0.4	4.2	-1.8
2001~2005	5.1	1.3	2.2	0.7	3.6	-2.8
2006~2010	4.3	0.9	1.7	0.8	3.6	-2.9
2011~2015	3.0	0.8	1.1	0.6	2.3	-2.0
2016~2019	2.7	0.8	1.1	0.8	1.3	-1.1

주: 5년간 평균치(원계열, 실질, 연간).
자료: 한국은행, 국민계정-GDP에 대한 성장기여도-지출 항목별 성장기여도

장은 현실성이 떨어진다고 할 수 있다. 더구나 내수 및 수출의 높은 수입의존도를 감안하면, 2000년대 이후 수출 성장기여도는 여전히 크며, 오히려 내수 성장기여도가 약화되고 있음을 직시해야 한다(한국은행, 2013).

3) 높은 대외의존도와 대중국 수직분업

한국은 대외지향적 경제성장전략을 택한 결과 국내 실물 부문과 금융 부문 모두에서 대외의존도와 외부경제 연계성이 지속적으로 증가했다. 결국 세계 경제 환경 변화에 따라 수출, 국내 생산 활동, 고용이 영향을 받을 가능성이 그만큼 커졌다고 볼 수 있다. 그러나 앞에서 언급한 바와 같이 당장 대외의존

〈그림 1-11〉 GDP 대비 상품 수출 비중 추세 (단위: %)

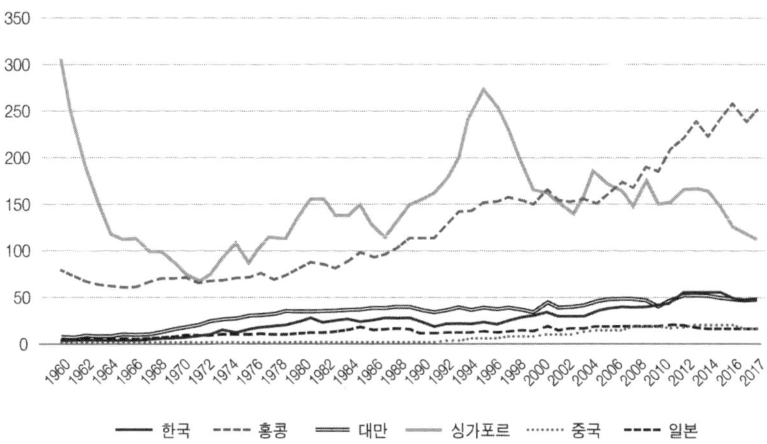

주: 경상기준 GDP 대비 상품 수출 비율.
자료: Penn World Table.

도를 줄이고 내수에 기반한 성장 궤도로 전환하기는 어렵다. 이런 점에서 먼저 한국경제의 국제분업에서 나타나고 있는 문제점을 파악해 시정하는 것이 중요하다고 하겠다.

〈그림 1-11〉은 GDP에서 차지하는 상품 수출 비중으로 정의한 수출의존도 추세를 보여준다. 한국의 수출의존도는 1997년 외환위기를 거치면서 30%대를 넘어섰고, 2008년 글로벌 위기 이후 2012년에는 55.8%를 기록했다. 최근에는 국제무역 증가세의 둔화를 반영해 2017년에 45.9%로 떨어졌다. 이러한 수치는 2017년 48.4%를 기록한 대만과 매우 흡사하다. 한편 싱가포르와 홍콩의 경우는 한국이나 대만보다 훨씬 수출의존도 비중이 높고, 그 추세도 상당히 다른 모습을 보이고 있다. 양국은 2017년에 각각 121.5%와 249.9%를 기록했다. 흥미로운 점은 싱가포르의 경우 1995년 274.2%를 고점으로 서서히 감소하고 있어 무역 중개항으로서의 기능이 약화되고 있음을 볼 수 있다.

마지막으로 일본과 중국의 경우는 상품 수출 비중이 상대적으로 높지 않아서 2017년 각각 18.5%와 19.9%에 그쳤다. 이는 양국 모두 내수의 비중이 크다는 것을 반영한다고 하겠다.

요약하면 한국의 수출 비중은 대만과 유사한 수준이다. 한국을 시장 규모가 큰 일본이나 중국과 직접 비교하기는 무리일 것이다. 국제무역 환경의 불확실성이 높아져 가는 상황에서 대외개방도 그 자체가 문제 될 수 있지만, 이보다 더 심각한 문제는 예기치 않은 교역 중단이나 갈등으로 인한 생산 네트워크의 교란일 것이다. 일례로 미중 분쟁으로 인해 한국의 대중국 중간재 수출이 크게 줄어든 것과 최근 코로나 사태로 인해 중국으로부터 중간재 조달이 어려움을 겪고 있는 것을 들 수 있다.

수직분업화는 국제 교역 과정에서 소비와 투자의 최종재가 완성될 때까지 각 국가가 중간재를 수입·생산하고 다시 중간재로 수출하는 일련의 과정이 수직적으로 연결된 정도를 의미한다. 수직분업화를 교역량 기준으로 측정하는 방법은 다음과 같다.

$$VSI_{ij} = \frac{i\text{국의 } j\text{국에 대한 중간재 수출에 의한 부가가치유발}}{i\text{국의 } j\text{국에 대한 총수출에 의한 부가가치유발}} \quad \cdots\cdots (1)$$

$$VAX_{ij} = \frac{j\text{국 최종수요에 의한 } i\text{국에서의 부가가치유발}}{i\text{국의 } j\text{국에 대한 총수출}} \quad \cdots\cdots (2)$$

한국의 주요 교역국을 중국, 일본, 기타 아시아, 유럽, 북미로 나눠 양국 간 수직분업지수를 구하면 〈표 1-5〉와 같다.

한국의 수직분업화 수준을 보면, 중국에 대해서는 중간재 수출에 의한 부가가치유발비율(VSI)이 2005년(0.81)에 비해 2015년(0.76) 다소 낮아졌으나 일본(0.63), 유럽(0.51), 북미(0.49) 등에 비해서는 여전히 높은 수준이다. 그리

〈표 1-5〉 한국의 수직분업화 지수 비교

1. VSI_{ij}

i국 \ j국	한국		중국		일본		기타 아시아		유럽		북미		전 세계	
	2005	2015	2005	2015	2005	2015	2005	2015	2005	2015	2005	2015	2005	2015
한국	-	-	0.81	0.76	0.63	0.63	0.67	0.67	0.51	0.51	0.49	0.49	0.61	0.62
중국	0.81	0.80	-	-	0.56	0.51	0.65	0.62	0.52	0.51	0.45	0.52	0.54	0.55
일본	0.77	0.75	0.73	0.67	-	-	0.61	0.64	0.54	0.60	0.49	0.43	0.58	0.58
기타 아시아	0.83	0.82	0.80	0.74	0.71	0.70	-	-	0.68	0.66	0.51	0.55	0.66	0.64
유럽	0.73	0.70	0.66	0.61	0.57	0.51	0.58	0.56	-	-	0.51	0.47	0.55	0.53
북미	0.68	0.64	0.69	0.62	0.51	0.51	0.58	0.55	0.56	0.59	-	-	0.56	0.56
전 세계	0.79	0.77	0.76	0.70	0.64	0.61	0.62	0.61	0.62	0.61	0.53	0.49	-	-

2. VAX_{ij}

i국 \ j국	한국		중국		일본		기타 아시아		유럽		북미		전 세계	
	2005	2015	2005	2015	2005	2015	2005	2015	2005	2015	2005	2015	2005	2015
한국	-	-	0.61	0.66	0.81	0.81	0.63	0.63	0.83	0.83	0.75	0.75	0.74	0.73
중국	0.61	0.62	-	-	0.75	0.81	0.64	0.71	0.79	0.82	0.78	0.83	0.74	0.78
일본	0.77	0.73	0.85	0.90	-	-	0.78	0.77	1.03	0.98	1.03	0.99	0.92	0.89
기타 아시아	0.69	0.64	0.67	0.75	0.83	0.79	-	-	0.84	0.80	0.91	0.90	0.81	0.80
유럽	0.86	0.77	0.89	0.91	0.98	0.93	0.80	0.81	-	-	0.93	0.90	0.87	0.86
북미	0.83	0.81	0.92	0.94	0.95	0.97	0.83	0.89	0.92	0.89	-	-	0.89	0.90
전 세계	0.74	0.69	0.77	0.82	0.87	0.86	0.77	0.78	0.87	0.84	0.90	0.88	-	-

주: VSI_{ij} = i국의 j국에 대한 총수출에 의한 부가가치유발 대비 i국의 j국에 대한 중간재 수출에 의한 부가가치유발 비율

VAX_{ij} = i국의 j국에 대한 총수출 대비 j국 최종수요에 의한 i국의 부가가치유발 비율

자료: OECD(2019).

고 중국의 최종수요에 의한 한국의 부가가치유발비율(VAX)은 2005년(0.61)에 비해 2015년(0.66) 높아졌으나 일본(0.81), 유럽(0.83), 북미(0.75) 등에 비해서는 낮은 수준이었다. 이를 통해 한국의 중국 교역이 다른 국가에 비해 중간

재 중심으로 이루어졌음을 의미한다.

다음으로 한국의 교역 상대국 입장에서 한국과의 수직분업화 현황을 살펴보면 다음과 같다. 중국의 경우 한국에 대한 *VSI* 비율이 2005년(0.81)에 비해 2015년(0.80)에는 큰 변화가 없었으나 여전히 일본(0.75), 유럽(0.70), 북미(0.64)의 한국에 대한 *VSI* 비율보다 높은 수준이었으며, 기타 아시아(0.82)는 중국을 소폭 상회했다. 한편 *VAX* 비율을 보면 중국(0.62)이 일본(0.73), 유럽(0.77), 북미(0.81)에 비해 훨씬 낮게 나타나 이들 선진국이 한국 최종수요로 수출하는 것이 부가가치를 더 크게 유발한 것을 알 수 있다.

종합하면 한국은 다른 국가에 비해 중간재 중심의 교역이 월등히 높게 나타났다. 반면에 교역 상대국의 최종수요 증가로 인한 국내 부가가치 창출은 낮은 편이라고 할 수 있다. 이러한 비대칭적 글로벌 가치사슬 교란에 따른 충격은 상대적으로 클 것이라고 전망된다. 특히 수출뿐 아니라 수입에서 차지하는 대중국 중간재 비중이 일본을 포함한 다른 지역보다 높게 나타난 것은, 중국 중심 분업 체계에 한국이 깊숙이 참여하고 있음을 시사한다. 따라서 미중 무역분쟁이 장기화될 경우 그 피해가 클 것으로 우려된다.

4) 낮은 글로벌 가치사슬 경쟁력

다음에는 한국의 주요 제조업이 글로벌 가치사슬에서 차지하는 경쟁력을 파악하도록 한다. 이를 위해 화학산업, 철강산업, 전기전자산업, 자동차산업, 조선산업의 생산유발효과와 부가가치유발효과를 중점적으로 살펴보도록 한다. 생산유발효과는 특정 국산품 1단위를 충족시키기 위해 각 산업에서 직간접적으로 생산해야 하는 총량(단위)을 의미한다. 한편 부가가치유발계수는 어떤 상품의 최종수요가 1단위 발생했을 때 이를 충족하기 위해 모든 부문에서

〈표 1-6〉 주요 제조업의 생산유발계수, 부가가치유발계수 및 RCA지수 비교

	화학		철강		전기전자		자동차		조선	
	2005	2015	2005	2015	2005	2015	2005	2015	2005	2015
중국										
산출액 비중(%)	4.8	5.2	5.7	6.1	9.4	7.6	2.7	2.6	1.0	0.9
부가가치율(%)	24.3	22.2	21.9	17.5	19.0	18.1	22.2	18.3	23.0	23.5
생산유발계수	2.75	2.90	2.84	3.10	3.10	3.23	3.04	3.24	2.98	3.02
자국생산유발비중(%)	80.8	88.6	82.0	88.1	71.7	82.3	82.8	88.3	80.7	86.5
부가가치유발계수	100.0	100.0	100.0	100.0	100.0	100.0	100.0	100.0	100.0	100.0
자국 부가가치유발 비중(%)	66.7	73.4	69.8	73.3	55.5	66.1	67.0	71.6	67.3	72.7
RCA지수	0.67	0.75	1.01	1.26	2.98	2.87	0.32	0.41	0.75	0.89
독일										
산출액 비중	3.3	5.2	1.9	1.8	3.9	3.4	6.4	7.0	0.6	0.8
부가가치율	38.4	38.1	25.8	21.9	39.9	43.9	26.2	32.4	37.7	34.2
생산유발계수	2.16	2.20	2.52	2.65	2.28	2.20	2.69	2.34	2.31	2.37
자국 생산유발계수	79.4	74.9	76.6	72.3	79.0	72.8	77.0	73.9	75.2	70.2
부가가치유발계수	100.0	100.0	100.0	100.0	100.0	100.0	100.0	100.0	100.0	100.0
자국 부가가치유발계수	72.2	68.8	66.9	62.3	77.1	72.3	71.2	63.2	71.7	64.5
RCA지수	1.38	1.33	1.16	0.98	0.63	0.72	2.57	2.45	0.80	1.11
일본										
산출액 비중	3.0	3.1	3.5	3.9	4.9	4.0	5.0	5.2	0.6	0.8
부가가치율	35.0	36.5	24.7	24.8	42.2	41.1	30.0	29.3	33.8	31.8
생산유발계수	2.34	2.36	2.68	2.77	2.26	2.35	2.69	2.80	2.46	2.59
자국 생산유발계수	87.8	83.5	86.0	81.6	85.8	82.3	92.5	89.4	88.9	83.9
부가가치유발계수	100.0	100.0	100.0	100.0	100.0	100.0	100.0	100.0	100.0	100.0
자국 부가가치유발계수	86.2	82.2	81.5	76.2	86.8	82.3	91.2	87.7	87.5	82.2
RCA지수	0.92	1.11	1.20	1.52	1.63	1.23	2.45	2.72	1.12	1.12

	화학		철강		전기전자		자동차		조선	
	2005	2015	2005	2015	2005	2015	2005	2015	2005	2015
미국										
산출액 비중	2.6	2.5	0.9	0.7	2.2	1.6	2.3	2.2	-	-
부가가치율	24.4	47.9	28.1	24.7	50.1	66.2	26.1	24.1	-	-
생산유발계수	2.24	1.97	2.48	2.50	2.03	1.69	2.74	2.86	-	-
자국 생산유발계수	86.6	88.8	84.5	83.9	83.2	84.5	77.7	76.7	-	-
부가가치유발계수	100.0	100.0	100.0	100.0	100.0	100.0	100.0	100.0	100.0	100.0
자국 부가가치유발계수	84.2	88.9	81.1	81.8	85.8	89.5	74.6	75.0	-	-
RCA지수	1.05	0.96	0.54	0.54	0.80	0.46	0.86	0.81	-	-
한국										
산출액 비중	4.4	4.5	4.1	3.7	11.8	11.3	4.9	5.3	1.7	2.2
부가가치율	23.4	24.4	26.8	22.5	26.8	29.5	21.2	24.8	31.0	24.3
생산유발계수	2.73	2.77	2.70	2.87	2.79	2.79	2.97	2.90	2.66	2.91
자국 생산유발계수	73.1	73.2	69.5	68.8	69.0	68.0	77.7	77.0	72.7	70.0
부가가치유발계수	100.0	100.0	100.0	100.0	100.0	100.0	100.0	100.0	100.0	100.0
자국 부가가치유발계수	57.0	58.7	57.4	55.4	58.2	60.3	62.4	63.3	64.2	59.8
RCA지수	1.11	1.15	1.35	1.46	2.82	2.59	1.65	1.84	2.70	2.72

주: 1) 세계경제는 하나로 통합되어 있다고 간주하므로 부가가치유발계수는 1이 된다.
2) 조선산업은 항공기, 철도 등 기타 운송장비와 통합되어 분류되어 있어, 항공기 비중이 높은 미국은 비교 대상에서 제외했다.
자료: OECD(2019).

직간접적으로 유발되는 부가가치를 말한다. 따라서 글로벌 가치사슬에서 경쟁력이 높을수록 자국의 부가가치율이 높을 뿐만 아니라 글로벌 생산유발과 부가가치유발에서 자국이 차지하는 비중이 더 높을 것이다.

〈표 1-6〉은 중국·독일·일본·미국·한국의 주요 제조업별 생산유발계수, 부가가치유발계수, RCA지수를 보여준다(2005년과 2015년). 한국의 개별산업

별 RCA지수는 5개 산업 모두 1보다 높은 것으로 나타나, 수출경쟁력을 갖추고 있는 것으로 나타났다. 하지만 자국 생산유발효과와 부가가치유발효과는 경쟁국들에 비해 낮은 것으로 나타나 글로벌 가치사슬상 경쟁력은 낮은 편이라고 할 수 있다.

첫째, 화학산업은 규모와 생산유발효과가 모두 높지만 부가가치를 창출하는 능력은 비교 국가 중에서 중국과 함께 가장 낮은 수준일 뿐만 아니라 부가가치가 자국에 할당되는 비중도 가장 낮았다.

둘째, 철강산업은 규모가 큰 편이며, 부가가치 창출 능력은 중국이나 독일보다도 높게 나타났다. 생산유발효과는 중국 다음으로 높지만 주요 선진국들은 물론 중국보다 자국에 할당되는 생산유발과 부가가치유발효과는 낮았는데 이는 철강산업의 생산 구조가 핵심 원료와 에너지 수입을 많이 유발하기 때문이다.

셋째, 전기전자산업은 규모가 매우 크고 생산유발은 중국 다음으로 높은 반면 부가가치율은 낮았는데, 이는 공산품을 중심으로 한 중간재 투입 비중이 높은 생산구조를 가진 것에 기인한다. 한편 자국에 할당되는 생산유발과 부가가치유발은 비교 대상국 중에서 가장 낮은 편이나 지속적으로 개선되고 있다.

넷째, 자동차산업은 비교 국가에 비해 생산유발효과가 높고 부가가치 창출 능력도 독일과 일본 다음으로 낮지 않다. 그러나 자국에 할당되는 생산유발효과와 부가가치유발효과의 비중이 낮은 것으로 나타났다.

다섯째, 조선산업은 규모 면에서 다른 국가에 비해 높지만, 부가가치 창출 능력은 하락 추세를 보이고 있다. 자국에 할당되는 생산유발과 부가가치유발효과 비중이 비교 국가들에 비해 높은 편이지만 글로벌 금융위기 이후 낮아지는 추세를 보이고 있다.

종합하면 자국 생산유발계수 및 부가가치유발계수로 파악한 한국 제조업의 글로벌 경쟁력은 낮은 편이다. 이는 한국 생산구조가 공산품 투입 비중은 높고 서비스 투입 비중과 국산화율은 낮기 때문이다. 선진국들의 경우 부가가치율과 서비스 투입 비중이 높은 생산구조여서 자국에 할당되는 부가가치가 큰 편이다.

4. 한국의 대응과 정책과제

1) 대응 방향

앞에서 논의한 세계경제 환경의 변화와 한국경제의 문제점들을 정리하면 〈그림 1-12〉와 같다. 대외의존도가 높은 한국경제는 세계경제 환경 변화에 매우 민감하다. 세계경제의 성장세 둔화와 국제무역의 위축은 한국경제의 지속적 성장에 매우 불리한 상황이다. 더구나 미중 무역분쟁의 악화는 중국·미국에 무역 및 투자 비중이 높은 한국경제를 더욱 어렵게 할 것이다. 글로벌 가치사슬의 약화는 한국의 부가가치 수출에 또 다른 걸림돌이 될 것이다.

그렇다면 한국은 이러한 변화에 어떻게 대응해야 하는가? 세계경제 환경만큼이나 한국의 대응 방향도 광범위한 영역에 걸쳐 있어 방향을 잃어버리기 쉽다. 이하에서는 세계경제 환경 변화에 대응해 한국의 수출주도형 성장전략의 유효성을 묻고, 이를 대체하거나 또는 보완하기 위한 과제가 무엇인지에 초점을 맞추고자 한다.

첫째, 한국은 수출의존도가 높아 해외 충격에 민감한 구조를 가지고 있다. 이를 개선하려면 수출의존도를 낮추고 내수를 진작해야 한다는 주장이 이미 1980년대 중반부터 제기되었고 1997년 외환위기와 2008년 글로벌 금융위기

〈그림 1-12〉 세계경제 환경 변화와 한국경제의 문제점

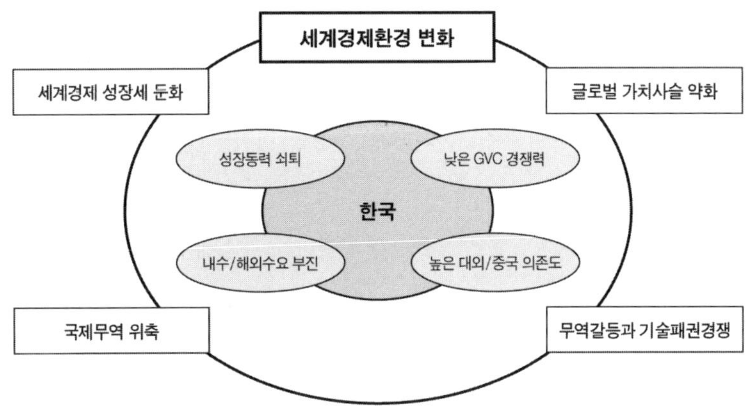

이후 재차 강조되었다. 안정적 성장을 위한 민간소비와 투자의 중요성은 아무리 강조해도 지나치지 않을 것이다. 그렇지만 성장률이 떨어지면서 수출의 성장기여도가 오히려 커지고 있는 것이 현실이다. 내수 진작을 위해서는 고용지수가 높은 서비스산업의 경쟁력 강화가 필수적이다. 또한 국내 기업의 투자는 물론 외국인직접투자를 촉진해 성장동력을 확충하고 고용을 창출해야 한다.

둘째, 수출주도형 성장전략의 문제점은 갈수록 수출 금액 대비 부가가치가 떨어지고 고용창출효과도 떨어진다는 데 있다. 글로벌 가치사슬의 낮은 경쟁력을 개선하려면 소재·부품·장비·원천기술의 해외의존도를 낮춰야 한다. 소재·부품·장비의 국산화는 1970년부터 정책과제로 부상했다. 일례로 정부는 1977년 일본과 무역역조 개선 및 국산기자재산업을 육성하고자 '수입선다변화제도'를 도입했다. 동 제도는 1980년대 후반 한국의 대일 수출이 증가하면서 통상마찰을 빚었고, 1995년 WTO 출범 후 대폭 축소되었다가 1997년 IMF 구제금융 조건 중의 하나로 1999년 6월 말 폐지되었다. 2019년 7월 일본이 반도체와 디스플레이 장치에 사용되는 소재의 수출 제한을 추진하면서 부품·

소재·장비의 국산화가 다시 재조명되고 있다. 글로벌 생산네트워크의 중단이나 약화가 우려되는 상황에서 한국 제조업의 취약한 기반을 보강하려면 부품·소재·장비산업의 경쟁력제고와 원천기술 확보가 반드시 필요할 것이다. 또한 코로나 사태 이후 새로운 개척지로 부상한 디지털신산업에 대해 과감한 투자가 이루어져야 한다.

셋째, 한국은 수출주도형 성장전략을 추진하는 과정에서 수출 시장을 확보하는 데 주력해 왔다. 그 결과 대기업과 제조업 중심의 경제구조를 고착화하는 결과를 가져왔고, 무역자유화의 혜택이 구성원들에게 골고루 배분되지 않는다는 비판에 봉착하게 되었다. 성장잠재력과 형평성을 동시에 끌어올려야 하는 상황에서 통상 정책도 포용성 제고에 노력할 필요가 있다. 포용적 통상 정책은 이미 선진국들과 국제기구의 새로운 화두로 부상했다. 한국도 무역자유화에 따른 소득불평등 악화 가능성에 대응해 포용성 제고를 위한 정책 지원 강화에 나서야 한다. 그 일차적 대상은 중소기업이 되어야 할 것이다. 또한 무역조정지원제도는 산업구조조정에서 일자리를 잃은 근로자들이 새로운 직장을 찾는 데 실질적 도움을 받을 수 있도록 개선해야 한다.

넷째, 코로나 사태 이후 미중 간 무역갈등이 더욱 심화되면 한국의 피해는 더욱 커질 수밖에 없다. 정부는 무역갈등에 대한 구체적인 안전판을 마련해야 한다. 예를 들어 중국에 대한 수직분업을 완화하는 한편, 한국 중심의 지역네트워크 강화를 통해 글로벌 가치사슬을 업그레이드해야 한다.

2) 정책과제

한국의 대응 방향에 맞춰서 정책과제의 우선순위를 정리하면 〈표 1-7〉과 같다. 성장 및 포용성 증대를 겨냥한 수출주도형 성장전략의 업그레이드 전

〈표 1-7〉 성장 및 포용성 증대를 위한 정책과제

전략	정책과제	세부 과제
성장동력의 확충	서비스산업의 글로벌 경쟁력 제고	서비스산업의 수출산업화 제조의 서비스화 촉진
	고용창출 연계형 외국인투자 활성화	투자 유형별 고용지원 차별화 기술훈련 및 부품·서비스 경쟁력 강화
글로벌 가치사슬의 강화	제조업 4.0 전략 추진	원천기술 개발 지원 소재·부품·장비산업의 경쟁력 강화
	디지털신산업 육성	디지털 인프라 구축 비대면 산업 육성
포용적 통상 정책의 추진	중소기업의 글로벌 역량 강화	중소기업의 정부조달 참여 확대 전자상거래 활성화
	무역조정지원제도 활성화	피해산업의 구조조정 촉진 근로자 보호 및 지원 강화
무역갈등에 대한 능동적 대처	차이나플러스 전략 추진	대중국 수직분업 완화 해외 진출과 신시장 개척 지원
	지역네트워크 강화	동북아 금융허브 전략의 복기 신남방 정책의 적극 추진

자료: 유재원 외(2019).

략이라고 봐도 무방할 것이다. 개별 과제별로 이미 상당한 연구가 진행된 만큼, 여기서는 그 중요성과 방향을 중점적으로 논의하도록 한다(유재원 외, 2019).

(1) 성장동력의 확충

① 서비스산업의 글로벌 경쟁력 제고

한국경제가 성숙함에 따라 선진국들이 경험한 '산업공동화'를 피할 가능성은 크지 않다. 따라서 고용 70%와 부가가치 60%를 차지하는 서비스산업 혁신 없이 지속적 성장은 한계에 부닥칠 수밖에 없다. 또한 제조업과 서비스산업 간의 상호보완 및 지원 관계가 심화되면서 개방경제하의 경쟁력은 통신, 물류, 금융과 같은 생산적 서비스산업의 질에 의해 크게 좌우된다. 서비스산업의 경쟁력을 제고하려면 혁신 제고와 함께 수출활성화가 요구된다.

첫째, 서비스산업의 부가가치를 끌어올리는 구조조정이 필요하다. 이를 위해서는 과거 제조업 중심의 수출주도형 성장전략을 서비스산업 중심으로 조정할 필요가 있다. 즉 정부는 서비스산업 경쟁력 전략을 일원화해 거시적 차원에서 서비스산업 육성 정책과 전략 서비스산업의 수출화 전략을 체계적으로 추진해야 한다. 특히 IT 서비스, 통신서비스, 유통서비스 등 한국이 충분한 공급 능력과 경쟁력을 갖추고 있는 부문을 집중적으로 지원해야 할 것이다.

둘째, 한국의 국내 서비스 경쟁력이 높은 분야부터 서비스의 해외 공급을 확대해 나갈 필요가 있다. 이를 위해 싱가포르의 의료 허브화 전략을 벤치마킹할 필요가 있다. 싱가포르는 의료 분야를 고부가가치 일자리 창출의 주요 수단으로 선정해 의료관광을 적극 추진해 왔다. 저렴한 의료 비용과 높은 의료서비스 수준을 앞세운 의료관광은 싱가포르의 새로운 고부가가치 산업으로 자리를 잡았다. 싱가포르 관광청에서도 의료 부문을 독립 부서로 신설해 외국인 환자 유치 병원을 지원하고 있고, 병원의 영리 법인화를 허용해 병원 간 경쟁도 장려하고 있다. 또한 병원에 대한 해외 자본의 투자나 외국인 의사 고용을 허용하는 등 과감한 규제 완화를 통해 의료 부문의 국제경쟁력을 제고하고 있다. 또한 제약 회사와 같은 연관 산업에 정책적 지원도 병행하고 있다.

셋째, 한국의 경우 내수 시장이 협소해 내수 진작으로 지속적이고 견고한 성장에 한계가 있다. 따라서 국제무역환경 악화로 재화 중심 수출구조가 위협받는 것에 효과적으로 대응하는 것이 더 시급하다. 이를 위해서는 제조 서비스화를 촉진해야 한다. 즉 제조업 생산구조를 재화 중심에서 탈피해 설계, 디자인, R&D 등 지식기반의 고급 사업서비스 투입 비중을 높여나가야 한다. 이를 통해 제조업 생산을 통한 부가가치 창출 능력을 제고하고 고부가가치 서비스업 자체의 확대를 유도하는 동시에 고학력 고용확대 기회를 창출할 수 있을 것이다.

② 고용창출 연계형 외국인직접투자 활성화

글로벌 금융위기 이후 부진한 국내 기업들의 투자를 보완하고 새로운 일자리를 창출하기 위해서는 외국인직접투자의 활성화가 필요하다. 외국인직접투자는 외환위기 이후 급증했다가 2000년대 초부터 다시 하향세를 보였다. 다행히 글로벌 금융위기 이후 건수는 감소하면서도 금액은 증가하는 추세를 보이고 있다. 하지만 해외 직접투자가 급증하고 있는 것에 비하면 큰 차이를 보이고 있고, 전체 고용에서 외국인투자기업이 차지하는 비중도 하향 추세를 보이고 있다. 이를 반전시키려면 외국인직접투자 환경을 개선하고, 고용연계형 직접투자를 겨냥해 투자 인센티브를 강화해야 한다.

첫째, 싱가포르 경제개발청이 외국인투자기업과 공동으로 운영하는 기술훈련센터(Joint Training Centers)를 벤치마킹해 다국적기업이 요구하는 직업과 기술을 현지 노동자가 습득할 수 있도록 지원할 필요가 있다. 또한 잠재적 노동자는 자신이 원하는 기술을 습득해 고용기회를 확대할 수 있기 때문에 외투기업과 잠재적 노동자가 상호 호혜적인 효과를 기대할 수 있다.

둘째, 한국의 외국인직접투자기업의 경우 부품과 서비스에 대한 주요 조달경로로서 '국내 중소기업' 조달 비중이 가장 높았다. 국내 중소기업의 부품 및 서비스 조달 관련 경쟁력이 높아지면 국내 중소기업을 육성하는 효과도 기대할 수 있다. 정부는 싱가포르의 '현지 산업 업그레이드 프로그램(LIUP: Local Industry Upgrading Program)'을 벤치마킹할 필요가 있다.

셋째, 외국인투자의 고용창출효과를 극대화하려면 정책당국은 투자유형별 고용지원 프로그램을 운영할 필요가 있다. 고용창출효과가 높은 신규투자형태의 외국인투자에 대해서는 신규 고용에 상응하는 인센티브 제도를 강화할 필요가 있다. 따라서 신규 노동자 고용 과정에서 고용 박람회 개최, 고용정보 제공 등의 행정적 지원뿐만 아니라 4대 보험 일부 지원, 취업 및 고용 과정 비용 지원 등 금융적 지원이 고려될 수 있다. 또한 국내 한계기업의 고용 승계를 맡게 될 M&A 형태의 외국인투자에 대해서는 고용 승계에 초점을 둔 인센티브 제도를 강화할 필요가 있다.

(2) 글로벌 가치사슬의 강화

① 제조업 4.0 전략 추진

글로벌 가치사슬의 혼란과 약화가 우려되는 상황에 효과적으로 대응하려면 제조업의 부가가치 창출 능력을 증대해야 한다. 1960년대 이후 경제성장 과정에서 경공업, 중화학공업, ICT산업이 중심축을 담당해 왔다면, 이제는 원천기술 확보와 소재·부품·장비 산업의 경쟁력 제고를 중심으로 한 '제조업 4.0 전략'을 추진해야 한다.

첫째, 원천기술을 확보하고 개발할 수 있는 능력을 제고해야 한다. 한국은 창의적이고 새로운 차원의 제품이나 서비스를 개발하는 데 기본이 되는 '개념설계' 능력이 크게 부족하다. 그러다 보니 해외로부터 설계 도면을 수입하고 원천기술을 라이센스 형식으로 수입하는 경우가 빈번하다. 그러나 선진국의 선두 주자를 모방하거나 수입 기술에 기반을 둔 공정 효율성의 제고만으로는 대중 경쟁력 확보가 어려운 만큼, 한국 기업들은 원천기술 개발을 통해 스스로 신영역을 개척해 나가야 한다. 그러나 개념설계능력의 제고는 시행착오를 거쳐 노하우를 체계적으로 축적하면서 이루어지는 것으로써, 산업화의 역사가 짧은 한국으로서는 불리할 수밖에 없다. 또한 중국처럼 거대한 내수 시장을 기반으로 공간의 이점을 활용할 수도 없다. 따라서 이를 극복하려면 개념설계와 원천기술 개발을 뒷받침하는 사회 전체적인 인센티브 체제의 구축이 요구된다고 하겠다(이정동 외, 2015). 즉 기업의 투자 인센티브를 보다 세분화해 원천기술 개발에 대한 장기적 투자를 감내할 수 있는 기반을 구축해야 한다. 특히 정부는 민간 부문에서 단독으로 감당하기 힘든 개념설계나 원천기술의 개발에 집중해 기업의 장기적 R&D투자 인센티브를 보완할 필요가 있다. 또한 기본 설계와 관련된 전문업체들을 정책적으로 육성하기 위해 기본 설계 역량을 근거로 신용을 제공하는 벤처금융을 활성화하고, 산업체 기술 경력을 가진 대학 연구자들과 산업체 간 장기적 협업을 지원할 필요가 있다.

둘째, 한국은 주력산업에 투입되는 부품 및 제조 장비의 경우 일본, 독일 등 기술 선진국 의존도가 오히려 심화되고 있다. 일본이 '잃어버린 20년'에도 불구하고 소재·부품·장비 부문에서 여전히 세계적인 기술 경쟁력을 보유한 기업들이 건재하고 있는 것과 대조적이라고 하겠다. 한국이 추격형 전략에서 탈피해 블랙박스식 독자 기술을 확보하려면 소재·부품·장비 부문에서 글로벌 경쟁력을 갖춘 중소·중견 업체에 기술개발을 지원하고, 대기업 간의 협력 체제를 강화해 판매망을 확보해야 한다. 특히 글로벌 기술력을 보유한 중소기업을 중심으로 선도 기업군을 선정해 시너지 효과가 날 수 있도록 공동 연구 개발 및 고급 인력의 활용·육성에 초점을 맞춘 맞춤형 지원을 제공해야 한다. 고부가가치 신소재 개발 및 상용화를 위해서는 산학연 프로그램 지원을 강화할 필요가 있다. 예를 들면 정부출연연구소 연구 예산의 일정 비율을 민간 부문과 신기술 개발을 위한 장기 공동연구 프로젝트에 배분하는 방안을 적극 고려해야 한다.

② 디지털 신산업의 육성

기존 제조업의 취약점을 보완하는 동시에 코로나 사태 이후 가속화되고 있는 4차 산업혁명의 유망 산업에 집중적인 투자가 필요하다. 한국경제의 지속적 성장을 위해서도 핵심 전략 산업으로 신기술 및 비대면 산업을 육성하는 것이 필요할 것이다. 최근 정부가 내놓은 '한국판 뉴딜' 추진 방향도 코로나 사태를 계기로 디지털경제로의 전환을 가속화하고 지속가능한 일자리를 창출한다는 계획을 포함하고 있다.

첫째, 최근 화두가 되고 있는 4차 산업혁명의 프런티어 부문 육성이 필요하다. 인공지능, 빅데이터, 사물인터넷 등 4차 산업과 이를 바탕으로 한 융합 분야에서 산업수요에 부합하는 인적 자원 개발 프로그램을 운영하고, 관련 교육 정책을 연계할 필요가 있다. 이를 위해서는 산관학 교육 프로그램을 강화할 필요가 있다. 판교테크노밸리에 운영되고 있는 글로벌 R&D 센터·스타트업(startup) 캠퍼스 등과 같이 4차 산업·산업계·교육계·연구계·정부 등이 함께 융합 분야의 교육·연구·개발·상용화 등을 수행할 수 있는 생태계(ecosystem) 구축이 필수적이다.

둘째, 기술집약형 외국인투자를 유치하기 위해 실효성 있는 투자환경의 개선을 이루어나가야 한다. 또한 4차 산업과 융합 분야의 외국인직접투자를 확대하기 위해 투자 인센티브 제도를 획기적으로 개선할 필요가 있다. 특히 4차 산업과 융합 분야에서 촉망받던 국내 스타트업 기업이 한국이 아닌 싱가포르 등 기반시설과 규제 등이 잘 정비되어 있는 국가로 이동하는 현상에 정책당국은 주목해야 한다.

셋째, 비대면 서비스 확산을 위한 기반을 조성하고 비대면 서비스 활용 촉진을 위한 클라우드 및 사이버안전망을 강화해야 한다(비상경제 중앙대책본부, 2020). 이와 관련해 코로나 사태로 유효성이 증명된 비대면 진료 체계 구축을 적극 추진해야 한다. 의료계의 반발에도 불구하고 원격 의료를 확대할 수 있는가의 여부는 과연 한국이 4차 산업혁명을 성공적으로 추진할 수 있는가를 가름하는 시금석이 될 것이다.

(3) 포용적 통상 정책의 추진

① 중소기업의 글로벌 역량 강화

한국은 대기업 위주의 수출주도형 경제성장을 지속한 결과, 중소기업이 내수에 주력하는 구조를 지니게 되었다. 중소기업은 전체 기업 수의 99%를 차지하고, 고용 비중은 전체 고용의 90%에 육박한다. 또한 중소기업은 지역경제의 버팀목이 되고 있다. 지속적 성장과 일자리 창출을 위해서는 중소기업의 국제 역량을 육성해야 한다. 한국경제의 개방성을 유지하면서 무역의 이득을 골고루 향유하려면 중소기업의 생산성과 글로벌 경쟁력 강화가 필요하다.

첫째, 중소기업 국제화를 위한 지원은 수출 지원에 한정될 것이 아니라, 국제적 생산 분업의 설계를 바탕으로 수출 가능성을 확대해 나가는 것을 목표로 해야 할 것이다. 또한 중소기업 국제화 및 수출 지원 제도를 대대적으로 정비해 정책 목표의 적절성을 재평가 및 재설정해 나가는 한편, 정책 수단과의 정합성을 확보해야 한다.

둘째, FTA를 추진함에 있어 중소기업의 실질적인 시장 참여를 확대해야 한다. 예를 들어 한미 FTA나 한-유럽 FTA의 정부 조달 협상의 경우 한국의 중소기업은 다양한 조달 시장에 참여할 기회를 가지지 못했다고 평가되고 있다. 그 큰 이유 중 하나는 중소기업의 해외 조달 시장 진출을 위한 정보를 국내에서 받아보기 힘들다는 데 있다. 정부는 단순한 정보 제공에 그치지 않고, 입찰에 필요한 서류를 준비하고, 관련 지원을 받을 수 있도록 도와줄 필요가 있다.

셋째, 전자상거래 협상은 현재 진행 중인 중요한 의제 중 하나이다. 개도국들의 반발로 완전 무관세화가 쉽지 않은 상황에서 단기적으로는 무관세 한도액을 상향시키는 데 주력해야 한다. 또한 전자상거래의 대상 파트너로 인정받을 수 있도록 데이터 관련법을 교역 대상국의 규범에 맞도록 개정하고 정비해 나가야 할 것이다.

② 무역조정지원제도의 활성화

한국은 WTO 다자간 자유화 협상에 이어 지역무역협정(RTA)을 적극 추진하는 과정에서 이해 당사자들의 의견을 수렴하거나, 사후적으로 편익을 평가해 피해가 발생한 경우 이를 시정하거나 보상하려는 정책적 노력이 충분치 못하다는 비판을 받아왔다. 이와 관련해 무역조정지원제도의 활성화가 필요하다.

첫째, 한국은 2007년 5월 '자유무역협정 체결에 따른 무역조정지원에 관한 법률'에 의거해 무역조정지원제도를 도입했다. 동 제도의 목적은 FTA 체결로 인해 피해를 입었거나 입을 것이 확실한 기업의 조정을 원활하게 하기 위해 융자 및 컨설팅 등을 지원하는 것이다. 그러나 실제로 산업 피해의 구제를 위해서 동 제도가 얼마나 활용되고 있는지 불분명하다. 동제도의 실효성을 높이는 동시에 피해 산업의 경쟁력 강화를 위한 구조조정정책이 병행되어야 할 것이다.

둘째, 산업구조조정은 비단 무역자유화뿐 아니라, 가속화되는 기술 변화 그리고 개인적 취향이나 사회적 선호도의 변화에 의해서도 발생한다. 이러한 구조조정에서 가장 중요한 부분은 근로자의 원활한 재배치라고 할 수 있다. 즉 직업, 직장, 산업, 지역 간 노동력의 원활한 이전이 핵심이라고 할 수 있다. 정부는 무역지원조정제도의 정비를 통해 기업 지원 중심에서 나아가 근로자 보호 요소를 강화할 필요가 있다. 또한 실업급여 및 실업자 훈련 제도에 더해 소득 지원을 고려할 필요가 있다.

(4) 무역갈등에 능동적 대처

동아시아 지역에서의 글로벌 가치사슬은 중국에 편중되는 양상을 보이고 있는 것이 현실이다. 따라서 한국은 중국과 일본이라는 거대 경제 사이에서 저평가될 뿐 아니라, 미중 무역분쟁의 피해가 확대될 위험이 있다. 이를 시정하려면 한국 중심의 지역네트워크를 강화해 나갈 필요가 있다. 이와 관련해 중국에 대한 의존도를 줄여나가는 한편 동북아 지역에서 통상허브 역할을 강화해 나갈 필요가 있다.

① '차이나플러스' 전략의 추진

첫째, 제조업에서 중국과 수직분업을 완화할 필요가 있다. 중국에 대한 과도한 의존도는 미중무역갈등에 따른 피해를 증대시킬 뿐 아니라, 중국의 여건 변화에 따른 충격에 취약한 구조를 초래하게 된다. 코로나 사태는 이러한 위험을 극명하게 보여주었다고 할 수 있다. 이미 중국의 산업고도화 및 인건비 상승 등으로 투자 기업의 이전이 본격화되고 있는 상황에서 아세안이나 인도 등으로 생산기지를 다변화할 필요가 있다.

둘째, 2010년 센카쿠 열도 영유권을 놓고 중국과 갈등이 심화되자 일본이 중국 의존도를 위해 추진했던 '차이나플러스' 전략을 벤치마킹할 필요가 있다.[8] 일본은 신시장 개척과 국제시장 확보 등을 목표로 경제 정책을 수립하고, 정부 차원의 공적개발원조를 자국 기업의 인프라 수출과 연계함으로써 현지 사업 기회 창출에 활용했다. 나아가 태국을 중심으로 아세안 내 분업 체제를 구축해 시장 진출을 다각화했다. 또한 금융스왑과 해외투자와 관련해 강력한 지원을 제공했다. 한국도 기업들의 해외진출 시 애로사항을 완화할 수 있도록 중소기업에 대한 실질적인 지원을 강화할 필요가 있다.

셋째, 아세안과의 경제협력을 한층 강화할 필요가 있을 것이다. 기존 교역

---

8) '차이나플러스' 전략에 대해서는 김현수·조의윤(2018) 참조.

확대 중심 경제협력을 넘어서 경제·사회·문화 등 다차원 협력과 장기적 관점에서 이익 균형을 모색함으로써 공동 번영을 지향할 필요가 있다. 이를 위해 한·아세안 간 FTA협정을 개정해 추가 자유화 협상을 진행할 필요가 있다. 한·아세안 FTA는 2007년 발효되었는데 상품 분야 자유화, 서비스 분야 자유화 및 투자 협정을 포함하고 있다. 그러나 자유화 수준이 높지 않을 뿐 아니라, 자유무역의 이행률과 활용률이 낮은 것이 문제점으로 지적되고 있다(배찬권 외, 2012). 아세안은 '차이나플러스' 전략 차원에서 우선적 협력 대상이므로 새로운 접근이 요구된다.

② 지역네트워크 강화

중국에 대한 의존도를 낮추고 동아시아 분업 구도에서 차지하는 위상을 제고하려면 근본적으로 한국을 동북아 통상허브로 건설해 나가야 한다. 중국이 블랙홀처럼 부가가치가 높은 주변의 경제활동을 모두 빨아들이는 구조하에서는 한국의 성장 전망은 그리 밝지 않다. 싱가포르가 지역본부전략을 추진함으로써 전략적 이점을 백분 활용하고 있는 점은 한국의 입장에서 좋은 사례가 아닐 수 없다.

첫째, 한국은 노무현 정부하에서 추진한 동북아 금융허브 전략이 왜 실패했는지 냉정하게 복기할 필요가 있다. 비록 실패로 끝났지만, 동북아 금융허브 전략은 한국이 동북아 지역에서 새로운 경제 중심으로 경쟁력을 유지하기 위해 시도해 볼만한 가치가 있었다고 생각한다. 이미 국제금융시장의 양대 산맥이라 할 런던·뉴욕에 이어 제3의 국제금융센터로 불리는 도쿄 이외에도 홍콩·싱가포르가 일정한 경쟁력을 확보한 상황에서, 새로운 지역금융센터를 건설한다는 계획은 결코 실현 가능성이 높았다고 볼 수 없다. 그러나 경제 규모나 교역 규모면에서 싱가포르와 홍콩을 앞서고 있고, 중국의 자본자유화가 기대에 못 미치던 상황에서 한국은 외환위기 이후 금융구조조정을 통해 금융산업의 효율성이 증대된 만큼 충분히 승산이 있다고 판단했을 수 있다. 결과적으로 외국인투자에 대한 반감, 재벌의 과대한 영향력, 정부의 규제 및 국제금융업무에 필요한 인적 자원의 부족 등이 발목을 잡았다고 볼 수 있다. 그럼에도 불구하고 한국이 중국·일본의 주변국으로 전락하는 것을 막으려면 "한국을 중심으로 하는 허브를 구축해야 한다"라는 목표는 여전히 유효하다고 판단된다.[9)]

둘째, 아시아 지역에서 새로운 전략적 파트너를 선정하고 육성할 필요가 있다. 이와 관련해 정부가 추진하고 있는 신남방 정책이 실질적인 성과를 올릴 수 있도록 적극 노력해야 한다. 신남방 정책은 아세안뿐 아니라 인도를 포함하는 아시아 지역과 한국 간 교역·관광·투자를 강화하자는 취지에서 출범했다. 그러나 아직 구체적인 추진 전략은 눈에 띄지 않는다. 중국의 예를 보면 아세안과 협력 강화를 위해 일대일 해상 운송로 중 하나로 아세안 루트를 선정했다. 이를 위해 2017년 6월까지 중국 국가개발은행은 아세안 10개국과 총 228개의 프로젝트 지원을 발표했다. 일본 역시 2015년부터 5년간 아세안 인프라 정비에 1100억 달러를 지원할 계획임을 발표했다. 아세안과 인도 지역에서는 중국과 일본이 시장 쟁탈을 위해 치열한 경쟁을 벌이고 있다. 한국도 이 지역을 포스트 차이나 생산 및 소비 시장으로 육성하기 위한 정부 차원의 장기 계획과 함께 분야별·산업별 협력 프로젝트를 추진해야 할 것이다.

---

9) 영국 컨설팅 그룹 지옌(Z/Yen)이 2020년 3월 발표한 국제금융센터지수(Global Financial Center Index)에서 서울은 33위를 차지했다. 이 조사에서 뉴욕 1위, 런던 2위, 도쿄 3위, 아시아에서는 중국 상하이, 베이징, 광저우, 홍콩과 싱가포르가 20위권 내 순위를 차지했다. 서울은 여의도 국제금융센터 빌딩 완성 이후인 2015년 9월에는 6위를 차지했으나, 이후 순위가 크게 떨어졌다.

5. 결론

한국은 2019년 10월 WTO에 개도국 지위를 포기한다고 통보했다. 1인당 국민소득, 경제 규모, 무역량의 기준으로 보면 한국을 개도국이라고 지칭하는 것은 더 이상 타당하지 않다. 그러나 국민 다수는 한국을 선진국이라고 부르는 것에 동의하지 않을 것이다. 선진국이면 응당 보장해야 하는 삶의 질에 대한 기대 수준이 상당히 높기 때문이다. 명실상부한 선진국이 되려면 한국은 지속적이고 안정적인 성장을 실현하는 동시에 그 혜택이 구성원들에게 골고루 배분될 수 있도록 포용성을 제고해야 한다.

한국의 높은 대외의존도를 고려할 때 세계경제 환경은 매우 불리하다. 코로나 사태로 인해 무역 갈등과 글로벌 가치사슬의 약화 등 세계경제의 불확실성은 매우 커졌다. 이 장에서는 주로 성장·무역·국제분업 관점에서 세계경제 환경의 변화와 한국의 대응 방안을 제시했다. 주요 결과를 요약하면 다음과 같다.

첫째, 투자 부진과 양질의 일자리 부족을 타개하기 위해 서비스산업의 구조 고도화에 박차를 가하고 외국인 직접투자 활성화를 추진해야 한다. 둘째, 한국은 글로벌 가치사슬을 강화하기 위해 기존 제조업의 혁신과 디지털 신산업 육성에 주력해야 한다. 셋째, 과다한 중국 의존도를 줄이고 동북아 통상허브를 구축해 지역네트워크에서 차지하는 위상을 높여야 한다. 넷째, 중소기업의 수출 역량 및 구조조정 지원을 강화함으로써 통상 정책의 포용성을 제고해야 한다.

이러한 정책과제에 대한 논의는 이미 오래전부터 이뤄져 왔다. 하지만 명확한 성과를 내지 못하고 있다. 한국은 성장과 분배라는 두 목표를 동시에 이루어야 한다. 포용성을 높이지 않고서는 더 이상 지속적인 성장이 불가능할 것이다. 포용성을 높이려면 혁신에 좀 더 박차를 가해야 한다. 일본 아베노믹스의 예로 알 수 있듯이 확장적 재정과 통화 정책으로 총수요를 진작하는 것은 경기침체에서 벗어나는 데 도움이 되겠지만, 구조 개혁이 뒷받침되지 않으면 장기적이고 지속적 성장은 불가능하기 때문이다.

박상준 교수는 '한국을 서서히 침몰하는 거함'에 비유한 바 있다(박상준, 2019). 바다에서 풍랑을 만나 배가 흔들리는 것은 당연하지만, 침몰하는 것은 보통 문제가 아니다. 일본은 장기침체가 시작된 1990년 1인당 실질국민소득이 한국의 3배에 달했으나, '잃어버린 30년'을 겪는 동안 양국 간 소득격차는 거의 사라졌다고 해도 과언이 아니다. 하지만 한국이 이러한 성과에 안도할 수는 없다. 한국도 잠재적 성장 역량 자체가 축소되고 있는 현실을 직시해야 한다. 한국경제가 새로운 세계경제 환경 변화에 얼마나 빨리, 얼마나 강하게 대응하는지에 따라 새로운 도약의 기회가 달려 있을 것이다.

참고문헌

권규호. 2019. 「글로벌 금융위기 이후 우리 경제의 성장률 둔화와 장기전망」(KDI 경제전망 2019 상반기). 한국개발연구원.

김천구. 2019. 「최근 민간투자 부진의 배경과 영향」. 대한상공회의소.

김현수·조의윤. 2018. 「한·일 차이나플러스 전략 비교연구 및 시사점」(IIT TRADE FOCUS, 41). 한국무역협회.

박복영. 2019. 「글로벌 밸류체인: 평화의 기반에서 위협의 수단으로」(SIES 이슈와 정책, 22). 서울사회경제연구소.

박상준. 2016. 『불황터널 진입하는 한국 탈출하는 일본』. ≪매일경제신문사≫.

______. 2019.9.21. "한국은 서서히 침몰하는 거함이다". ≪동아일보≫.

배찬권 외. 2012. 「한국 기발효 FTA의 경제적 효과 분석」(연구보고서). 대외경제정책연구원

비상경제중앙대책본부. 2020. '한국판 뉴딜' 추진방향.

유재원. 2009. "What is Driving Global Imbalances? The Global Savings Glut Hypothesis Reexamined." ≪대외경제연구≫, 13(2), 1~37쪽.

유재원 외. 2019. 『포용적 통상국가실현을 위한 추진전략 연구』(중장기통산전략연구, 19-04). 대외경제정책연구원.

이정동 외. 2015. 『축적의 시간』. 지식노마드.

이제민. 2017. 『외환위기와 그 후의 한국경제』. 한울엠플러스.

이항용. 2020. 「금융위기 이후 설비투자의 변화와 특징」, ≪한국경제포럼≫, 13(1).

일본경제신문사. 1989. 『일본경제의 분석』. 정병휴 옮김. 비봉출판사.

진베이. 2017. 『중국제조 2025』. 조재구 엮음. 한국정책재단.

최기산·장태윤. 2018. 「글로벌 가치사슬의 현황 및 시사점」(국제경제리뷰). 한국은행.

최종원. 1994. 『미일구조조정협의의 전개와 경쟁정책』. 한국개발연구원.

표학길·전현배·이근희. 2018. 「2017 총요소생산성 국제비교」. 한국생산성본부.

한국은행. 2013. 「IAM 성장기여도에 의한 우리 경제의 성장 동인 재평가」. *Quarterly National Accounts Review*.

한국은행. 경제통계시스템. https://ecos.bok.or.kr/.

Baldwin, Richard and Weder di Mauro Beatrice. 2020a. "Thinking Ahead about the Trade Impact of VOCID-19." in R. Baldwain and B. di Mauro(eds.). *Economics in the Time of VOVID-19*. CEPR Press.

_____. 2020b. *Mitigating the COVID Economic Crisis: Act Fast and Do Whatever It Takes*,

CEPR Press.

Bernanke, Ben S. 2005.4. "The Global Savings Glut and the U.S. Current Account Deficit." St. Louis, Missouri: Homer Jones Lecture.

Bown, Chad P. 2020.2.14. "US-China Trade War Tariffs: An Up-to-Date Chart." PIIE.

Eichengreen, Barry., Dwight H. Perkins and Kwanho Shin. 2012. *From Miralce to Maturity: The Growth of the Korean Economy.* Harvard University Press.

Gorden, Robert J. 2016. *The Rise and Fall of American Growth*, Princeton University Press.

IMF. 2019.10. *World Economic Outlook.*

_____. 2020.4. *World Economic Outlook.*

Kim, D., S. Kwon and J. W. Ryou. 2019. "Declining Fixed Investment and Increasing Financial Investment of Korean Corporations." *East Asian Economic Review*, 23(4), pp.355~379.

Kwon, T. H. and J. W. Ryou. 2015. "Global Value Chains of East Asia: Trade in Value Added and Vertical Specialization." *Asian Economic Journal*, 29, pp.121~143.

Mattoo, Aaditya and Robert W. Staiger. 2019. "Trade Wars: What Do They Mean? Why are They Happening Now? What are the Costs?" World Bank Policy Research Working Paper, No.8829.

Meng, Bo et al. 2019. "Are Global Value Chains Truly Global? A New Perspective Based on the Measure of Trade in Value-added." IDE Discussion Paper, No.736, Institute of Developing Economies.

OECD. 2019. "Inter-Country Input-Output (ICIO) Tables." https://www.oecd.org/sti/ind/inter-country-input-output-tables.htm (검색일: 2020년 4월 8일).

Penn World Table. version 9.1. www.ggdc.net/pwt.

Rodrik, Dani. 2018. *Straight Talk on Trade.* Princeton University Press.

Urata, Shujiro. 2020. "Japan-US Trade Frictions: The Past, the Present and Implications for China-US Trade War." JCER Working Paper, AEPR Series No.2019-1-6.

Wang, Z. et al. 2017. "Measures of Participation in Global Value Chains and Global Business Cycles." NBER Working Paper, 23222.

Wolf, Martin. 2009. *Fixing Global Finance.* Yale University Press.

WTO. 2020.4.8. "Trade Set to Plunge as COVID-19 Pandemic Upends Global Economy."

WTO et al. 2019. *Global Value Chain Development Report 2019: Technological Innovation, Supply Chain Trade, and Workers in a Globalized World.*

The Maddison Project. 2018. https://www.rug.nl/ggdc/historicaldevelopment/maddison/releases/maddison- project-database-2018 (검색일: 2020.4.8).

제2장

코로나 위기와 바람직한 조세 재정 정책의 모색*

정세은 | 충남대학교 경제학과 교수

1. 외환위기 이후 저성장, 양극화

1990년대 전반기까지 고도성장을 이어가던 한국경제는 1997년 외환위기 이후 성장률이 빠르게 하락하는 체제로 전환하게 되었다. 거시경제의 수요 측면을 살펴보면 시기별로 차이가 발견된다. 외환위기 직후부터 2008년 국제금융위기까지의 기간은 내수는 부진한데 수출은 호황을 보이는 내수-수출 양극화 시기였다. 당시는 중국경제가 WTO에 가입한 이후 세계의 공장으로 자리매김하던 시기였고 '떠오르는 용'을 타고 한국도 함께 수출을 증대시킬 수 있는 시기였다. 한국 기업은 중국으로 중간재를 수출해서, 중국이 세계시장 점유율을 높일 때 함께 이익을 누릴 수 있었고 경제성장으로 구매력이 커진 중국 시장 자체도 중요한 수출 시장으로 공략했다. 이러한 이유로 인해 외환

---

* 이 장은 공공상생연대기금의 2020년도 사회개혁비전연구 프로젝트(11월 30일 종료)에 포함된 논문의 일부분을 수정·발전시킨 것이다.

위기 이후 중국이 한국의 가장 중요한 교역국 지위를 차지하게 되었다.

이 시기의 내수 위축은 무엇보다 노동유연화로 인해 전 산업적으로 발생하게 된 비정형·비정규 일자리의 증가, 대기업과 중소기업 간 임금 격차 심화, 그로 인한 분배 악화가 그 배경에 있다.

열악한 일자리의 증가는 전체적으로 노동소득 비중을 하락시키고 자본소득 비중을 증가시켰는데, 자본·자산이 일부 가계에 집중되어 있다는 점을 고려하면 자본소득 비중 증가가 가계소득 분배 악화로 귀결되었음은 자명한 이치이다. 한편 비정형·비정규 일자리 증가, 중소기업의 상대적 임금 하락 배경 중에는 외환위기 이후 수출 대기업들이 핵심 역량에 집중한다고 하면서 비핵심 역량에 해당하는 일자리를 일부 외주화해서 나쁜 일자리로 만들거나, 일부는 로봇화해서 줄였으며, 국내 협력 업체와 연관관계는 줄이고 해외 업체와 연관관계를 높이는 등의 구조조정을 단행한 것도 있다.[1)]

대기업 차원에서 보면 그러한 전략이 효율성을 높이는 합리적 전략이겠지만, 한국경제 전체로 보면 대기업 자체의 좋은 일자리가 사라질뿐더러 협력망 내에서 생태계의 한 부분을 담당하고 있던 많은 중소기업은 판로를 상실하게 됨에 따라 그 일자리가 취약한 일자리로 변하는 결과를 맞게 되었다. 물론 대기업 차원에서야 경쟁력이 떨어지는 국내 중소기업보다 가격이 저렴하고 품질이 비슷한 해외 외주화가 합리적인 선택일 수 있지만, 경제 전체적으로는 이러한 구조조정이 중소기업에 미치는 영향에 어떻게 대응할 것인지에 대한 고민이 필요한 심각한 문제이다. 한편 대기업의 제조 현장은 과거 비수도권

---

1) 황선웅(2017)에 따르면 2000년 이후 국내 제조기업들의 해외 직접투자는 빠르게 증가했으나 동시에 국내 고용은 절대 규모 자체가 크게 감소했다. 제조업 78개 업종 2000~2014년 패널 자료를 이용한 회귀분석 결과도 해외 직접투자 확대가 고용에 부정적 영향을 미쳤음을 보여주었다.

〈그림 2-1〉 1990년대 이후 민간 소비, 정부지출, 투자, 수출 증가율 추이

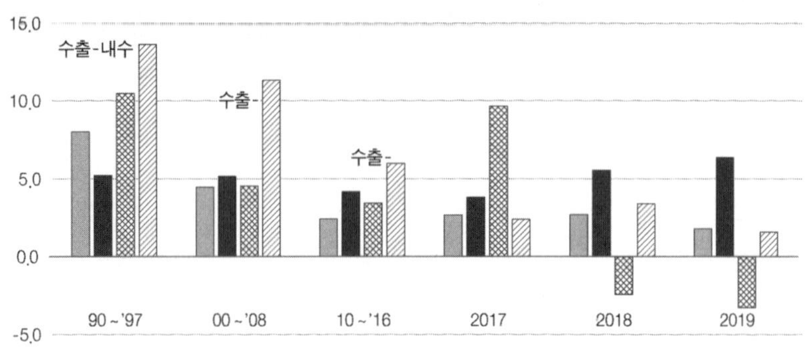

자료: 한국은행 통계 이용.

지역에 있었고 중소 협력업체들도 주로 지역에 위치해 있다. 따라서 산업 부문에서의 구조조정은 지역에 불리하게 작동할 수밖에 없었다. 지역 제조 현장은 구조조정이 진행되는 반면 서울과 수도권으로의 R&D, 금융 기능이 집중되어 있던 서울과 수도권으로의 벤처, 고부가가치 제조업이 집중 발달하게 되었다. 제조 현장의 소멸은 당장은 아니지만 서서히 생산성이 하락하는 문제로 이어지게 된다. R&D와 현장의 분리는 장기적으로 생산성 하락으로 이어질 수밖에 없다.

따라서 일자리에서 나타난 변화는 전체적으로 제조업 일자리 비중 감소, 제조업에서 밀려난 노동인구의 서비스업으로의 이동, 노동유연화 상황에서 나쁜 일자리 확대, 대기업과 중소기업 일자리의 임금격차 확대 현상, 서울 및 수도권과 그 외 지역 간 일자리 격차로 요약할 수 있다. 제조업에서 구조조정된 인력이 서비스업으로 진출함에 따라 저성장이지만 고용률은 유지되었다. 나쁜 일자리는 문제겠지만 사회안전망이 부실한 상황에서 생산 인구는 일자리의 질을 따지기 어려웠을 것이다. 제조업은 전체적으로 일자리는 줄어들면

서도 생산하는 부가가치는 그다지 줄지 않았는데, 이는 바로 상위 기업들이 핵심 역량에 집중하고 고용을 줄이면서 부가가치는 유지할 수 있었기 때문이다. 이러한 일자리 구조조정과 소득분배의 악화는 소비위축으로 이어졌다.

일자리 부문에서 일어나는 이러한 현상들을 단순히 재벌들의 하청 중소기업 착취로만 설명할 수는 없을 것이다. 박근혜 정부 이전까지는 그래도 이러한 문제들의 심각성이 뚜렷이 드러나지는 않았다. 2008년 국제금융위기 이후에도 중국이 경기부양책을 사용함으로써 수출 증가율은 하락했으나, 그래도 어느 정도는 한국경제를 뒷받침해 주었고 일자리 창출이 큰 조선업의 호황으로 일자리 취약성 문제를 감춰주었기 때문이다. 따라서 수출대기업과 중소기업 간 양극화 문제, 착취 문제에 대한 지적이 있었으나 수출 역량 자체에 대한 우려는 그렇게 크지 않았다.

그러나 이미 2013년경부터 EU가 재정위기 이후 부진 상태에 빠지고 중국경제가 감속 성장하게 되면서 한국경제도 그 영향을 받지 않을 수 없었다. 특히 세계경제가 부진 상태에 빠지자 수출과 성장의 큰 축이었던 조선업이 큰 타격을 입었고 세계 자동차 시장의 구조조정으로 인해 국내 자동차 제조업계도 타격을 받게 되었다. 이러한 타격은 비수도권 지역의 제조업에 충격을 미치게 되었고 제조업의 부진은 서비스업, 자영업 부문에 연쇄적으로 영향을 미치게 되었다. 수출 제조업과 내수 서비스업의 충격에서 다소 떨어져 있던 산업이 건설업이다. 외환위기 이후 부동산시장으로의 자금 쏠림은 다른 산업과 달리 건설투자의 지속을 낳았는데 건설투자가 경기를 부양해 온 역할은 인정해야겠지만 그 배경에 있는 과도한 부동산 가격 급등, 가계부채 증가, 자산 양극화 심화, 불로소득 향유 등의 문제는 감내하기에 과도한 비용이다.

즉 외환위기 이후 한국경제는 저성장, 양극화 문제를 경험하고 있는데 이는 단순히 재벌이 중소기업을 착취하기 때문은 아니다. 착취하는 부분이 없다는 것이 아니라 과거에는 그래도 착취하는 관계이자 동시에 하나의 제조 생태계를 이루어 낙수효과가 존재했다면, 외환위기 이후로는 수출대기업의 글로벌 밸류 체인이 형성되면서 중소기업 부문에서 구조조정이 진행되고 있는 상황이다. 노동유연화, 규제 완화, 자본시장 활성화, 감세 정책 등 성장에 도움이 된다고 하는 정책들이 실제로는 산업부흥, 경제 활성화 효과를 발휘하지 못했다. 이미 경쟁력을 갖춘 기업에 자원이 집중되었고 이들은 자신의 이익을 극대화하려 했을 뿐 시스템 전체적인 효과를 발휘하지는 못했다.

조세 재정 정책은 이러한 구조적인 문제 해결에 실패해 왔다. 중소기업에 대한 다양한 지원 정책을 운용하고 있지만 생태계를 만들어주는 방식은 아니었다고 이야기된다. R&D를 지원하는 산업 정책을 펴 왔으나 개별 기업 차원에서 R&D 지원정책으로 인해 몰락하는 지역 생태계에 대한 고민이 부족했다고 이야기된다. 혁신기업 지원에 집중하면서 인재와 기술, 금융이 몰려 있는 서울과 수도권 지역에 자원이 집중되는 현상이 발생했고, 기업 투자에 관한 세제 혜택도 대기업과 서울 및 수도권에 집중, 자동화 전환에 기여하고 있다고 이야기된다. 금융 및 부동산에서 발생하는 소득에 대한 약한 과세, 자본이득에 대한 비과세 및 약한 과세는 자산 투기를 부추기는 요인이 되었다. 복지제도는 서구에서 운용되는 것들을 대부분 도입했으나 그 정도는 충분하지 않다. 국가의 복지지출은 OECD 국가 평균이 GDP 20%인 데 비해 한국은 아직까지도 10% 정도에 그치고 있다.

이러한 상황에서 가장 타격을 받게 된 것은 결국 나쁜 일자리에 내몰린 계층이다. 이들은 은퇴 이전에도 고단한 삶을 살게 되지만 은퇴 이후에도 여전히 고단한 삶을 살 수밖에 없다. 소득이 부족하고 불안정한데 임대료는 계속 상승한다. 이들의 빈곤과 불안정성은 그대로 자녀에게 대물림된다. 소득과 부가 대물림되고 자신의 앞가림도 어려운 상황에서 결혼과 출산을 아예 포기하는 청년들이 늘고 있다. 이러한 시스템에서는 수요 측면에서는 내수 부진, 공급 측면에서는 생산성 증가 속도 하락과 투자 부진(대기업은 해외에서 투자, 중소기업 투자 부진) 현상이 나타나 성장에 부정적 영향을 미칠 수밖에 없다.

2. 코로나 이전 경제 정책과 평가

문재인 정부의 경제 정책은 소득주도, 공정경제, 혁신성장, 일자리경제를 핵심 정책 방안으로 내걸었다. 대기업과 중소기업이 상생하는 시장 질서를 만들고 혁신기업들이 활발히 창출되게 하는 등 공급측을 활성화할 뿐 아니라 가계소득 확대를 통해 내수와 인재를 키우고 일자리 창출에 집중하겠다는 것이었다. 현 정부는 이러한 내용을 담은 '국정운영 5개년 계획'을 2017년 7월에 발표함으로써 외환위기 이후 추진되어 온 감세, 노동유연화, 경쟁 강화를 통한 경쟁력 강화 등의 신자유주의와 결별하기 위한 구체적 정책들을 밝혔다.

불평등 완화와 소득주도성장을 위해서 적극적 일자리 창출을 중요한 목표로 내걸었다. 이를 위한 주요 정책으로는 일자리 중심 국정운영 인프라 구축, 공공·사회서비스 일자리 창출, 실노동시간 단축, 청년·신중년·여성 등 맞춤형 일자리, 산업·지역별로 특화된 고용 정책, 최저임금 1만 원 달성, 비정규직 차별 시정 제도의 전면 개편 등을 제시했다. 이 중 국가 주도 일자리 창출 전략으로서 OECD 평균에 비해 부족한 공공서비스 확충, 사회서비스 종사자의 열악한 처우 개선 등 '더 나은 공공·사회서비스 일자리 81만 개 만들기'를 내세웠다.

소득주도성장은 임금근로자와 자영업자, 중소기업의 이익을 제고하는 시장 제도 개혁, 복지 시스템의 확대를 의미하는 취업안전망, 사회안전망 강화를 정

〈표 2-1〉 일자리 경제를 위한 공공·사회서비스 일자리 81만 개 만들기

세부 목표	내용
1. 공무원 신규 채용 (기재부, 행자부, 인사처)	- 소방관·경찰·사회복지사·교사·근로감독관 등 국민안전과 치안, 복지, 교육 등을 위해 서비스하는 공무원 일자리 대폭 확충 - 2017년 하반기에 공무원 1만 2000명 추가 채용 추진
2. 공공·사회서비스 등 일자리 확충(복지부)	- 사회서비스 공공인프라 확충, 지역 내 전달체계 보강, 보장성 확대를 통해 양질의 사회서비스 일자리 만들기 - 사회서비스공단 설립을 통해 공공·사회서비스 일자리 창출 및 사회서비스 제공 인력 처우 개선
3. 공공기관 일자리 확충, 정규직 전환으로 좋은 일자리 만들기(고용부)	- 공공기관 실태조사 및 공공 부문 비정규직 대책을 통해 공공기관 전반에 대한 인력 증원 대책 마련 - 일·생활 균형 제도 확산, 초과근무 감축 및 연가 활성화 등을 통한 절감 재원을 활용해 신규 채용 확대 - 상시·지속 업무의 공공 부문 비정규직 근로자를 정규직으로 전환하고, 처우 개선도 단계적으로 추진 (고용안정) 상시·지속 업무는 정규직으로 직접고용하는 원칙을 확립하고 직접고용, 자회사 설립 등 다양한 정규직화 방안 마련 (처우개선) 무기계약직 등에 대한 복리후생적 성격의 금품 등에 대한 불합리한 차별 개선, 임금 수준 공시 등을 통해 처우 개선 병행

자료: 국정기획자문위원회(2017).

책 패키지로 하고 있다. 최저임금 인상을 포함한 가계의 1차 분배 소득 증대를 목표로 하고 있으며 거의 모든 복지 영역의 개선이 포함되어 있다. 문재인 정부가 추구하는 바는 이와 같은 일자리 경제와 소득주도성장에서 잘 드러난다.

그러나 이러한 계획은 발표 직후부터 비판에 직면하게 되었다. 방향이 맞긴 한데 실현 가능성이 있는지에 대한 비판이다. 무엇보다 이러한 개혁들은 재정이 뒷받침되어야 가능한데 동일한 계획에 첨부되어 있는 재정투자 계획을 살펴보면 전체 투입 예산은 178조 원이고 '더불어 잘사는 경제'와 '내 삶을 책임지는 국가'에 투입되는 예산은 5년간 110조 원에 불과하다. 이 예산을 5년으로 나누면 연간 20조 원 정도로서 GDP의 2%가 안 되는 규모에 불과하다. 이 정도의 예산 증가로 공공 부문 일자리를 늘리고 국가복지를 의미 있는 수

〈그림 2-2〉 소득주도성장 목표의 정책 패키지

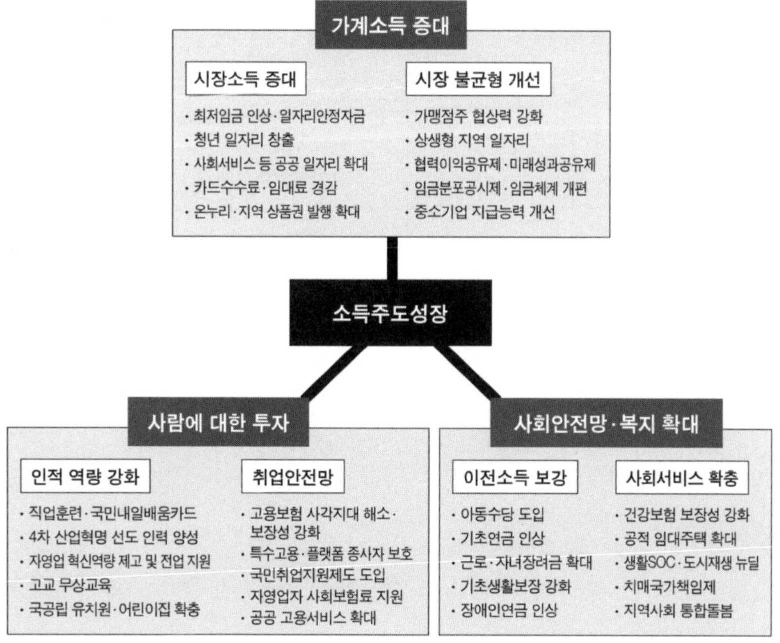

자료: 임원혁(2018).

준으로 확충할 수 있을까?

이러한 예산으로 기후 위기에 대처하고 탈원전 정책을 차질 없이 실시할 수 있을 것인가도 비관적이며 이와 관련해 문재인 정부의 의지가 있는지에 대한 의구심도 제기되었다. 관련 국정 과제로서 미세먼지 걱정 없는 쾌적한 대기환경 조성, 탈원전 정책으로 안전하고 깨끗한 에너지로 전환, 신기후 체제에 대한 견실한 이행 체계 구축, 국민 안전 강화 및 미세먼지 사전 예방 추진 등이 제시되었지만, 집권 5년간 재정 투입으로는 친환경차 보급 확대, 노후 경유차 조기 폐차 등 미세먼지 대책 1.2조 원, 신재생에너지 지원 강화 1.6조 원만 잡혔기 때문이다.

〈표 2-2〉 문재인 정부 2018~2022년 총지출 소요 및 재원 대책[1]　　(단위: 조 원)

총지출 소요		재원 대책	
합계(국비 소요 지출)	178 (151.5)[2]	합계	178
더불어 잘사는 경제	42.3	① 세입 확충 • 초과 세수 증대 • 과세 기반 강화	82.6 (60.5) (17.1)
내 삶을 책임지는 국가	77.4		
고르게 발전하는 지역	7		
평화와 번영의 한반도	8.4	② 세출 절감 • 지출구조조정 • 기금 여유자금 활용 및 이차보전 전환	84.1 (60.2) (35.2)
제도 설계 후 추진[3]	16.4		
지방 이전 재원	26.5		

주: 1) 공약 관련 사업 지출 중 2017년 추경 안에 약 4.4조 원 이미 반영(청년구직수당, 치매안심센터 등).
2) 국세 세입 증가에 따른 지자체 법정 전출분 26.5조 원(내국세의 39.51%) 제외 시 공약 소요에 활용 가능한 국고 재원 규모.
3) 실업급여 보장성 강화 등 지출 소요는 있으나 현시점에서 정확한 추계가 어려운 사업.
자료: 국정기획자문위원회(2017).

이와 같이 빈약한 재정 투입을 제시한 것은 집권 기간 동안 증세하지 않겠다는 계획 때문이었다. 국정 과제는 178조 원이라는 재원을 어떻게 마련할 것인지도 밝히고 있는데, 세입 확충이 82.6조 원, 세출 절감이 95.4조 원이다. 세입 확충을 살펴보면 초과 세수가 5년간 60.5조 원으로서 세입 확충 계획의 대부분을 차지하고 있다.[2] 세출 절감 방안으로 세출구조조정 60.2조 원(재량지출은 원점에서 재검토해 10% 수준으로 구조조정을 추진하고, 의무 지출은 전달체계 누수 방지 등을 통해 절감), 기금 여유자금 활용 및 이차보전 전환 35.2조 원(여유자금이 많고 기금 목적에 부합하는 공약이 많은 주택도시·고용보험·전력기금 최대한 활용)을

2) 초과 세수와 세수 자연증가분은 서로 다른 개념인데 국정운영 계획에서는 동일한 60.5조 원이 어떤 곳에서는 초과 세수로, 다른 곳에서는 세수 자연증가분으로도 표현해 혼란을 초래했다. 초과 세수는 정부가 예산을 짤 때 예상한 것보다 더 들어온 조세 수입으로서 미리 전망할 수는 없다. 한편 60.5조 원을 세수의 자연증가분이라고 하기에는 너무 작은 액수이다. 자연증가분은 세율의 조정 없이 경제 규모가 커짐에 따라 자연적으로 증가하는 세수 증가분인데 5년간 60.5조 원에 그칠 것이라 볼 수 없기 때문이다(정세은, 2018).

〈표 2-3〉 5년 재정운용계획의 총지출, 복지 및 경제 부문 지출 계획 (단위: 조 원)

		2017	2018	2019	2020	2021	2022	2023	연평균 증가율
보건·복지·고용	2017	129.5	146.2	159.4	172.7	188.4			9.8
	2018		144.6	162.2	179	196.4	214.3		10.3
	2019			161	181.6	198.4	213.2	229.1	9.2
R&D	2017	19.5	19.6	19.7	19.8	20.0			0.7
	2018		19.7	20.4	21.4	22.6	24		5.2
	2019			20.5	24.1	26.7	28.7	30.9	10.8
산업·중소기업·에너지	2017	16	15.9	15.7	15.4	15.1			-1.5
	2018		16.3	18.6	19.4	19.9	20.2		5.5
	2019			18.8	23.9	26.4	28	29.9	12.4
SOC	2017	22.1	17.7	17	16.5	16.2			-7.5
	2018		19	18.5	18	17.7	17.5		-2
	2019			19.8	22.3	23.4	23.7	23.7	4.6

자료: 대한민국정부(2017, 2018, 2019).

제시했다. 비과세 정비를 포함한 과세 기반 강화 등 적극적 증세의 비중은 매우 작다.[3)]

국정 계획 발표 후 얼마 지나지 않아 문재인 정부의 의지를 담은 처음 예산안으로서 2018년 예산안이 수립되었다. 또한 이와 동시에 '2017년~2021년 국가재정운용계획'도 발표되었다. 이에 따르면 재정지출은 동 기간에 연평균 5.8% 증가하는 것으로 계획되었는데, 박근혜 정부 전 기간 연평균이 3.5%였던 것에 비해 다소 높은 수준이었다. 복지지출은 연평균 9.8% 증가시키는 것으로 계획되었으므로 복지 확대 기조를 보였다. 그러나 적극적 증세 조치가

3) 적극적 증세안으로는 소득세와 법인세의 상위 구간에 대한 과세 강화가 포함되어 있다. 2017년 세법 개정을 통해 이를 실현했는데 세수 증가액은 5년 동안 5.5조 원이 될 것으로 전망되었다.

〈표 2-4〉 5년 중기 재정운용계획의 조세부담률, 재정수지, 국가채무 전망 (단위: GDP, %)

		2017	2018	2019	2020	2021	2022	2023
조세부담률	2017	18.8	19.6	19.9	19.9	19.9		
	2019			19.6	19.2	19.2	19.3	19.4
국민부담률	2017	25.8	27	27.5	27.7	27.8		
	2019			26.8	26.7	26.9	27.1	27.4
관리재정수지	2017	-1.7	-1.6	-1.8	-2	-2.1		
	2019			-1.9	-3.6	-3.9	-3.9	-3.9
국가채무	2017	40.4	39.6	39.9	40.3	40.4		
	2019			37.1	39.8	42.1	44.2	46.4

자료: 기획재정부 국가재정운용계획.

없었으며 국가채무도 2017년~2021년 전 기간에 걸쳐서 거의 동일한 수준에 머무르게 계획되어 있었다(〈표 2-4〉). 더구나 2017년 과소 세수 추계 문제를 그대로 둔 채 예산안을 짜는 바람에 2018년에는 긴축적 예산집행이 우려되었는데 실제로 세수 초과 현상이 나타났다.[4]

2019년 예산안은 세수가 과거 몇 년간 과소 추계되었던 것을 바로잡고 자연증가분을 고려한 결과 총수입이 본예산 기준 34.1조 원 확대와 같이 대폭 증가하는 것으로 계획되었다.[5] 총수입 예산안 대폭 증가에 맞추어 총지출 예산안도 대폭 크게 증가했다. 5년간 총지출의 평균 증가율은 2017년 발표된 5년 계획에서는 5.8%였는데 2018년 발표된 계획에서는 7.3%로 상향 조정되었

4) 2018년에 발생할 것으로 예상되는 초과 세수를 본예산에 포함해 편성하지 않음으로써 총수입을 과소 추계하고 그로 인해 총지출의 증가 폭이 제약되었다. 초과 세수를 이용해 국정과제를 수행하겠다고 했으므로 초과 세수와 국정 과제는 당연히 예산안에 포함되어야 하는 것이다.

5) 2018년에 발생한 초과 세수 20조 원가량 발생할 것으로 예상되는 상황에서 세수의 자연증가율이 4% 정도 된다고 보면 2019년 국세 수입이 300조 원가량 잡은 것이다.

〈표 2-5〉 NABO 장기 재정 전망: 의무 지출 (단위: 조 원, %)

	2019	2020	2030	2040	2050	연평균 증가율
의무 지출	240.4	257.6	369.2	487.9	614.2	3.1
(GDP 대비 비율)	(12.8)	(13.4)	(15.0)	(16.6)	(18.4)	
복지 분야 의무 지출	106.8	118.9	185.3	262.7	347.7	3.9
(GDP 대비 비율)	(5.7)	(6.2)	(7.5)	(8.9)	(10.4)	

자료: 예산정책처(2018).

다. 그러나 재정적자나 국가채무 규모가 중기에 큰 변화가 없게 계획되었다는 점에서 조제재정 정책의 기조가 바뀌었다고 보기 어렵다. 이와 비교해 2019년에 발표된 2020년 예산안과 5년 중기 재정계획에서는 재정적자와 국가채무 규모가 이전 계획보다 크게 증가했다는 것이 주목할 만하다. 2023년에 국가채무는 GDP 대비 46.4%가 될 것인데 적극적 증세 없이 일본의 수출규제에 대응하려다 보니 단기적으로 채무 증가를 용인한 것으로 보인다.

그러나 국민의 기대에 부응하는 적극적 재정 정책이라고 하기는 어렵다. 한국 복지지출 규모는 OECD 국가 평균에 비하면 GDP 10% 포인트 정도 낮은 수준이다. 따라서 현재의 계획으로는 의미 있는 수준의 복지국가를 실현하기에 역부족이다. 현재의 정책이 지속되었을 때 장기적으로 복지지출이 어느 수준에 이를 것인가를 전망한 예산정책처 분석(2018)에 따르면 2050년이 되어도 복지지출 수준은 크게 증가하지 않을 것으로 보인다.

3. 코로나 발생 전 한국경제와 정부 정책 평가

코로나 발생 이전까지 문재인 정부의 경제 정책에 대해서는 어떤 평가가 내려지고 있는가? 집권 초 가장 관심을 많이 받았고 논란의 대상이 되었던 것이 바로 2018년 최저임금 16.4%, 2019년 10.9% 인상, 52시간 노동 시행이었다. 마침 2018년 초 취업자 증가폭이 과거에 비해 대폭 감소함에 따라 이러한 제도 변화가 부작용을 낳은 것이라는 비판이 거셌다. 특히 영세 자영업자들과 중소기업이 부정적 타격을 받고 고용을 줄여 오히려 가계소득을 줄이는 결과를 초래했다는 비판을 받았다.

그러나 2020년 5월 홍장표(2020)의 발표에 따르면 최저임금 인상 이후 저임금근로자 비중이 감소하고 임금격차가 줄었으며 고용률은 그다지 변화가 없는 것으로 나타났다. 2019년 경기가 급락함에 따라 경기에 민감한 자영업자들의 사업소득은 감소했으나 고용원이 있는 자영업자가 아니라 고용원이 없는 자영업자의 소득이 급락했다는 점에서 최저임금의 영향이라기보다 경기하강의 영향 때문인 것으로 보이며 근로소득과 공적이전소득 증가가 뚜렷하다는 점에서 소득주도성장의 효과가 나타났다고 볼 수 있다. 그런데 이와 같은 소득주도성장의 긍정적 효과에 대한 대중의 인식은 매우 부족한 상황이다. 이는 다른 구조적 요인에 의한 경기하강으로 인해 소득주도성장 정책의 성과가 가려지고 있기 때문인 것으로 볼 수 있다는 것이다. 사회복지서비스업에서의 일자리 증가가 전체 고용률을 유지하는 데 크게 기여했는데 일자리의 질이 높지 않다는 점은 문제이다.

최저임금 및 52시간 노동 이외에 우리 경제에 심각한 도전이 되었던 사건이 2019년 여름, 일본이 갑작스럽게 도발한 수출규제 조치였다. 2019년 7월 일본은 반도체와 디스플레이 등 한국 핵심 산업에 충격을 미칠 수 있는 수출

〈그림 2-3〉 최저임금 도입 이후 저임금근로자 비율과 임금 5분위 배율, 고용률

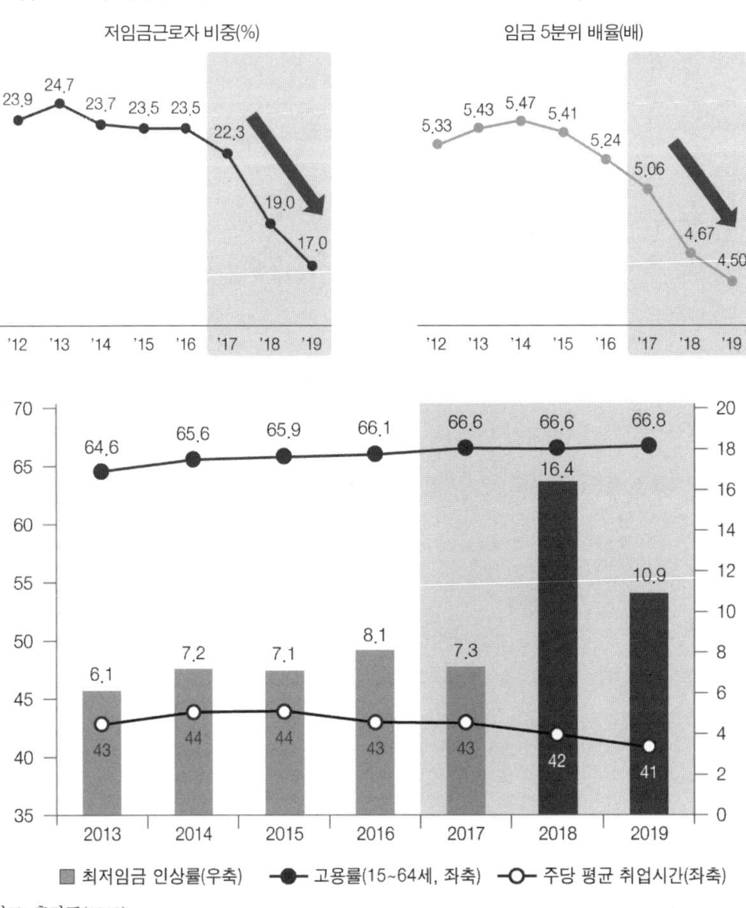

자료: 홍장표(2020).

규제 조치를 단행했다. 핑계는 이 제품들이 일본의 안보와 직결된 전략물자이기 때문에 안보 차원에서 수출을 규제한다는 것이었지만 강제징용 배상문제 혹은 한국기업의 일본기업 위협 등이 진실한 이유였다. 이러한 조치로 국내 산업과 과학 기술계는 비상이 걸렸지만 정부가 즉시 소재·부품·장비(소부장) 분야 연구 개발(R&D) 투자 및 세제 지원 등 대책을 내놓고 8월 말에는 100대

〈그림 2-4〉 경기변동과 사업소득증가율

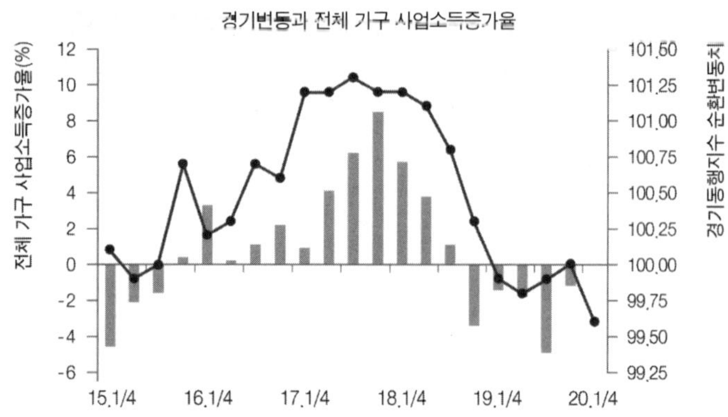

자료: 통계청 가계 동향 조사(2인 이상 가구).

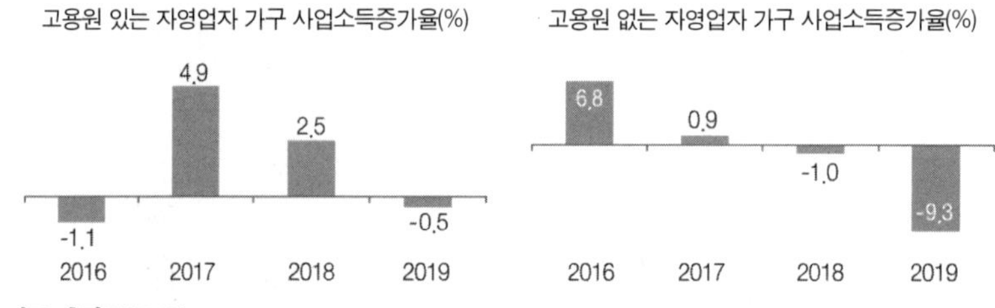

자료: 홍장표(2020).

핵심전략품목을 관리하기 위한 분석에 들어가는 등 발 빠르게 대응했다. 현재 이에 대한 평가는 긍정적인 평가가 지배적이다. 일본의 수출규제 조치는 오히려 국내 소재 기업이 불화수소 국산화를 이루는 등의 성과를 냈다.[6)]

소득주도성장, 일본 수출규제 대응과 달리 부동산 정책은 실패했다는 평가가 지배적이다. 2008년 국제금융위기 이후 가격 하락까지 발생했던 부동산 시장은 이명박 정부와 박근혜 정부의 부동산 경기부양책으로 인해 2014년부터 서서히 상승하기 시작했다. 재건축 규제 완화로 개발 호재가 등장하기 시

6) https://www.donga.com/news/It/article/all/20200719/102061069/1 (검색일: 2020.8.10).

〈그림 2-5〉 2017.5.~2020.6. 산업별 취업자 수 증감 (단위: 천 명)

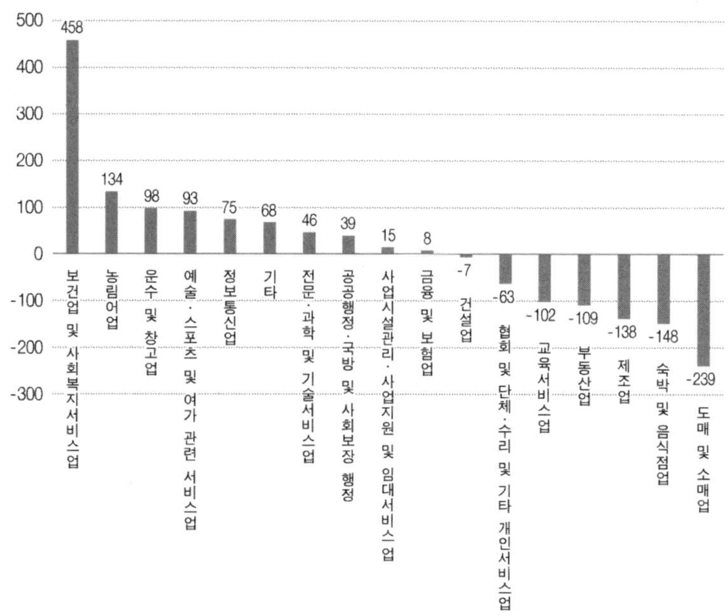

자료: 통계청 고용동향 활용 저자 계산.

〈그림 2-6〉 경제성장률과 가계소득증가율 (단위: %)

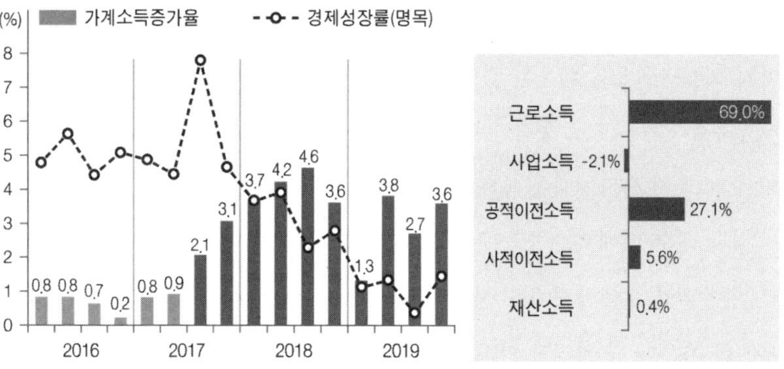

자료: 홍장표(2020).

〈그림 2-7〉 주택 매매 지수(실거래가, 2013.1=100)

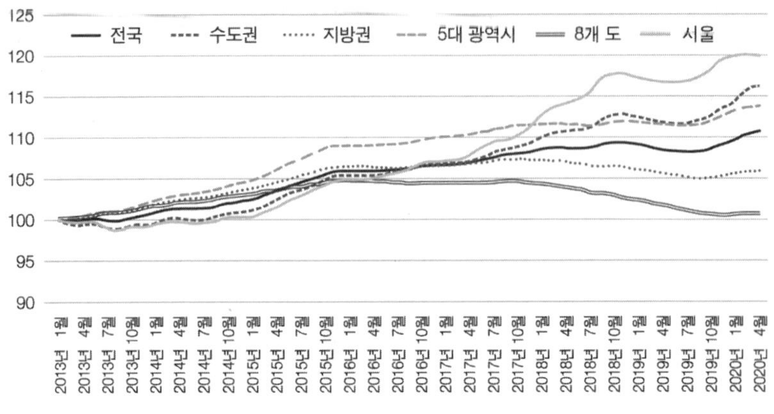

자료: 한국감정원 데이터.

작하면서 가격 상승 사례가 나타나기 시작했고 이로부터 시작된 부동산 투기는 2017년 들어서도 멈추지 않았다. 이후 2019년 12월 13일에 이르기까지 20여 차례에 이르도록 연속적으로 부동산 대책을 내놓았으나 2020년 상반기까지도 서울과 수도권에서의 증가세는 멈추지 않고 있다. 문제는 기대 수익을 꺾을 수 있는 근본적인 수익 환수 조치 강화(세제 강화) 없이, 가격이 이미 오른 지역을 투기지역으로 지정해 대출 규제, 거래 규제에 나섬으로써 풍선효과를 야기하는 방식으로 대응한 것이다. 게다가 임차인들에게 안정적 주거 환경을 제공하겠다는 의도로 주택임대 등록사업자들에게 과도한 세제 혜택을 줌으로써 오히려 이 사각지대를 통해 주택 구입을 늘리게 만든 것도 문제이다.

결국 내수 면에서는 소득주도성장 정책의 성과가 나타나고 있고 대외적으로는 일본의 수출규제에도 성공적으로 대응함으로써 전 세계적으로 경기가 부진한 가운데 잘 버티고 있다고 할 수 있으나 한국경제의 패러다임이 분배와 성장의 선순환이 본격 작동하는 변화를 느끼게 된 정도라고는 말하기 어려울 것이다. 가장 심각한 문제는 부동산 시장의 불안정성 심화와 투기에 의한 불균등한 가격 변동 현상이다. 무주택자와 유주택자, 1주택자와 다주택자, 서울과 수도권 유주택자와 지방 유주택자 간에 심각한 자산 변동을 가져왔고 자산과 소득이 서로 연결돼 있다는 점에서 보면 소득주도성장의 성과를 무력화하는 결과를 가져왔다고 할 수 있다.

4. 코로나 이후 정책 대응과 평가

2020년 초 중국발 코로나 사태가 국내에서 본격화되면서 경기는 급락하고 고용은 급감했다. 2020년 3월 국내 사업체 종사자 수가 통계 작성 이래 처음으로 감소했다.[7] 3월 사업체노동력조사 결과를 보면, 1인 이상 사업체 종사자 수는 전년 동월 대비 22만 5000명 줄어든 1827만 8000명으로 집계됐다. 2009년 6월 통계 작성을 시작한 이래 전년 동월 대비 종사자 수가 감소한 것은 처음이었다. 코로나19 사태로 신규 채용이 대부분 중단되고, 일을 쉬거나 그만두는 사람이 많아진 것이 영향을 미쳤다.

코로나19로 인한 고용 충격은 취약계층에 집중되고 있는 것으로 나타났다. 상용노동자도 2019년 3월 대비 8000명이 감소하며 통계 작성 이래 첫 감소세를 보였지만, 계약 기간이 1년 미만인 임시 일용 노동자는 12만 4000명 줄어 감소 폭이 15배 이상 컸다. 학습지 교사 등 특고 노동자 역시 전년 동월 대비 9만 3000명 감소했다. 규모별로는 300인 이상 사업장의 종사자가 전년 동기

7) 사업체노동력조사는 사업체를 대상으로 이뤄지기 때문에 가구를 대상으로 취업자 수를 조사하는 경제활동인구조사와 달리 자영업자, 개인 농어가 등은 포함되지 않는다.

대비 2만 9000명 증가한 반면, 300인 미만은 25만 4000명 줄어들면서 영세한 업체일수록 코로나19에 취약한 것으로 나타났다. 기업의 신규 채용이 이뤄지는 3월은 통상 입직자 수가 이직자 수보다 많지만, 2020년은 이직자 수가 121만 1000명으로 입직자(103만 9000명)보다 많았다. 업종별로는 코로나19로 가장 큰 타격을 입은 숙박 및 음식점업, 교육서비스업, 도·소매업 등 대면 서비스 업종에서 이직자 증가폭이 가장 컸다.

정부는 코로나 사태 발생 이후 고용유지와 경기부양을 위한 여러 차례의 대응 방안들을 추진해 왔다. 2020년 여름을 기준으로 하면 3월 1차 추경 발표 시점까지의 대응 규모는 32조 원, 4월 16일 2차 추경 발표 시점까지는 150조 원, 6월 3일 3차 추경안 발표 당시는 총 270조 원이라고 발표했다. 그러나 이러한 대응책들은 금융지원과 재정지원을 합한 것이고 재정지원만을 보면 1차 추경 11.7조 원, 2차 추경 12.2조 원, 3차 추경 35.3조 원으로, 1차~3차 추경만을 합하면 59.2조 원 정도의 재정지원책을 실시했다. GDP 3% 정도에 이르는 규모이다. 1차 추경은 저소득층 현금지원, 중소기업 및 소상공인 지원, 방역 체계 보강이 주 내용이었고 2차 추경은 전 국민 재난지원금 지급이 주 내용이었으며 3차 추경은 세입 경정, 금융지원, 고용안전망, 소비 및 투자 진작 등이다. 본예산 수립 시 잡아놓은 적자와 코로나 대응 추가 적자로 인해 국가채무는 2019년에 비해 2020년 100조 원 가까이 증가해 840조 원, GDP 대비 5.4%p 증가해 3차 추경 기준으로 GDP 대비 43.5%가 될 전망이다.

대규모의 추경을 실시했으나 위기의 규모에 비해서 충분한 대응이었는가? 3차 추경안은 11조 4000억 원의 세입 경정을 포함하고 있고 지출구조조정 10조 1000억 원을 할 계획이어서 실제 순수하게 증가하는 규모는 16조 원 정도이다. 즉 1~3차 추경을 통해 실제 코로나에 대응하기 위해 추가적으로 지출한 예산은 GDP 2% 정도이다. 중요한 프로그램은 일자리 상실 및 소득 상실, 소

〈표 2-6〉 2020년 3차 추경안과 재정수지 및 국가채무 (단위: 조 원, %)

	'19년 본예산 (A)	'20년				2차 대비 (C-B)
		본예산	추경			
			1차	2차(B)	3차(C)	
◇ 총수입	476.1	481.8	481.6	482.2	470.7	△11.4
(증가율)	(6.5)	(1.2)	(1.2)	(1.3)	(△1.1)	
◇ 총지출	469.6	512.3	523.1	531.1	547.1	+16.0
(증가율)	(9.5)	(9.1)	(11.4)	(13.1)	(16.5)	
■ 통합재정수지	6.5	△30.5	△41.5	△48.9	△76.4	△27.4
(GDP 대비, %)	(0.3)	(△1.5)	(△2.1)	(△2.5)	(△4.0)	(△1.5%p)
■ 관리재정수지	△37.6	△71.5	△82.0	△89.4	△112.2	△22.7
(GDP 대비, %)	(△1.9)	(△3.5)	(△4.1)	(△4.5)	(△5.8)	(△1.3%p)
■ 국가채무	740.8	805.2	815.5	819.0	840.2	21.2
(GDP 대비, %)	(37.1)	(39.8)	(41.2)	(41.4)	(43.5)	(2.2%p)
※ 국가채무 순증	32.6	64.4	74.7	78.2	99.4	

비 부진에 대응하기 위한 고용유지지원금 및 고용안정지원금, 긴급재난지원금이다. 고용보험 확대나 실업 부조 제도의 도입이 미리 이루어졌더라면 이번 코로나 위기에 대해 신속하고도 적절한 대응이 가능했을 것이지만 그렇지 못했기 때문에 응급 대응으로서 위의 프로그램이 운영되었다. 문제는 많은 특수고용직노동자들이나 자영업자들이 고용안정지원금에 지원할 자격을 얻지 못하는 사각지대가 있다는 점, 지원을 받는 계층도 그 지원액이 턱없이 부족하다고 하소연하고 있다는 점이다.

이러한 상황에서 정부는 2020년 7월 14일 '한국판 뉴딜' 종합계획안을 발표했다. 표면적인 목표는 코로나 위기를 기회로 삼아 한국을 추격형·탄소의존형 불평등한 사회에서 선도형·저탄소형 포용 사회로 도약시키는 것이다. 정부는 디지털 뉴딜과 그린 뉴딜, 고용안정망과 사회안전망 강화를 위해 문재

〈표 2-7〉 '한국판 뉴딜' 종합계획안 주요 내용

부문	주요 사업
'디지털 뉴딜' 58조 2000억 원 투자 일자리 90만 3000개	'데이터·네트워크·인공지능(D.N.A)' 생태계 강화 차원에서 공공데이터 14만개를 공개해 '데이터 댐'을 구축, 8400여 개 기업 데이터의 바우처를 제공. 100만 명의 바이오 빅데이터로 희귀 난치병 극복과 새 부가가치화에 나서고, 1·2·3차 전 산업에 5세대 이동통신(5G)과 AI를 융합. 교육 및 의료에서 디지털 '비대면 산업'을 육성. 도로·항만 등 국가 SOC·인프라 관리시스템을 디지털화, 스마트시티·스마트 산단 등 도시와 산단 공간을 디지털화. 자율주행차, 드론 등 신산업 발전을 자극.
'그린 뉴딜' 73조 4000억 원 투자 일자리 65만 9000개 창출	공공임대주택, 어린이집, 보건소 등 노후 건축물 23만 호부터 제로 에너지화. 스마트 그린도시 25곳을 조성하고 학교 리모델링 등 그린 스마트 스쿨을 집중 추진. 전기차 113만 대, 수소차 20만 대를 보급하고 노후 경유차 116만 대 조기 폐차 지원. 태양광, 풍력, 수소 등 신재생에너지 보급도 확대. 스마트 그린 산단 10곳, 스마트 생태 공장 100곳, 클린 팩토리 1750곳을 조성.
고용안전망 강화 28조 4000억 원을 투자 일자리 33만 9000개	특수형태 근로 종사자, 프리랜서들이 고용보험의 혜택을 받을 수 있도록 가입 대상을 단계적으로 확대. 1367만 명인 고용보험 가입자 수를 2025년 2100만 명까지 늘릴 계획. 2차 고용안전망인 국민취업 지원제도도 2021년 1월부터 도입. 고용안전망 강화에 2025년까지 12조 2천억 원 투입.
사회안전망 강화 11조 8000억 원을 투자	기초생활보장 생계급여 부양의무자 기준을 2022년까지 폐지하고, 한국형 상병수당을 도입하기 위한 연구용역을 추진해 2022년 시범 사업을 시행. 긴급복지지원 규모 증대. 사람투자 차원에서 도서·벽지 등 1200개 농어촌 마을에 초고속 인터넷망을 구축하고 AI·소프트웨어 핵심 인재 10만 명과 녹색융합 기술인재 2만 명을 양성하는 프로젝트 추진.

인 정부 임기 말까지인 2022년까지 67조 7000억 원을 투입해 일자리 88만 7000개를 만들고 2025년까지 총 160조 원을 투입해 일자리 190만 1000개를 창출할 계획임을 밝혔다. 총 160조 원 재원은 국비 114조 1000억 원, 지방비 25조 2000억 원, 민간투자 20조 7000억 원으로 조달할 것임을 밝혔다. 정부는 한국판 뉴딜의 10대 대표 과제로 데이터 댐, 지능형(AI) 정부, 스마트 의료 인프라, 그린 스마트 스쿨, 디지털 트윈, 국민안전 SOC 디지털화, 스마트 그린

산단, 그린 리모델링, 그린 에너지, 친환경 미래 모빌리티 등을 지목했다.

그러나 정부의 이 계획에 대한 반응은 그리 호의적이지 않다. 신진욱(2020)은 "계획안은 낡은 개발국가의 성장지상주의 관념으로 조직되었다. 현 정부가 우선 착수한다는 10대 대표 과제 중 7개가 '디지털 뉴딜' 산업 육성책이다. '그린 뉴딜'도 산업적 가치라는 관점에서 구성되었다. 환경단체들이 혹평할 만하다. 일자리 창출이라는 막연한 낙수 효과의 약속도 산업화 시절 그대로다. 경제개발 5개년 계획이다"라고 비판했다. 디지털 뉴딜에 대해 이렇게 혹평하고 있는 이유 중 하나는 그 내용이 기존의 혁신성장 정책과 그다지 다르지 않고 디지털 뉴딜로 창출하겠다고 한 일자리가 좋은 일자리와는 거리가 멀기 때문이다. "향후 5년간 총 39만 개의 '디지털 댐' 일자리를 마련한다는데 그중 75%가 4개월 '데이터 레이블링'이라는 단기계약 일자리이다. 마치 이는 정부가 '데이터 댐'을 건설하기 위해 공공취로형 디지털 근로를 마련하거나 21세기형 '인형 눈알 붙이기'로 알려진 AI기계 보조역인 '유령 노동'을 권하는 것과 같다".

그린 뉴딜의 경우, 얼마 전 총선 당시에 여당이 밝혔던 그린 뉴딜에도 한참 못 미치는 수준이다. 더불어민주당은 3월 16일 기후 위기와 미세먼지로부터 안전한 대한민국을 만들기 위한 친환경 에너지 부문 총선 공약을 발표했는데, '2050 탄소제로사회' 실현을 위한 중장기 로드맵을 마련하고 이를 위해 '그린 뉴딜 기본법' 제정을 추진할 방침이라고 밝혔다. 이를 위한 재원 마련을 위해 중장기적인 탄소세 도입을 검토하고 RE100 등 시장 제도를 활성화할 방침도 밝혔다. 노동자들의 녹색 일자리로의 전환을 위한 지역에너지전환센터 설립도 추진하기로 했다. 그러나 이번에 발표된 '그린 뉴딜'에서 이러한 내용은 거의 찾아볼 수 없다. 무엇보다 그 핵심이라고 할 탈탄소 전환 국가의 목표 수립이 빠져 있다. 유럽은 10년 내에 탄소 배출을 반 이상 줄이고, 2050년까지

탄소 순 배출 총량을 0으로 줄이는 '탄소 중립' 선언을 했고 그 목표를 이루기 위한 '그린 딜' 정책을 추진 중이다. 그런데 우리의 '그린 뉴딜'에서는 산업적 측면만 부각되어 있다.

더욱 근본적으로 '한국판 뉴딜'에는 '사회적 뉴딜'이 빠져 있다. 1930년대 미국 뉴딜은 경제 회복과 일자리 마련은 물론이고 빈곤 퇴치, 노동권 강화, 연방 복지 강화 등 '사회 정의'가 주요 정책 의제로 취급되었다. 그런데 이번 한국판 뉴딜의 경우 고용보험 확대, 부양의무자 기준 폐지, 상병수당 등 몇몇 개혁안이 포함됐지만 우선 그 내용이 충실하지 않고 더 나아가 공공보건의료·돌봄 확대, 노동시장 이중화 대응책, 새로운 노동 형태의 보호 등 이 시대의 굵직한 의제들은 아예 빠졌다(김진석, 2020). 박용석(2020)은 민간 일자리 창출을 유도하기 위한 시장 환경 조성에만 방점을 둔 점, 디지털 뉴딜, 그린 뉴딜의 산업 전환 국면에서 필연적으로 발생하는 구조조정에 대한 대책이 부재한 점, 급변하는 경제구조에 부합하는 새로운 노사 교섭 구조를 제시하지 않은 점을 '노동 없는' 한국판 뉴딜의 한계점으로 짚었다.

그럼 우리 정부는 왜 이렇게 부실한 대책을 '뉴딜'이라는 이름으로 내놓았는가? 하나의 이유는 K-방역 성공의 역설이라고도 할 수 있는 것으로서 다른 국가와 달리 전면적 봉쇄 정책을 실시하지 않아서 경기 위축의 정도가 매우 심각하지 않았고 따라서 정부는 단기 일자리를 만드는 식으로 현재의 위기를 버틸 수 있다고 판단하기 때문일 것이다. 단기 일자리를 만들어야 하는데 마침 디지털 전환 과정이 이러한 노동을 필요로 한다는 점과 잘 맞아떨어져, 이를 디지털 뉴딜이라는 이름으로 포장한 셈이다. 8월 2일 OECD 발표에 따르면, 2020년 2분기 한국경제 성장률은 외환위기 이후 가장 좋지 않은 -3.3% 급락이지만 2분기 경제성장률을 발표한 13개 OECD 회원국과 비회원국인 중국 등 14개국 가운데 두 번째로 양호했다. 한국은 중국(11.5%)에 뒤졌지만 미국

(-9.5%), 독일(-10.1%), 프랑스(-13.8%), 이탈리아(-12.4%), 스페인(-18.5%)보다 감소 폭이 작았다. 약한 역성장에 그친 것은 극단적 봉쇄를 하지 않아 극단적인 소비 위축이 발생하지 않았고, 중국이 경기 급반등에 성공하며 소비재, 자본재를 수입한 효과도 있었다.[8)]

2020년 6월 고용보험 가입자가 3월 이후 처음 증가폭이 확대됐다. 고용노동부에 따르면 6월 고용보험 가입자는 전년 동기 대비 18만 4000명(1.3%) 늘었다. 고용노동부는 증가 인원보다 2020년 3월 이후 증가폭이 계속 줄어들었다가 6월에 증가폭이 다시 확대된 것에 의미를 두고 있다. 빠르게 위축되던 고용시장이 다소 안정세를 찾은 것이라는 신호로 읽은 것이다. 물론 하반기 고용시장 상황은 취업자 감소세가 이어지는 등 개선이 쉽지 않을 것이라는 전망이 많다.[9)] 그러나 정부는 하반기 일자리 상황은 3차 추경 관련 사업 추진이 긍정적 영향을 발휘하여 2020년 경제성장률은 매우 나쁘겠지만 그래도 버틸 만한 수준이 될 것이라고 보았다. LG경제연구원(2020)은 8월 6일 발표한 '2020년 국내외 경제전망' 보고서에서 2020년 경제성장률이 -1.0%가 될 것으로 전망했다. 이는 해외 투자은행(IB)들의 전망치 평균(-0.8%)보다 낮지만 경제협력개발기구(OECD), 국제통화기금(IMF)이 제시한 -1.2%, -2.1%보다는 높은 수치이다.

코로나 이후 정부에 의해 추진되고 있는 주요 정책으로 부동산 안정화 대책을 들 수 있다. 작년 말 12·13 대책 발표와 코로나 위기 시작으로 2020년

---

8) 6월 수출은 한 해 전보다 10.9% 감소했으나 4월(-25.5%), 5월(-23.6%)보다 감소 폭을 줄였으며 중국으로의 수출은 9.5% 증가했다. 한편 7월 수출은 감소율이 7.0%로 회복 기조를 이어갔다.

9) 사회서비스 업종의 경우 재정 일자리 등으로 만회할 수 있지만 수출과 연관된 제조업은 부진이 지속될 것이라는 전망이다. 실제 2020년 7월 고용보험 가입자 증가폭 확대에는 재정 일자리 비중이 높은 보건서비스와 공공 행정 분야가 이끌었다.

〈표 2-8〉 2020년 7·10대책 종부세 세율 인상(안)

시가 (다주택자 기준)	과표	2주택 이하 (조정대상지역 2주택 제외, %)		3주택이상 + 조정대상지역 2주택(%)		
		현행	12.16	현행	12.16	개정
8~12.2억	3억 이하	0.5	0.6	0.6	0.8	1.2
12.2~15.4억	3~6억	0.7	0.8	0.9	1.2	1.6
15.4~23.3억	6~12억	1.0	1.2	1.3	1.6	2.2
23.3~69억	12~50억	1.4	1.6	1.8	2.0	3.6
69~123.5억	50~94억	2.0	2.2	2.5	3.0	5.0
123.5억 초과	94억 초과	2.7	3.0	3.2	4.0	6.0

주: 공시가격 현실화율 75~85%, 공정시장가액비율 95%를 적용했을 경우.

부동산 시장은 안정화될 것으로 기대되었지만 6월 들어 다시 가격 급등 현상을 보이기 시작했다. 이에 정부는 6·17대책을 발표했다. 이 대책을 통해서 고가아파트 대출 규제를 강화하고 그동안 사각지대로 남아 있던 법인에 대한 과세를 강화했으며, 재건축부담금 본격 징수, 거주 요건을 갖춘 조합원만 분양신청 허용, 주택 매매 및 임대 사업자 주택담보대출 금지 등 이전보다 더욱 강화된 내용을 담고 있다. 그럼에도 불구하고 여전히 이미 투기가 벌어진 지역을 대상으로 하는 대출 규제와 세제 강화 방식이었다. 따라서 6·17대책에도 불구하고 부동산 시장의 불안정성은 지속되었고, 이에 정부는 7·10대책을 발표했다.

7·10대책에서는 단기 보유자, 다주택자에 대해 종부세, 양도세, 취득세를 강화하는 것을 주요 내용으로 하고 있다. 종부세의 경우 지난 12·16 대책을 통해 강화했던 종부세를 3주택 이상자에 대해 더욱 강화했다. 다주택 보유 법인의 경우 중과 최고세율인 4%를 적용하기로 했다.

단기 보유자와 다주택자에 대한 양도세도 강화했다. 단기 양도차익 환수를 위해 2년 미만 단기 보유 주택에 대해 양도 소득세율을 인상했다.[10] 다주택자에 대한 취득세도 강화해 2주택 8%, 3주택 이상 및 법인에 대해 12%를 부과하기로 했다.

6·17대책과 7·10대책을 어떻게 평가할 수 있을까? 일단 다주택자와 다주택 법인의 가액이 고액인 경우, 2021년 6월 1일 이후 양도세와 보유세 부담은 커질 것이다. 신규 구입의 취득세도 부담스러울 정도로 올랐다. 따라서 이들에 의한 신규 취득은 억제될 것으로 보이지만 보유 주택을 내놓을 것인가는 아직 불확실하다.

2021년 6월 1일 이후 세부담이 커질 것이므로 내놓을 가능성도 있지만 수요가 충분해서 가격 상승이 더욱 기대된다면, 혹은 그 사이 정부가 정책을 약화 혹은 폐기할 가능성이 있다고 본다면 내놓지 않을 수도 있다. 그런데 수요도 일정 부분은 세제에 의해 결정된다고 볼 수 있으므로 결국 정부의 부동산 세제 정책이 가장 큰 변수이다.

5. 코로나 위기와 바람직한 조세 재정 정책

코로나 위기가 언제 어떻게 끝날지 모르는 상황에서 바람직한 조세 재정 정책을 제시하기는 쉽지 않다. 그러나 가장 합리적인 가정은 1~2년 안에 백신이 나와 코로나 위기가 종식되는 시나리오일 것이다. 일단 코로나 위기와

---

10) 단기 양도차익 환수를 위해 '1년 미만 40% → 70%', '2년 미만 기본세율 → 60%' 등 2년 미만 단기 보유 주택에 대해 양도 소득세율을 인상했다. 규제지역 다주택자 양도세 중과세를 강화하기 위해 '기본세율(6~42%) + 10%p(2주택) 또는 20%p(3주택 이상) → 20%p(2주택) 또는 30%p(3주택 이상)'로 중과세율을 높였다.

독립적으로 정부의 디지털 뉴딜, 그린 뉴딜, 휴먼 뉴딜은 현시점에서 한국경제가 추구해야 할 개혁 방안으로서 바람직하다. 디지털 전환과 기후 위기 대응이 향후 전체 산업 지형을 결정하는 두 개의 큰 축이 될 것이며 인구 구조 변화라는 사회적 변화와 함께 한국경제를 근본적으로 재조직할 것이므로 적극 대응할 필요가 있다.

그런데 이러한 재조직은 구조조정을 의미하기 때문에 구조조정이 순조롭게 진행되기 위해서는 고용안전망, 사회안전망이 제대로 갖추어져 있어야 한다.

즉 코로나 위기가 휴먼뉴딜 과제의 중요성을 더욱 부각시키고 있다. 코로나 위기로 인해 고용과 성장이 크게 위축되고 비대면 부문이 증가함에 따라 일자리 구조조정, 플랫폼 노동의 증가 현상이 나타나고 있다. 이로 인해 기존의 '양극화, 고용의 질 저하, 저성장'의 문제가 '양극화 심화, 고용의 규모와 질의 더욱 심각한 악화, 초저성장 혹은 역성장'의 문제로 전환하고 있다. 이러한 문제를 방치한다면 내수 위축은 물론이고 성장잠재력도 훼손될 것이다.

한국의 복지 시스템은 거의 대부분의 사회보장제도들을 다 가지고 있지만 사각지대가 넓고 역진성 문제가 있으며 평균 보장 수준은 매우 낮다는 문제를 가지고 있다. 1990년 이후 한국의 복지지출은 빠르게 증가해 왔지만 OECD 평균과 비교해 보면 여전히 절반 정도에 그치고 있다. 그에 비해 한국의 복지 외 지출 규모는 OECD 국가들의 평균과 비슷하다. 이는 전통적으로 한국 재정이 기업과 산업을 지원하는 성장지향적 구조를 가지고 있기 때문이다. 물론 재정 정책을 통해 기술 발전을 장려해 생산성을 높이고 혁신적 제품을 생산하도록 지원하는 것이 중요하지만 '양극화 심화, 고용 규모와 질의 악화' 문제 해결을 그만큼 중요한 목표로 삼아야 한다.

문재인 정부의 조세 재정 정책을 돌이켜 보면 양극화 문제에 대한 정부의 정책, 즉 소득주도성장과 일자리 경제는 성과가 없었던 것은 아니지만 한국경

〈표 2-9〉 1990년 이후 주요 OECD 국가들의 총지출, 복지지출, 복지 외 지출 추이

	독일	이탈리아	일본	한국	스웨덴	프랑스	영국	미국	OECD
총지출(GDP 대비 %)									
1990	-	51.8	30.8	21	56.5	50.1	35.9	38	40.1
2000	47.8	46.5	37.5	24.2	53.4	51.6	35.3	34.5	39
2010	48.3	50	39.3	29.6	50.5	56.9	47.3	43.4	43.9
2018	44.5	48.4	37.9	31.5	49.8	56	40.9	37.9	40.2
복지지출(GDP 대비 %)									
1990	21.4	20.7	10.9	2.7	27.2	24.3	14.9	13.2	16.4
2000	25.4	22.7	15.4	4.5	26.8	27.6	16.2	14.3	17.4
2010	25.9	27.1	21.3	8.2	26.3	31	22.4	19.4	20.6
2018	25.1	27.9	-	11.1	26.1	31.2	20.6	18.7	20.1
복지 외 지출(GDP 대비 %)									
1990	-	31.1	19.9	18.3	29.3	25.8	21	24.8	23.7
2000	22.4	23.8	22.1	19.7	26.6	24	19.1	20.2	21.6
2010	22.4	22.9	18	21.4	24.2	25.9	24.9	24	23.3
2018	19.4	20.5	-	20.4	23.7	24.8	20.3	19.2	20.1

자료: OECD statistics.

제의 패러다임 전환을 논할 정도의 성과를 거두지는 못했다. 장기적·전체적 시각의 부재로 '낮은 세부담'과 '작은 국가채무'가 중요한 경쟁력 원천이라고 생각하고 '증세 없는 복지'를 하려다 보니 '양극화와 고용 문제'가 제대로 해결되지 않는 것이다. 만일 집권 초반에 고용보험 확대 및 실업부조 도입이 제대로 이루어졌다면, 사회서비스공단이 만들어져 괜찮은 공공서비스 일자리가 만들어졌다면 코로나 위기 대응이 한층 수월했을 것이다. 이와 관련해서는 국회의 마비도 한몫했을 것이지만 정부의 밀어붙이는 힘이 부족했던 것, 이들을 움직이는 당청의 능력이 부족했던 것도 문제였을 것이다.

〈표 2-10〉 고용보험 적용 및 가입 현황 2019년 (단위: 천 명, %)

비임금 근로자	임금근로자				취업자
	고용보험 적용 제외	고용보험 미가입	공무원 등	고용보험 가입	
6,799 (24.9)	1,781 (6.5)	3,781 (13.8)	1,469 (5.4)	13,528 (49.4)	27,358 (100.0)
제도적 사각지대		미가입			

주: (1) 공무원 등은 공무원, 교원, 별정우체국 직원

(2) 고용보험적용 제외는 고용보험에 가입하지 않으면서 5인 미만 농림어업, 가사서비스업, 65세 이상, 주당 평소 근로 시간이 15시간 미만인 단시간 근로자(3개월 이상 근속한 근로자 제외), 임금노동자에 가까운 특수형태 근로에 종사하는 근로자임

(3) 특수형태 근로 종사자의 상당수는 이 조사 자료에서는 비임금 근로자에 포함되어 있을 것임

자료: 통계청, 「경제활동인구조사 근로형태별 부가조사」 2019년 8월 부가조사. 장지연·홍민기(2020) 재인용.

사회안전망, 고용안전망이 갖추어져 있으면 이것들은 위기 시에 신속하고 효율적으로 작동해 그 효과를 발휘한다. 우리가 재정의 자동안정장치라고 부르는 것이다. 한국의 경우 이미 모든 주요 제도들은 도입되어 있으나 사각지대가 크고 평균 보장 수준이 작으며 영리기관의 높은 비중은 문제이므로 사각지대를 줄이고 평균 보장 수준을 확대하며 공공성을 제고하는 것이 필요하다. 국가복지 중 사회서비스 영역, 공공부조는 조세를 통해 재원이 마련되고 사회보험은 고용주와 고용인이 함께 부담하는 보험료로 재원이 마련된다. 이 중 사회서비스나 공공부조 혜택은 조세를 통해 재원이 조달되므로 사각지대 해소가 수급자의 기여와는 상관없이 결정된다. 반면 사회보험 혜택은 수급자의 기여와 거의 비례적으로 결정됨에 따라 정규직에게는 소득안전망으로서 잘 기능해 왔지만, 많은 비정규직 노동자와 자영업자에게는 그 역할이 매우 제한적이었다. 그나마 노후소득보장의 경우 기초연금이 도입되어서 미약한 수준이지만 보편 보장의 성격이 갖추어졌는데 고용보험은 사각지대가 매우 큰 편이다.

정부는 2020년 5월, 예술인을 고용보험에 포함시키고 '6개월 50만 원'이라는 열악한 수준으로 한국형 실업부조제도를 도입했을 뿐 아직도 많은 특수고용노동자, 프리랜서, 자영업자가 제대로 된 고용안전망의 보호를 받지 못하고 있다. 2020년 5월 29일, 정부는 하반기 경제 정책 방향을 발표했는데 이에 따르면 2020년 안에 법 개정을 추진해 전속성이 높은 특고 직종(현행 산재보험 적용 대상 9개 직종 등, 약 77만 명)에 우선 고용보험이 적용되게 하겠다고 밝혔다. 그러나 전 국민 고용보험 적용은 소득 파악 체계 구축·급여 지급방식 개편과 함께 사회적 합의를 통해 추진하겠다는 계획을 밝힘으로써 사각지대 해소는 미래로 미루어졌다. 2020년 7월 14일 한국형 뉴딜에서는 고용보험 가입자 수를 2019년 1367만 명에서 2022년까지 1700만 명, 2025년까지 2100만 명으로 늘리겠다고 밝혔으나 어떻게 늘릴 것인지를 밝히지 않았다.

특고 전체, 프리랜서, 자영업자까지 포함하는 고용안전망을 만들려면 이를 고용 중심이 아니라 소득 중심으로 전면 개혁할 필요가 있다. 임금노동자든 자영업자든 소득 규모에 따라 고용기금에 기여금을 내게 하고 법인도 이윤 규모에 따라 고용기금에 기여금을 내게 해서 그 고용기금으로 전 국민 고용안정을 보장하는 방안이다. 이러한 소득 기반으로의 고용보험의 변화는 고용주를 특정하기 어려운 취업자도 가입할 수 있기 때문에 사각지대를 획기적으로 줄일 수 있다. 또한 기업이 고용을 줄여 비용을 줄이고 이윤을 높이려는 행위에 제동을 가할 수 있다. 이러한 소득 중심의 고용안전망 강화는 디지털 뉴딜이 야기할 수 있는 불안정한 플랫폼 노동의 양산에 대한 하나의 안전망으로 기능할 수 있다.

한편 최근 기본소득과 고용보험이 양자택일의 문제같이 논의되고 있는데, 낮은 수준의 기본소득이라면 경제위기 시기에는 경기부양 효과도 있으므로 고용보험의 확대와 양립·보완이 가능할 것이라 생각된다. 그러나 완전한 형

〈그림 2-8〉 OECD 주요국의 사회복지 지출

(단위: GDP 대비 %)

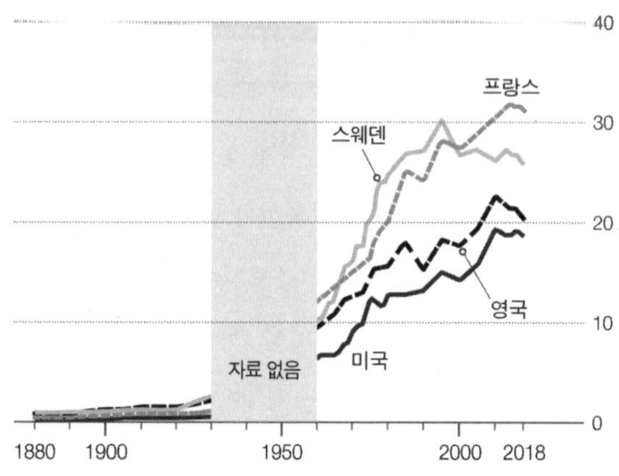

자료: The Economist(2020).

〈그림 2-9〉 OECD 주요국의 세수 규모

(단위: GDP 대비 %)

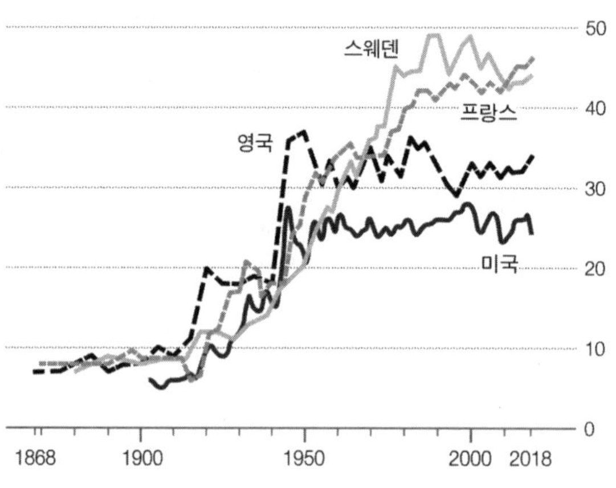

자료: The Economist(2020).

태의 기본소득은 막대한 재원을 필요로 하고 기존의 전통적 복지와 양립이 어렵기 때문에 많은 논의를 필요로 한다. 당장은 특정 위험에 처한 계층에게 충분한 보호를 제공하는 것이 급선무이다. 따라서 당장은 전통적 의미의 복지

〈그림 2-10〉 스웨덴 총세입의 구조(1862~2013) (단위: %)

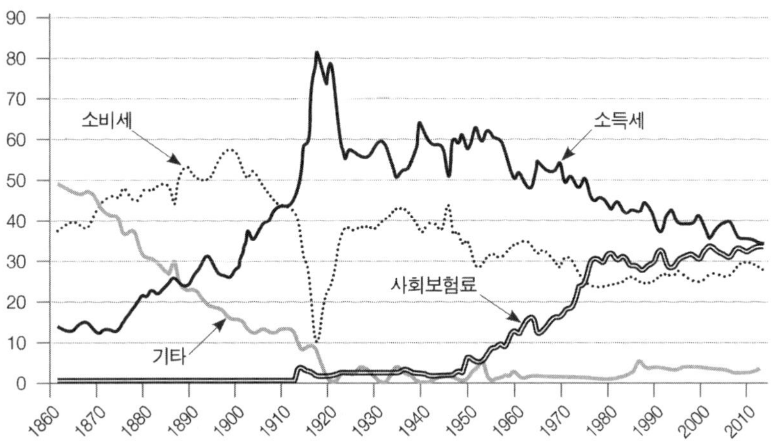

자료: Henrekson and Stenkula(2015).

제도를 확충하되 기본소득 제도를 보완적으로 활용하는 것이 바람직하다.

제대로 된 그린뉴딜의 실시, 고용안전망 및 사회안전망의 강화는 재원 마련을 필요로 한다. 그린뉴딜의 경우 항구적인 지출이 아니고 투자에 해당되므로 국채 발행을 통해 재원을 조달해도 큰 문제는 아니다. 그러나 항구적인 지출 증가를 야기할 복지 확대는 항구적 재원 조달 방안이 마련되어야 한다. 즉 증세가 필수적이다. 경제위기 시기에도 증세는 가능하다. 1930년대 뉴딜도 증세를 동반했다. 1935년 미국의 '리베뉴 액트(Revenue Act)'는 최고 소득의 75%까지 과세하는 새로운 누진세인 '웰스 택스(Wealth Tax)'를 도입했다. 그러나 제2차 세계대전으로 재정지출은 더욱 크게 증가해야 했다. 이에 미국 정부는 1942년 리베뉴 액트를 개정해 미국 역사상 가장 넓은 세원에 걸친, 가장 누진적인 '빅토리 택스(Victory Tax)'를 도입했다.

1970년대는 선진국들이 스태그플레이션(stagflation)으로 고통 받던 시대이고 이때부터 성장률이 하락하는 저성장 시대를 맞이하게 되었다. 그런데 제2

〈그림 2-11〉 스웨덴, 여성과 남성 고용률(16~64세) (단위: %)

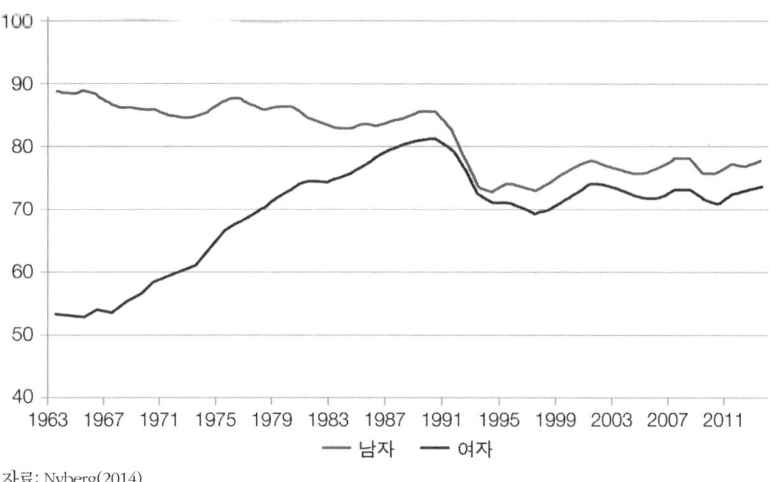

자료: Nyberg(2014).

차 세계대전 이후 약 30년간 비슷하게 복지를 확대하던 선진국들이 이때 다르게 대응했다. 즉 스웨덴과 프랑스는 복지지출이 계속해서 빠르게 증가한 것에 반해 영국과 미국은 복지지출 증가 속도가 완만해졌다 (〈그림 2-8〉). 이는 세수입 추세와 관련된다. 〈그림 2-9〉에 따르면 스웨덴과 프랑스의 세수입은 복지지출과 비슷하게 빠르게 증가한 데 반해 영국과 미국은 다른 양상을 보여주었다. 세수입의 빠른 증가는 세수입 구조의 변화를 가져왔다. 〈그림 2-10〉은 스웨덴에 대해 세수입 전체를 100%로 놓고 각 세목의 비중 변화를 보여주고 있는데 제2차 세계대전 전후 복지국가 형성기에는 직접세가, 1960년대 이후에는 사회보험과 간접세의 역할이 중요해졌음을 보여주고 있다. 특히 사회보험의 역할이 컸는데 복지와 재원을 연결시킨 것이 위기 시기 복지 확대를 가능하게 한 이유가 아닌가 짐작하게 한다.

1960년대 이후 복지 확대는 공공 부문에서의 고용 증가와 동시에 진행되었다. 〈그림 2-11〉은 여성고용률이 1960년대 중반 이후 빠르게 증가한 것을 보여주고 있는데 이는 공공 부문, 특히 지방 정부의 복지지출이 증가하면서 여성고용이 늘었기 때문이다. 경제위기 시기 복지 확대는 고용 창출이라는 중요한 역할도 동시에 수행한 것을 알 수 있다.

6. 바람직한 증세 전략의 모색

대규모의 복지 확대, 가령 OECD 평균 수준에 이르는 복지 확대를 위한 증세 전략은 어떠해야 할 것인가? 2015년 조세구조를 OECD 국가들과 비교해 본 결과(GDP 대비 비중 기준) 법인세와 금융거래세를 제외하면 다른 세목에서는 한국의 세수가 다 작다는 것을 알 수 있다. 그러나 GDP 대비 규모를 기준으로 한 비교가 왜곡된 판단을 내리게 할 수 있다는 점에서 주의해야 한다. 즉 소득세, 법인세, 소비세 등은 GDP가 아니라 가계와 기업에 분배되는 소득에서 지불되는 것이므로 가계소득 및 기업소득에 대비한 세수 규모가 비교될 필요가 있다. 즉 GDP가 가계소득과 기업소득으로 어떻게 나누어지는지, 가계와 기업이 내는 총세부담이 어느 정도가 되는지를 비교할 필요가 있다. 〈표 2-12〉에 따르면 가계소득 및 기업소득을 기준으로 하고 가계와 기업의 세부담 전체를 비교해 보면(E/G) 한국의 경우 가계가 기업보다 상대적으로 세부담이 더욱 크다는 것을 알 수 있다(정세은, 2020).

한편 부동산 보유세 부담은 GDP 대비 비중으로 비교해 보면 OECD에 비해 소폭 작은 데 불과하지만 실효세율, 즉 민간 보유 부동산 시가총액 대비 보유세 부담을 비교해 보면 자료를 구할 수 있는 OECD 15개국 평균이 0.396%였는데 한국은 0.167%였다. 이 자료를 모든 OECD 국가에 대해 구할 수 없었으나 다행히 미국, 영국, 일본, 프랑스, 독일 등 주요국이 포함되어 있으며 이

〈표 2-11〉 2015년 한국과 OECD, 주요 세목의 세수 규모 (단위: GDP 대비 %)

	소득과세		재산과세		소비과세		사회부장기여금	
	소득세	법인세	부동산 보유세	금융 거래세	일반 소비세	개별 소비세	종업원	고용주
한국	4.3	3.3	0.8	2.0	3.8	2.8	2.8	3.1
OECD 평균	8.4	2.8	1.1	0.4	6.9	3.2	3.3	5.2

자료: OECD. Stat(http://stats.oecd.org).

〈표 2-12〉 2015년 소득 비중을 고려한 가계와 기업의 세부담 비교 (단위: GDP 대비 %, 배)

	한국	OECD
가계소득 비중(%)	62.3	66.3
기업소득 비중(%)	24.3	18.8
소득세/가계소득(%, A)	6.9	12.7
소비세/가계소득(%, B)	10.6	15.2
(소득세+소비세)/가계소득(%, C)	17.5	27.9
(소득세+종업원 사회 분담금)/가계소득(%, D)	11.4	17.6
(소득세+소비세+종업원 사회 분담금)/가계소득(%, E)	22.0	32.9
법인세/기업소득(%, F)	13.6	14.9
(법인세+고용주 사회 분담금)/기업소득(%, G)	26.3	42.6
소득세/소비세(A/B)	0.65	0.83
(소득 고려) 소득세/법인세(A/F)	0.51	0.85
(소득 고려) 소득세+종업원 분담금)/(법인세+고용주 분담금)(D/G)	0.43	0.41
(소득 고려) 소득세+소비세+종업원 분담금/(법인세+고용주 분담금)(E/G)	0.83	0.77

주: 가계소득, 기업소득 OECD 자료는 20개 국가 평균.
자료: 소득은 2018 경제·재정수첩, 조세는 OECD, 정세은(2020) 재인용.

들을 포함한 15개국에 비해, 민간 보유 부동산 자산 대비 보유세 비중은 한국이 43% 정도 되는 상태이다. 즉 GDP보다 더욱 의미가 있는 민간 보유 부동산 기준으로 한국의 부동산 보유세 부담은 더욱 낮은 셈이다.

〈그림 2-12〉 2017년 민간 보유 부동산 시가총액 대비 보유세 비중 (단위: %)

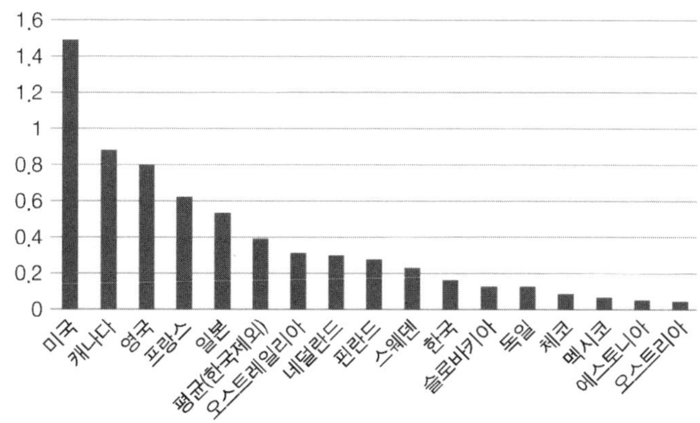

주: 경제 전체의 주택, 주택 외 건물, 토지의 시가총액에서 정부 소유 해당 자산의 시가총액 뺀 것을 민간 소유 부동산 자산액으로 정의한다. 이 자료는 표에 제시된 국가에 대해서만 제공했다.
자료: OECD 자료를 근거로 필자가 작성.

즉 OECD 평균과 비교한다면 결국 증권거래세를 제외한 모든 세목이 다 증세의 대상이 되는 셈이다. 바람직한 조세구조가 존재하는가? 대부분 모범적인 북유럽 국가들의 조세구조를 살펴보면 일단 덴마크, 노르웨이, 스웨덴은 조세부담률 수준이 미국보다 훨씬 크다는 특징을 가지고 있다(〈그림 2-13〉). 한편 북유럽 국가들은 사민주의적 시스템을 가지고 있어서 독일, 프랑스 같은 서유럽 국가에 비해 사회보험료 비중이 낮다고 이야기되고 있다. 그러나 이것을 뛰어넘어 북유럽 국가들이 매우 유사한 조세구조를 공유하고 있다고 보기는 어렵다. 덴마크는 소득세와 소비세의 비중이 압도적으로 크며, 노르웨이와 스웨덴은 사회보험료가 소득세만큼이나 중요한 비중을 차지하고 있다. 한편 노르웨이는 법인세의 비중이 크다는 특징을 가지고 있다. 즉 세 개의 북유럽 국가로부터 조세수입 구조상 뚜렷한 공통점을 이끌어내기 어렵다. 단 어떤 세목이든지 OECD 평균 수준을 넘는다는 것은 확실하다. 소득세와 소비세를 이 정도 규모로 걷기 위해서는 보편 증세 방식일 수밖에 없다.

〈그림 2-13〉 덴마크, 노르웨이, 스웨덴, 미국의 조세구조 (단위: GDP 대비 %)

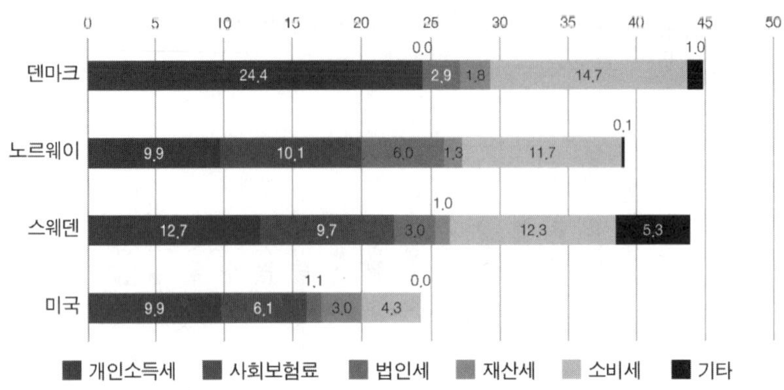

자료: OECD Statistics.

위의 검토를 기본으로 해서 바람직한 증세 방안이 무엇인지 생각해 보자. 국민연금과 고용보험은 그 자체로 재원을 마련하려는 논의가 진행되고 있다. 일단 국민연금은 기존 고용 중심 사회보험 체제로 확대될 것으로 보인다. 그만큼 사회보험료가 확대될 것이다. 고용보험은 당장은 역시 전통적 사회보험 방식을 따르겠지만 조만간 소득 중심으로 재편될 가능성이 크다. 건강보험은 향후 가장 빠르게 필요 재원이 증가할 복지 영역인 것으로 판단되는데 이것은 고용 기준과 소득 기준이 함께 적용되고 있다. 노후, 실업, 질병의 위험에 대해서는 소득세, 법인세, 사회보험료 증대가 있을 것이다. 한편 기금만으로 다 지급하는 것이 어렵다면 일반 재정 수입으로 지불하는 것도 필요할 것이다. 이러한 영역의 증세는 코로나 시기여도 추진과 관련해서 큰 문제가 없을 것으로 보인다.

사회보험 영역 이외에 사회서비스와 공공부조 확대를 위한 재원 마련도 필요하다. 중산층까지 아우르는 수준 높은 보편적 복지국가를 실현하고자 한다면 전 소득 구간에서의 소득세율 인상 혹은 소비세율 인상을 고려할 수 있다.

중산층까지 아우르는 복지국가를 실현하기 위해서는 보편증세·보편복지 국가를 지향하는 것이 바람직하기 때문이다.

물론 조세 정의의 과제가 더욱 시급하고 중요하다. 모든 세원이 과세망에 들어왔다면 직접세 증세가 우선이 되어야 한다. 비과세 감면 제도의 과감한 정리와 소득세·법인세 상위 구간의 추가, 금융소득 및 임대소득의 종합소득세 과세화, 상장주식 매매차익의 전면 과세, 공시가격 현실화, 부동산 과세 강화가 중요하다. 최근의 세법 개정안은 부족하지만 이러한 내용을 상당히 담고 있다. 소득세 45% 구간이 추가되었고 부동산 세제가 강화되었다. 그러나 금융자산소득이 아직 부족하고, 부동산 보유세 관련해서는 공시가격 현실화가 필요하며 1가구 양도세 비과세도 축소될 필요가 있다. 이를 통해 거두어들인 재원을 가지고 복지 확대에 쓸 필요가 있다.

따라서 완벽하지는 않지만 이제 보편증세의 조건이 어느 정도 조성되고 있다고 판단된다. 이러한 점에서 이제는 가령 복지 확대를 위한 대규모의 재원 마련을 위해서는 국민의 동의가 필수적이므로 복지·조세가 연결되도록 모든 세목을 망라한 사회복지목적세를 기획해서 사회서비스 수준을 단숨에 끌어올려 신속히 OECD 평균의 복지 수준을 달성하는 것도 고려할 수 있다. 코로나 시기임을 고려한다면 복지 확대와 사회복지목적세 도입을 함께 추진하되 사회복지목적세는 몇 년에 걸쳐 계산식으로 증가하게 함으로써 단기적으로는 국채 발행을 통해, 중기적으로는 사회복지목적세를 통해 균형재정을 달성하면서 복지 확대를 추진하는 방안을 적극 고려해 볼 만하다.

참고문헌

국정기획자문위원회. 2017.7. 문재인정부 국정운영 5개년 계획.

김진석. 2020.7.20.「복지 분야 평가, 누구를 위한 한국판 뉴딜인가?」. 보건의료단체연합, 참여연대, 민주노총 부설 민주노동연구원, 코로나19시민사회대책위 주관토론회.

대한민국정부. 중기재정계획 각 연도.

박용석. 2020.7.20.「노동·일자리 분야 평가, 참여연대 토론회-누구를 위한 한국판 뉴딜인가?」. 보건의료단체연합, 참여연대, 민주노총 부설 민주노동연구원, 코로나19시민사회대책위 주관토론회.

예산정책처. 2018. NABO 장기 재정전망.

이광석. 2020.5.14. "디지털 뉴딜, 노동시장 유연화·기업규제 완화에 악용 경계해야", ≪경향신문≫. http://m.khan.co.kr/amp/view.html?art_id=202005142157005&sec_id=920100 (검색일: 2020.10.30).

임원혁. 2018.10.17.「소득주도성장 정책의 현황과 과제, 한국경제의 현 주소와 소득주도성장」. 출범토론회, 소득주도성장특별위원회.

장지연·홍민기. 2020.「전국민 고용안전망을 위한 취업자 고용보험」. 전국민고용보험제 도입을 위한 긴급토론회 발표문.

정세은. 2018.「문재인정부 조세재정정책 평가 및 바람직한 대안의 모색」. ≪사회경제평론≫, 57.

_____. 2020.「제4장 지속 가능한 복지국가를 위한 누진적 보편증세 전략」. 한국복지국가연구회 기획.『촛불 이후, 한국 복지국가의 길을 묻다』. 한울엠플러스.

홍장표. 2020.5.13.「소득주도성장의 성과와 과제」. 문재인 정부 출범 3주년 기념토론회-소득주도성장, 3년의 성과와 2년의 과제. 소득주도성장위원회.

황선웅. 2017.「제조업 해외직접투자와 국내 일자리」. 한국노동연구원. ≪노동리뷰≫, 147.

LG경제연구원. 2020.『2020년 국내외 경제전망』.

Henrekson, Magnus and Mikael Stenkula. 2015. "Swedish Taxation since 1862: An Overview." IFN Working Paper No. 1052. Research Institute of Industrial Economics

Nyberg, Anita. 2014. "Women and Men's Employment in the Recessions of the 1990s and 2000s in Sweden." Revue de l'OFCE(N° 133).

The Economist. 2020. "Rich Countries Try Radical Economic Policies to Counter Covid-19." Briefing March 26th 2020 Edition. https://www.economist.com/briefing/2020/03/26/rich-countries-try-radical-economic-policies-to-counter-covid-19 (검색일: 2020.10.30).

제3장

초고령사회와 중고령자 고용 정책

김혜원 | 한국교원대학교 교육정책전문대학원 교수

1. 서론

한국은 급속한 고령화를 겪고 있는바 1990년 5.1%에 불과하던 고령인구 비중이 2000년 7.2%로 고령화사회로 진입했고, 2018년 14%를 넘어서서 고령사회가 변화했으며, 2025년 고령인구 비중 25%를 넘어서면서 초고령사회로 전환될 예정이다. 초고령사회로의 전환은 성장과 분배 측면에서 큰 도전이다.

첫째, 급속한 고령화는 생산가능인구의 감소를 낳게 된다. 생산요소의 감소로 인한 부가가치 생산이 감소하게 되고 시장의 규모도 감소하게 된다. 생산과 시장 규모 사이에서 양의 피드백이 존재한다면 생산이 시장 위축에 영향받아 누적적으로 위축되는 결과를 낳을 수 있다.

둘째, 생산가능인구 대비 부양할 인구의 수가 늘어나서 취업자 1인당 생산이 일정하다면 인구 1인당 소득은 감소하게 된다. 생산가능인구가 과거와 동일한 부가가치를 창출하더라도 부양해야 할 인구가 늘어남에 따라 생산가능인구가 소비할 수 있는 몫이 줄어들게 된다. 라이프 사이클 측면에서 현재의 중년층이 은퇴했을 때 노후 준비가 되어 있는지의 문제가 제기되고 세대 간 분배 갈등을 낳을 것이며 특히 국민연금을 둘러싼 세대 간 갈등이 폭발적으로 진행될 수 있다.

성장 둔화와 분배 갈등의 진전 속도를 늦추고 초고령사회의 충격을 줄이기 위해 2000년대 초부터 저출산 고령사회 정책을 범정부적으로 추진했다. 주로 출산율을 높이기 위한 정책적 노력에 주력했으나, 실제 출산율의 반등에 실패했으며 출산율이 가까운 시기 내에 높아질 가능성은 크지 않다. 이런 점에서 과소 활용되는 인적 자원의 활용률을 높이고, 잠재력을 발휘하지 못하는 인적 자원의 활용도를 질적으로 고도화하는 방안을 시급히 강구하고 집행해야 한다.

이 장에서는 핵심 연령대 생산가능인구가 중고령층으로 노화되면서 은퇴로 이어져 가는 과정에서 경제활동의 양적·질적 수준을 높일 수 있는 정책 방안을 집중적으로 검토하고자 한다. 노동시장에서 경력을 이어가고 있는 이들을 중심으로 생산가능인구를 늘리는 방안은 첫째, 생애 주된 일자리에서 정년까지 일할 수 있도록 고용을 안정시키는 방안과 둘째, 생애 주된 일자리에서 퇴직한 후에 제2 커리어의 질적 수준을 제고할 수 있는 방안으로 구분될 수 있다. 이 글에서는 후자의 방안을 중심으로 정책과제를 제시한다. 이 글은 다음과 같이 구성된다. 제2절에서는 중고령인력 활용의 실태를 제2의 커리어를 중심으로 분석하며 제3절에서는 중고령인력이 생애 주된 일자리에서 퇴직한 후 새로운 커리어를 개척하는 데 도움을 줄 수 있는 임금보험제도 대안을 제시한다. 제4절에서는 요약과 함께 본 연구에서 담지 못한 중고령인력 정책 방안을 담고 있다.

2. 중고령인력의 실태

1) 중고령자 고용의 개관

한국 중고령인력 고용상의 주요 특징은 다음과 같다. 첫째, 생애 주된 일자리에서 50세 전후에 퇴직한다. 2019년 경제활동인구조사 고령층 부가조사 결과를 분석한 연구에 따르면, 평균 퇴직연령은 49.4세이다(남재량, 2019).

둘째, 생애 주된 일자리에서 나온 뒤에 얻게 되는 일자리의 임금은 그 수준이 하락한다. 통계청(2020)에서는 2018년 기준 임금근로자의 연령대별 소득 및 평균 근속 기간을 확인할 수 있다. 연령별 월 급여액을 비교해 보면 평균소득 기준으로 40대가 338만 원으로 가장 높고 50대에 316만 원으로 하락한다. 중위소득 기준으로는 하락 폭이 더욱 극적인데 40대의 중위소득은 251만 원인 데 비해 50대의 중위소득은 200만 원으로 하락한다. 평균적으로 50만 원 하락하며 50대 내에는 근속을 유지하는 이들과 실직으로 재취업한 이들이 섞여 있는데 후자의 임금이 훨씬 큰 폭으로 하락할 것이다. 40대의 평균 근속 연수가 6.7년인데 50대의 평균 근속 연수는 7.9년으로 1.2년밖에 증가하지 않았다는 것은 50대로 진입하면서 상당수가 실직을 경험한다는 것을 간접적으로 보여준다.

셋째, 2019년 기준 정년퇴직자 수는 35만 명, 권고사직, 명예퇴직, 정리해고로 인한 생애 주된 일자리로부터의 조기퇴직자 수는 60만 명으로 정년퇴직자 수에 비해 정년을 채우지 못하고 나오는 조기퇴직자 수가 훨씬 많다. 10년 전인 2009년 정년퇴직자 수는 27만 명, 조기퇴직자 수는 30만 명으로 정년퇴직자 수는 8만 명이 늘었지만, 조기퇴직자 수는 2배가 늘어났다.

〈표 3-1〉 연령대별 소득 및 평균 근속 기간

(단위: %)

구분		계	19세 이하	20대	30대	40대	50대	60세 이상
계		100.0	100.0	100.0	100.0	100.0	100.0	100.0
85만 원 미만		16.3	70.3	17.6	8.7	11.4	16.3	29.6
85~150만 원 미만		11.2	12.6	10.9	6.9	9.4	12.4	20.0
150~250만 원 미만		28.9	14.5	42.0	25.4	24.6	26.7	30.8
250~350만 원 미만		15.4	1.7	18.8	22.8	13.9	12.1	8.7
350~450만 원 미만		9.3	0.4	6.6	16.1	10.6	7.3	3.5
450~550만 원 미만		6.1	0.3	2.5	9.3	9.5	4.9	1.9
550~650만 원 미만		4.3	0.1	0.9	4.7	7.7	5.1	1.1
650~800만 원 미만		4.0	0.0	0.5	3.3	5.9	7.3	1.4
800~1,000만 원 미만		2.3	0.0	0.1	1.6	3.6	4.1	1.3
1,000만 원 이상		2.2	0.1	0.1	1.2	3.5	3.8	1.7
평균 소득 (만 원)	2018년	297	78	206	322	365	341	202
	2017년	287	74	198	312	352	332	193
중위 소득 (만 원)	2018년	220	50	194	286	279	220	150
	2017년	210	50	185	278	268	210	135
평균 근속 기간(년)		5.1	0.6	1.6	4.2	6.7	7.9	4.0

자료 : 통계청(2020), 2018년 임금근로일자리 소득(보수) 결과.

2) 사용한 자료와 분석 방법

기존 연구들이 생애 주된 일자리를 설문을 통해 식별하고 생애 주된 일자리의 퇴직 시점을 확인하는 연구와 직업력 자료를 통해 특정 근속 기간 기준을 통해 생애 주된 일자리를 조작적으로 정의하고 분석하는 연구로 나뉜다. 경제활동인구조사의 고령자 부가조사와 한국노동패널조사 중고령자 부가조사에서 50세 이상인 이들에게 생애 주된 일자리를 물어보는 설문이 있으며 전자 방식의 연구에는 방하남 외(2012), 남재량(2019) 등이 있다.

후자 방식을 취하는 연구는 생애 주된 일자리 설문이 없는 고령화패널조사를 활용해 이루어진다. 고령화패널조사를 이용한 분석의 경우 선행 차수 자료에서 50세 이상인 사람 중 현재 주된 일자리 근속 연수가 10년 이상일 경우 생애 주된 일자리 취직자로 보고, 이 생애 주된 일자리 취직자 중에서 후행 차수 자료에서 퇴직했다고 응답하고, 새로운 직장에 취직했다고 응답한 사람은 가교 일자리 취직자로 보았다(신동균, 2009; 현우영, 2016).

이 장에서 사용한 자료는 한국노동연구원에서 만든 한국노동패널조사 자료 1~21차 원자료이다. 직업력 자료와 연도별 개인 자료를 결합해 분석 자료를 구성했다. 노동패널에서는 50세 이전의 노동시장 이력부터 50세 이후에 노동시장 이력을 연속적으로 확인할 수 있다. 50세 이전에 시작한 일자리를 50세 이후에 처음으로 그만두는 이들을 식별하고 이들이 전체 취업자 중에서 어떤 비중을 차지하고 이들 중에서 비자발적으로 실직하는 이들은 어느 정도이며 근속 기간별로 어떤 구성 비율을 갖는지 살펴볼 것이다. 이러한 분석을 통해 40대를 거쳐 50대에 진입한 취업자들이 겪는 실직의 위험과 재취업 양상을 개관하고자 한다.

3) 50대 최초 실직자의 재취업 실태 분석

(1) 기초 분석

50세 시점에서 취업자로 확인되는 표본은 3501개이다. 이 중에서 임금근로자는 2131명이며 자영업자는 1370명으로 60%가 임금근로자이다. 50세 이상에서 처음으로 실직하는 이들을 식별하기 위해서는 실직하는 시점까지 이들을 관측할 수 있어야 한다. 그런데 노동패널조사 대상자 중에는 중간에 조사에 실패해 계속 취업을 했는지 아니면 실직을 했는지 식별하지 못하는 경우

〈그림 3-1〉 근속 기간별 구성 비율

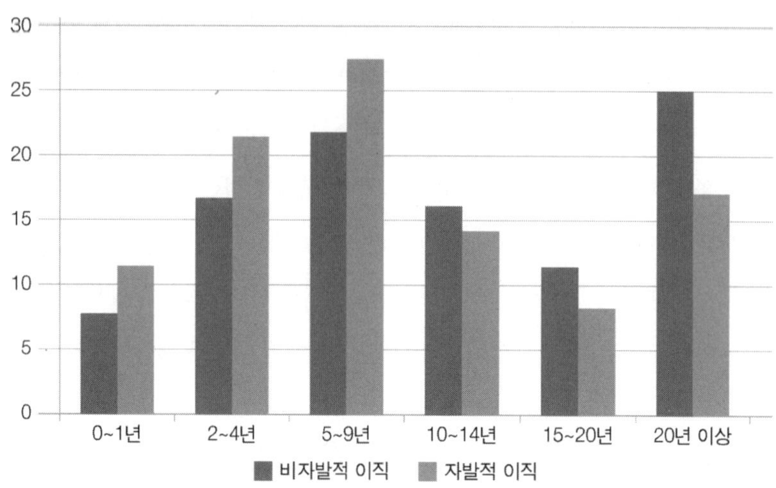

자료: 한국노동패널 1차~21차 원자료.

가 있다. 이러한 우측 절단된 표본은 1863명으로 확인되었으며 실직 시점이 확인되는 이들은 46.79%인 1638명이다.

실직 시점이 확인되는 이들에 대해 실직 사유를 조사했으므로 실직 사유별로 구분할 수 있는데, 비자발적으로 실직하는 이들은 37%이며 자발적으로 실직하는 이들은 62%, 사유가 확인되지 않는 이들의 비중은 1%이다.

실직자의 근속 기간을 그룹화해 비중을 살펴보면 5년 미만인 경우가 31%, 10년 미만인 경우는 55%로 5~9년의 비중이 24%를 차지한다. 비자발적으로 실직한 이들의 경우 근속 기간별 비중에는 차이가 있는데 5년 미만인 경우가 25%, 10년 미만인 경우가 47%로서 자발적 이직자에 비해 상대적으로 근속 기간이 길다는 것을 알 수 있다.

임금근로자에 한정할 경우 실직자 표본은 1063개로 감소한다. 이 중에서 비자발적 실직의 비중은 40%로서 전체 취업자에 비해 약간 더 높다. 연령대

〈표 3-2〉 근속 기간별 구성 비율 (단위: 명, %)

실직 사유	근속 기간							합계	비율
	미상	0~1년	2~4년	5~9년	10~14년	15~19년	20년 이상		
비자발적	6	47	102	134	99	70	154	612	37.32
	0.98	7.68	16.67	21.90	16.18	11.44	25.16	100.00	
자발적	10	115	219	282	144	84	174	1028	62.68
	0.97	11.19	21.3	27.43	14.01	8.17	16.93	100.00	
합계	16	162	321	416	243	154	328	1640	
	0.98	9.88	19.57	25.37	14.82	9.39	20.00	100.00	

자료 : 한국노동패널 1~21차 원자료.

별로 실직 시점의 분포를 살펴보면 50대 초반에 실직하는 이들이 63.5%를 차지하며 50대 후반이 23%, 60대 초반이 11%로서 50대에 퇴직하는 비율이 90%에 육박한다.

임금근로자 중에서 실직한 이들의 근속 기간을 그룹화해 비중을 살펴보면 5년 미만인 경우가 35%, 10년 미만인 경우는 60%로 전체 취업자에 비해 근속 기간이 짧다는 것을 알 수 있다. 비자발적으로 실직한 이들의 경우 근속 기간 5년 미만인 경우가 26%, 10년 미만인 경우가 46%인 데 비해 자발적 이직자들은 5년 미만인 경우가 40%, 10년 미만인 경우가 68%로서 자발적 이직자들에 비해 비자발적 이직자들이 상대적으로 근속 기간이 길다는 것을 알 수 있다.

실직 전 임금 수준별로 비자발적 실직의 비중을 비교해 보면 임금이 상승할수록 비자발적 실직의 비중이 증가하며, 특히 100~200만 원 구간에서 비자발적 실직이 39%인 데 비해 200만 원 이상에서는 47%로 큰 차이를 보인다. 또한 실직 전 일자리의 근속 기간이 늘어날수록 비자발적 실직이 높아진다.

0~1년 근속 기간에서는 비자발적 실직이 28%인 데 비해 5~9년에는 33%이며 15~20년에는 55%로 늘어난다.

임금근로자로서 실직한 이들 중에서 재취업하는 이들의 비율은 72%이다. 비자발적 실직자의 재취업률과 자발적 실직자의 재취업률은 각각 71%와 73%로 큰 차이가 나지 않는다.

실직 전 일자리의 근속 기간이 길수록 재취업 비율은 감소한다. 0~1년의 경우에는 90%가 재취업하지만 2~4년은 81%, 5~9년 사이는 74%, 10~15년은 66%로 하락한다. 비자발적 실직자와 자발적 실직자를 비교하면 다른 근속 연수 구간에서는 유사한데 10~15년 구간에서 전자는 82%의 재취업률을 보이고 갑자기 상승하는 특이한 양상을 보여주지만 후자는 53%의 재취업률을 나타내서 큰 차이가 나타난다. 50~54세 사이의 집단에 한정했을 때도 그 차이는 확인된다.[1)]

실직 전 임금 수준도 재취업률에 영향을 미친다. 가장 많은 이들이 몰려 있는 100~200만 원 구간에서 재취업률이 가장 높고 임금이 더 높아지면 빠른 속도로 하락하고 임금이 낮아지면 소폭 하락한다. 100~200만 원 구간에서 비자발적 실직자와 자발적 실직자의 재취업률은 75~77%로서 유사한데, 200~300만 원 구간에서는 67% 대 73%로 자발적 실직자의 재취업률이 높고, 300만 원 이상에서는 53% 대 65%로 자발적 실직자의 재취업률이 높고 차이는 더욱 커진다.

실직 전 일자리 임금 대비 재취업 일자리의 상대 비율은 실직 전 일자리 임금 수준이 높을수록 하락한다. 100~200만 원 구간에서는 1.03으로서 거의 차

---

1) 10~15년 구간에서 큰 차이가 나는데도 불구하고 전체 실직 사유 간에 재취업률 차이가 크지 않은 이유는 자발적 실업자의 근속 기간별 구성 비율이 근속 연수 짧은 구간에 많이 분포하고 있는데 해당 구간의 재취업률이 높기 때문이다.

이가 없는 데 비해서 200~300만 원 구간에서는 88%로서 실직을 통해 12% 임금 하락을 경험하며, 300만 원 이상 구간에서는 68%로서 32%의 임금 하락을 겪는다. 비자발적 실직의 경우 하락 폭은 너욱 커서 100~200만 원대에서는 7% 하락, 200~300만 원대에서는 20% 하락, 300만 원 이상대에서는 36% 하락을 겪고 있다.

근속 기간에 따라서도 상대 임금 비율은 변화하는데 0~1년에는 재취업으로 19% 임금 상승이 관찰되며, 2~4년 근속의 경우 35%, 5~9년은 25% 등으로 재취업이 더 높은 임금으로 이어지며 20년 이상에서 2.2%의 임금 하락이 관측될 뿐이다. 자발적 실직의 경우 재취업은 모든 근속 구간에서 임금 상승을 낳는 데 비해서, 비자발적 실직의 경우 15년 이상의 근속 구간에서는 10% 수준의 임금 하락을 낳는다.

이상의 결과를 종합해 보자. 50대로 진입한 후 최초로 실직을 경험하는 이들 중에서 실직 전 임금 수준이 높을수록 비자발적 실직의 가능성이 크며, 근속 기간이 길수록 역시 비자발적 실직 가능성이 높다. 재취업률을 살펴보면 실직 전 일자리의 임금 수준이 100~200만 원일 때 가장 높고 그 이상으로 증가하면 재취업률은 하락한다. 근속 기간이 길수록 재취업률은 대체로 하락하는 추세를 보이지만, 비자발적 실직의 경우 10~15년 구간에서 재취업률이 치솟는 이상 현상이 관측된다. 실직 후 재취업한 경우 임금의 향방을 살펴보면 실직 전 임금 수준이 높을수록 하락률이 커지고 비자발적 실직의 경우 300만 원 이상 구간에서 36%의 임금 하락이 관찰된다. 실직 전 근속 기간의 경우 자발적 실직은 임금 상승으로 이어지는 데 비해, 비자발적 실직은 15년 이상에서 10% 임금 하락으로 이어진다. 50세 이후 실직하는 이들의 경우 임금 수준이 높고 근속 기간이 길수록 비자발적으로 실직할 가능성이 높고 재취업의 가능성은 낮으며 임금 하락 폭은 커진다.

〈표 3-3〉 재취업 해저드 회귀분석 결과

변수	계수		표준오차	카이제곱	P값	승수비
남성 더미	0.209	**	0.083	6.360	0.012	1.232
연령(기준: 60세 이상) 50~54세 더미	0.179	*	0.104	2.984	0.084	1.196
55~59세 더미	0.075		0.111	0.459	0.498	1.078
근속 연수(기준: 20년 이상) 0~1년	0.694	***	0.144	23.265	<.0001	2.001
2~4년	0.730	***	0.127	33.316	<.0001	2.076
5~9년	0.506	***	0.132	14.763	0.000	1.658
10~14년	0.436	***	0.149	8.507	0.004	1.546
15~19년	0.505	***	0.182	7.706	0.006	1.656
비자발적 실직 더미	-0.091		0.074	1.495	0.221	0.913
로그월임금	0.211	***	0.065	10.430	0.001	1.235
정규직 더미	-0.007		0.082	0.007	0.933	0.993

자료 : 한국노동패널 1~21차 원자료.
주 : * 10% ** 5% *** 1%.

(2) 회귀분석 결과

이하에서는 재취업에 영향을 미치는 요인을 성, 연령 등을 통제한 상태에서 근속 기간과 임금 수준이 재취업 확률과 상대임금에 어떤 영향을 미치는지 살펴보았다. 콕스 비례모형에 따른 재취업 해저드에 대한 회귀분석 결과는 〈표 3-3〉에 제시되어 있다. 임금이 높을수록 재취업 해저드가 큰 값을 가지며 비자발적으로 이직했을 경우 재취업할 가능성이 낮다. 근속 기간이 2~4년 구간에 있을 때 재취업 해저드가 가장 크고 그보다 근속 기간이 짧거나 길 경우에 재취업 가능성이 낮다. 연령의 경우 50대 초반이 그 이후의 연령대에 비해 더 재취업 가능성이 높다.

비자발적 이직과 자발적 이직을 구분해 분석한 결과는 〈표 3-4〉에 제시되

〈표 3-4〉 실직 사유별 재취업 해저드 분석 결과

	비자발				자발			
변수	계수		표준 오차	승수비	계수		표준 오차	승수비
남성 더미	0.207		0.128	1.230	0.193	*	0.111	1.213
연령(기준 : 60세 이상) 50~54세 더미	0.168		0.149	1.183	0.215		0.149	1.239
55~59세 더미	-0.068		0.154	0.934	0.219		0.166	1.245
근속 연수(기준 : 20년 이상) 0~1년	0.521	**	0.206	1.684	0.767	***	0.210	2.153
2~4년	0.912	***	0.183	2.489	0.606	***	0.182	1.834
5~9년	0.392	**	0.190	1.480	0.520	***	0.192	1.681
10~14년	0.534	**	0.209	1.706	0.278		0.220	1.320
15~19년	0.344		0.238	1.411	0.709	**	0.288	2.032
로그월임금	0.263	***	0.093	1.300	0.133		0.094	1.143
정규직 더미	-0.095		0.129	0.909	0.073		0.107	1.070

자료 : 한국노동패널 1~21차 원자료.
주 : * 10% ** 5% *** 1%.

어 있다. 비자발적 이직에서는 높은 임금이 재취업을 촉진하지만 자발적 이직에서는 임금 수준이 재취업에 영향을 미치지 않는다. 비자발적 실직의 경우 근속 기간이 15년 이상인 이들의 경우, 그 이하의 근속 기간을 갖는 자에 비해 확실히 재취업 가능성이 낮아짐을 알 수 있다. 이에 비해 자발적 이직의 경우에는 15~19년 구간의 재취업 가능성이 오히려 높게 나타난다는 점이 특징적이다.

재취업 임금의 변화에 대한 선형회귀분석 결과는 〈표 3-5〉와 같다. 재취업 임금의 변화는 재취업 임금의 로그값에서 실직 전 임금의 로그값을 차감한 것으로 정의했다. 이직 전 임금이 높을수록 재취업에 따라 임금이 크게 감소하

〈표 3-5〉 재취업 임금 변화의 선형회귀분석

	비자발			자발		
변수	계수		표준오차	계수		표준오차
상수	1.480	***	0.318	1.691	***	0.258
남성 더미	0.295	***	0.080	0.244	***	0.058
연령(기준: 60세 이상) 50~54세 더미	0.231	**	0.099	0.238	***	0.083
55~59세 더미	-0.022		0.107	0.127		0.095
근속 연수(기준: 20년 이상) 0~1년	0.216	*	0.127	-0.060		0.109
2~4년	0.342	***	0.110	0.005		0.100
5~9년	0.408	***	0.122	0.151		0.105
10~14년	0.221	*	0.125	0.040		0.129
15~19년	0.190		0.167	-0.006		0.156
로그월임금	-0.451	***	0.060	-0.397	***	0.049
정규직 더미	-0.041		0.074	-0.023		0.056
재취업 소요 기간	-0.007		0.014	-0.101	***	0.021

자료 : 한국노동패널 1~21차 원자료.
주 : * 10% ** 5% *** 1%.

는 것으로 나타나며 비자발적 실직에서 그 효과가 더 크다는 것을 알 수 있다. 직전 일자리에서 근속 기간의 효과는 자발적 이직의 경우 거의 없지만 비자발적 이직의 경우에는 근속 기간이 5~9년일 경우 상대적으로 임금을 증가시키는 힘이 가장 크며 다음으로 2~4년일 경우가 크다. 이에 비해 10~14년에는 그 효과가 5~9년에 비해 반감되며 15년 이상일 경우에는 그 효과가 나타나지 않는다. 재취업에 이르는 기간의 효과는 자발적 이직에서는 임금 변화에 부정적으로 작용하는 데 비해서 비자발적 이직의 경우에는 영향을 주지 않는다.

3. 임금보험제도와 중고령자 고용

1) 이론적 근거

임금보험제도는 장기근속자 중 비자발적 실직자가 재취업한 일자리의 임금이 실직 일자리의 임금 수준에 비해 크게 낮을 경우 그 차이를 일정 기간 일부 보조하는 보험이다.

첫째, 단기근속자는 상대적으로 임금 하락이 크지 않은 데 비해서 장기근속자는 임금 하락이 크다. 장기근속자는 기업특수적 인적자본을 많이 축적함에 따라 또는 이연임금제도에 의해 시장 임금보다 높은 임금 수준을 누릴 수 있다. 그리고 해고로 인해 이러한 임금 프리미엄을 상실하게 되어 큰 폭의 소득 충격을 경험하게 된다. 확률적으로 발생할 수 있는 큰 폭의 소득 충격에 대해, 보험으로 위험을 줄이는 것은 후생 수준을 증가시키고 효율성을 증가시킬 수 있다.

둘째, 자발적 실직자에게 임금보험을 제공할 경우 임금보험제도를 남용할 도덕적 해이의 위험이 있으므로 우선적으로 비자발적 실직자에 한정해 적용하는 것이 필요하다. 하지만 자발적 실직자라고 하더라도 장기간 재취업을 하지 못하고 큰 폭의 임금 하락을 경험하게 될 경우에 한정해 임금보험의 테두리 안으로 끌어들이는 것은 가능할 것이다.

셋째, 임금 하락분을 모두 보전하게 될 경우 재취업 과정에서 더 나은 일자리를 찾기 위한 노력을 게을리하게 만들어 또 다른 도덕적 해이에 따른 비효율성을 낳는다. 따라서 임금 하락분의 일부를 보전해 실직자 역시 더 나은 일자리를 찾기 위해 노력하도록 할 필요가 있다.

넷째, 임금 하락분을 일정 기간 동안만 보전하게 해야 한다. 무한정 보전하게 될 경우 재취업 시 구한 일자리에 안주해 기업 내에서 더 나은 직무나 직위로 상향 이동하거나 생산성을 높여 임금을 높일 동기를 약화시킬 위험이 있다. 또한 재취업 일자리에서 일하면서 취업 중 직장 탐색을 통해 더 나은 일자리로 이동할 유인을 약화시킬 수 있다. 일정 기간만 보조하게 되면 기업 내에서 임금 수준을 높이고 더 나은 일자리로 이동하기 위한 노력을 하게 될 것이다.

임금보험제도는 원리상 실업보험과 다르지 않다. 실업보험제도가 비자발적 실직으로 인해 소득수준이 0으로 하락하는 위험을 보전하는 것이라면 임금보험제도는 비자발적 실직과 그에 이은 재취업에서 소득수준이 일정 정도 이상 하락하는 위험을 보전하는 것이다. 소득수준의 하락이라는 위험에 대해 두 제도 모두 보전하는 점에서 동일하며 다만 소득수준의 하락 정도에 차이가 있을 뿐이다. 이런 점에서 실업보험제도에 대한 이론적 기초 논변은 임금보험제도에 대체로 적용 가능하다.

현실에서 실업보험제도는 많이 관측되는 데 비해 임금보험제도는 드물게 나타난다. 라롱드(LaLonde, 2007)는 유럽과 미국의 노동시장 현상의 차이를 통해 왜 미국에서 임금보험제도가 유럽에 비해 시급히 요구되는지에 대해 설명하고 있는데 이러한 설명과 임금보험제도의 희소성 논의가 연관된다.

라롱드에 따르면 대륙 유럽에서는 임금 압축(wage compression)으로 인해 해고가 되더라도 재취업 임금이 직전 임금에 비해 그렇게 낮지 않다. 산별 노조에 의한 임금 압축 현상 그 자체가 일종의 임금보험 역할을 한다는 것이다. 또한 산업별 숙련 표준이 잘 형성되어 있어 동일 산업 내 일자리를 찾아서 큰 임금 하락 없이 취업할 가능성이 높으므로 실직 기간의 임금만 보전해도 큰 어려움이 없다. 이에 비해 미국에서는 임금 압축이 없고 생산성과 기업에 따라 임금에 차이가 많다. 취업자의 경우 일반적 숙련과 기업특수적 숙련, 그리고 매칭 품질로 임금이 결정되는데 후자의 두 가지가 실직을 통해 상실되므로 임금이 하락할 위험도 크고 재취업 임금의 불확실성도 크다.

재취업 시장에서의 임금 하락의 가능성이 얼마나 높은지가 임금보험제도 도입에 대한 필요성 및 정치적 지지를 이끌어내는 데 있어 핵심적인데, 유럽의 경우 임금 하락의 가능성이 낮으며 미국의 경우 노동 이동이 활발하고 직무급 제도가 발달해 있어, 임금 하락의 가능성이 다수의 근로자에게 보편적인 위험으로 인식되지 않는다. 이에 따라 임금보험제도의 도입이 실업보험제도만큼 현실화되지 않았다.

다른 측면에서 보면 장기근속자는 기업특수적 인적자본과 매칭 품질, 그리고 기업 내 임금제도에 의해 시장 임금과 큰 괴리를 보일 수 있으며 연령 수준이 높을 경우 상대적으로 새로운 환경에 대한 적응력이 떨어지므로 고연령 장기근속자의 경우 임금보험제도에 대한 요구는 최소한 임금 압축 현상이 적은 미국과 같은 곳에서는 진지하게 논의될 필요가 있다.

임금보험제도를 찬성하는 이들은 다음과 같이 주장한다(Cahuc, 2018).

첫째, 임금보험제도로 인해 고용과 소득이 증가된다. 임금보험제도가 없었다면 의중 임금보다 낮아서 거절했을 일자리 제안을 수락할 가능성이 높아진다. 노동 공급을 증가시켜 고용이 증가할 것이고 실직이 유지될 때 소득이 0인 것과 비교할 때 소득 증가가 확인될 것이다.

둘째, 임금보험제도는 일자리 재배치에 따른 개인적 비용을 줄여줌으로써 효율적인 일자리 재배치에 따른 사회적 잉여를 증가시킨다. 장기근속자에 대한 고용 조정은 강한 저항을 불러오는데 이는 해고된 장기근속자가 새롭게 구할 일자리의 임금 수준을 저하시키기 때문이다. 임금보험제도는 재취업 일자리의 임금에 보조금을 지급해 실직 전 임금과의 격차를 줄여줌으로써 저항을 줄이고 재취업을 강화한다.

셋째, 임금보험제도를 적절히 설계할 경우 실직 기간을 줄일 수 있다. 임금보험제도의 설계에서 일정한 기간 내에 재취업하지 않으면 임금보험에 따른 보험급여를 받을 수 없도록 할 경우 장기간 실직 상태를 유지할 유인을 줄여 줄 것이다.

임금보험제도에 대한 반대 주장은 다음과 같다.

첫째, 임금보험으로 인해 저생산성·저임금 일자리에 고착되거나 실직으로 귀결될 위험이 높다. 장기근속 해고자가 저임금 일자리를 받아들이면 저생산성의 보조받는 일자리에 갇혀버릴 수 있다. 이 때문에 저임금 일자리에 대한 보조금은 한시적이어야 한다. 그런데 만약 저임금 보조금이 한시적이고 인센티브가 지급되는 동안에만 작동한다면 보조금이 끊어지면 실업으로 돌아갈 수 있다.

둘째, 임금보험제도는 수혜자의 경력 전망에 오히려 부정적 영향을 미칠 수 있다. 상대적인 고임금에 안주해 취업 중에 인적자본을 쌓는 것을 게을리하게 만들 수 있고 나아가 좋은 일자리를 찾는 노력도 줄이게 할 수 있다.

임금보험제도에 대한 반대론의 핵심적 논지는 임금보험제도가 추가적인 생산성 증가의 기회를 동반하지 않는다면 단순한 소득보장의 기제에 불과할 수 있다는 것이다. 임금보험제도가 제대로 작동하려면 해당 일자리에서의 경력이 디딤돌이 되어야 한다. 임금보험제도가 효율성 효과를 갖기 위해서는 장기근속한 해고자가 초기에 낮은 임금 또는 높은 숙련 투자 비용을 받아들이더라도 장기적으로 임금이 높아질 수 있고 경력 기간을 늘려나갈 수 있을 것이라는 기대가 충족되어야 한다. 그것은 다음의 두 가지 경로를 통해 가능하다.

첫째, 임금보험제도는 숙련 축적을 필요로 하지 않는 단순직 일자리가 아닌 숙련 투자를 요구하는 숙련 일자리에 도전할 수 있도록 한다. 단순직 일자리는 근속 기간이나 경력 기간이 늘어나도 생산성과 임금의 변화가 없는 일자리인데 비해 숙련 일자리는 숙련 투자를 요구하고 숙련을 쌓는 데 성공하면 생산성이 높아질 수 있는 일자리이다. 숙련 투자 비용을 숙련 일자리에 도전하는 이들이 부담하고 숙련 투자가 성공할 확률이 1보다 작은 값을 가져서 위험한 투자일 경우 위험기피자인 구직자는 단순 일자리를 더 선호할 수 있다. 만약 임금보험제도를 통해서 임금 감소의 일부를 보전받게 되면 숙련일자리를 더 선호할 수 있다.

둘째, 구직자의 능력과 매칭 품질에 대한 불확실성이 존재해 기업이 능력이 부족한 이들의 선별을 위해 채용 초기에는 낮은 임금을 부과하고, 능력과 매칭 품질이 드러나면 임금을 높이는 이연임금제도를 제시해 구직자를 낮은 비용으로 선별한다. 생산성이 낮은 이들은 외부 임금 기회를 활용하지만 생산성이 높은 이들은 이연임금 기업을 선택한다. 임금보험제도에 의한 초기 임금 보조금이 존재하면 그 전에 이연임금 기업을 선택하지 못했던 생산성 범위의 구직자들이 이연임금 기업을 지망할 수 있게 된다.

2) 임금보험제도에 대한 선행연구와 관련 경험

(1) 선행 연구

임금보험제도에 대한 제안은 1980년대 중반 미국의 브루킹스연구소를 중심으로 이루어졌다. 당시 연구소에서 임금보험제도를 제안한 목적은 빈곤을 줄이고 저임금 근로자를 표적으로 하는 것이었다. 하지만 이후 임금보험제도는 무역에 의해 해고된 이들에 대한 정책으로 전환되었다(Wandner, 2018).[2)]

로런스(Lawrence et al., 1984)는 고용조정에 대한 미시적 대응책의 일환으로

2) 이하의 논의는 Wandner(2018)를 주로 참조했다.

임금보험제도를 제안하였으며 시간당 임금에 대한 보상을 제안했다. 로런스에 의해서 비로소 무역으로 인한 고용조정에 대한 대응책으로 제안되었다. 버틀리스(Burtless et al., 1998)는 기존 무역조정 정책이 현금 제공 방식으로 재취업을 둔화시키고 훈련 제공은 효과가 없으며 임금 감소에 대해 보상하지 않는 점을 비판하고 임금보험제도를 제안했다. 해고 이후 2년 이내에 받을 수 있도록 하되 재취업을 늦추면 금액도 줄어드는 방식을 제안했다. 클레처(Kletzer et al., 2001)는 무역을 포함한 모든 고용조정에 대해 제공하는 방안을 제시했고 보상률을 연령과 근속 기간에 따라 달리 설계하는 방안도 제시했다.

브레이너드(Brainard et al., 2006), 로젠과 클레처(Rosen and Kletzer, 2006), 클링(Kling, 2006) 등의 연구와 함께 라롱드(LaLonde, 2007)는 3년 이상의 장기근속자 대상으로 4년 동안 지급하는 방안을 제시했고 재원 조달 방안도 함께 제안했다. 재원 조달 방안으로 한 달에 2~3달러의 추가 보험료를 내고 5% 이상의 임금감소에 대해서만 지원하도록 하며, 비용 효과적이지 않은 훈련 프로그램을 삭감하고 실업급여 수령 대기기간을 2주 늘리는 방식으로 소요 재원을 마련할 것을 제시했다. 버틀리스(Burtless, 2007)는 해고된 후 18 또는 24개월 내에 끝나도록 설계해 빠른 일자리 재취업에 기여하도록 설계할 것을 제안했고 전일제 일자리에 취업한 이들에게만 주든지 파트타임의 경우 지급액을 감액하고 고연령자와 장기근속자에 대해서는 임금 대체율을 높이는 방안을 제시했다.

(2) 관련 경험

현실에서 임금보험제도와 유사한 제도를 운영한 경험은 미국에서 실시한 ATAA(Alternative Trade Adjustment Assistance)이다. 무역조정지원(Trade Adjustment Assistance, TAA)의 일부로서 훈련이 고령 근로자에게 효과가 없다는 점을 반영해, 2002년부터 임금보험제도와 유사하게 현금급여가 무역 때문에 해고된 근로자들 중에서 50세 이상자에게 제공되었다. 이 급여는 5만 달러 이하의 일자리에 전일제로 재취업하는 경우 주어지며 재취업 일자리는 실직 후 6개월 이내에 일자리를 얻은 경우에 한정된다. 2년 동안 연간 1만 달러 상한으로 지원되었고 하락 임금의 50%를 지원했다(Cahuc 2018). ATTA에 의한 실험에 대해서는 성과평가가 이루어지지 않았다.

캐나다의 임금보조프로젝트 실험(Earnings Supplement Project experiment, ESP)은 1995~1996년에 임금보험제도와 유사한 제도를 실직자 대상으로 실험한 것이다. 비자발적으로 실직한 이들을 대상으로 26주 내에 취업한 사람에게 임금보조를 최대 2년 동안 지급했으며 임금 감소분의 75%에 해당하는 금액을 보조했다.

실험 결과 실업급여액 지출을 줄이지는 못하고 전일제 일자리는 더 많이 선택했으며, 연간 소득은 오히려 감소한다는 결과를 얻었다(Bloom et al., 1999). 이에 대해 브루킹스 연구자들은 실업급여액 지출을 줄이는 것이 목표가 아니며 실업급여액 지출을 줄이려고 하는 목적이라면 26주 내가 아니라 12주 이내에 취업할 것을 요구했어야 한다고 비판했다. 또한 임금 감소분의 75%는 너무 높은 대체율로, 지나치게 낮은 저임금 일자리를 수락하게 만드는 효과가 있었을 것으로 추론되었다(Wandner, 2018).

3) 한국 임금보험제도의 필요성과 설계 방안

(1) 필요성

한국의 노동시장은 미국과 유럽에 비해 임금보험제도 도입의 필요성이 높다. 한국에는 유럽처럼 산업 내 임금 압축 현상이 존재하지도 않고 산업 내

숙련 표준이 잘 형성되어 있지 않아 산업 내 동일 기업으로 임금 하락 없이 옮기는 것은 어렵다. 미국의 경우 직무급 임금제도가 발달해 있어 직무에 따른 시장임금 표준이 어느 정도 형성되어 있지만 한국 기업은 직무보다는 사람에 기반한 인적 자원 관리 구조와 호봉급 임금 체계를 갖추고 있어서 직장 이동에 따른 임금 변동의 불확실성이 크고 임금이 하락할 가능성이 크다.

인구 구조 측면에서 급속한 고령화와 함께 중고령자의 인적 자원 활용의 문제가 크게 부각되고 있다. 출산율이 오랫동안 낮은 수준을 유지함에 따라 새로 청년 노동력으로 유입되는 인구가 줄어들고 있으며 국민연금제도의 성숙에 따라 65세를 전후해 노동시장으로부터 퇴장하는 인구는 늘어날 것으로 예상된다. 이에 따라 인구부양비가 가파르게 증가해 부양 인구가 감당할 부담이 증가할 것이다.

50세 이상 중고령자의 노동시장 참여는 양적으로 낮지 않은 수준이지만 질적 수준이 낮은 것이 문제이다. 생애 주된 일자리에서 퇴직하는 평균 연령은 50세 전후로서 65세 연금 수급 연령까지 15년이나 남은 상태에서 자신의 생산성을 가장 잘 발휘한 일자리에서 퇴직하게 된다. 생애 주된 일자리로부터의 퇴직 후 재취업 일자리의 임금은 하락하는 경향이 있고 이는 생애 주된 일자리에서의 경력과 숙련을 충분히 활용하지 못하기 때문이다.

앞 절에서 살펴본 것처럼 50세 시점에서 가지고 있던 일자리에서 실직한 경우 임금 수준이 높을수록, 그리고 장기근속자일수록 재취업의 확률은 낮고 임금 하락 정도는 심각하다. 중고령자의 노동시장 참여는 활발하지만 실직 전 높은 임금과 경력을 갖춘 이들의 이후 노동시장 참여는 상대적으로 떨어지고 재취업 시 임금 하락이 매우 크다는 점에서, 이들의 재취업 일자리의 질을 제고하고 숙련 축적을 강화하는 제도가 필요하며 앞서 설명한 바와 같이 임금보험제도는 효과적인 대안이 될 수 있다.

(2) 설계 방안

임금보험제도의 대상자는 일정 연령 이상의 장기근속자 중 비자발적 실직자이면서 임금이 일정 수준 이상 하락하고 실직 전 임금이 일정 수준 이하인 자에 한정한다. 구체적인 대상자 결정을 위해서 다음의 기준을 설정해야 한다.

대상자를 결정함에 있어서 첫 번째 기준은 연령 기준이다. 생애 주된 일자리의 평균 퇴직 연령이 50세라는 점에서 50세가 기준선이 되는 것이 적절하다.

두 번째 정해야 할 것은 장기근속자를 정의할 근속 연수 기준이다. 미국에서 논의된 바와 같이 최소한 3년 이상으로 정의할 필요가 있다. 근속 연수를 길게 잡을수록 임금 하락 정도가 심하고 보험 적용의 필요성이 크지만 보험 적용 대상자 수가 적어져서 근로자들이 보호받는 실익을 느끼기 어려운 문제점이 있다.

세 번째는 실직 전 임금 수준인데 고임금근로자는 금융자산과 실물자산 축적을 통해서 소득 하락에 대처할 수 있다는 점에서 보호의 필요성이 낮기 때문에 배제하는 것이 가능하다. 미국에서는 연간 임금 5만 달러를 기준으로 하고 있는데 5만 달러는 미국 임금근로자 평균 임금을 상회하는 금액으로서 임금보험제도가 실업보험제도와 마찬가지로 빈곤 정책이 아니라는 것을 보여준다. 사실 연금보험제도에서 적용되는 임금 수준이 상당 수준이어야만 효과가 있다. 저임금 근로자는 재취업 시 더 임금이 낮아지기도 힘들며 임금이 하락했을 경우 다시 임금이 올라갈 가능성도 낮다. 평균 임금 수준 근로자는 일반적 숙련 수준이 상당한 정도여서 새로운 일자리에 적응하게 되면 임금이 올라갈 가능성이 있다. 한국 임금근로자의 평균 임금은 297만 원이므로 연소득 4000만 원 정도의 수준을 기준으로 하는 것이 적절하다.

네 번째는 임금 하락액의 기준이다. 1000원이 하락해도 지급해야 한다면 임금 하락이 거의 없는데도 지급한다는 점에서 보호의 대상이 과다하다는 한계가 있고 또한 보호의 편익에 비해 행정비용이 과다해서 지원하는 것이 오히려 사회적 잉여를 줄일 수 있다. 이에 임금 하락 폭은 실직 전 임금의 10% 이상일 경우로 정하고자 한다.

대상자 기준 다음으로 임금보험급여를 받을 수 있는 재취업 일자리의 요건을 정해야 한다. 임금보험급여는 실업보험제도의 일환이라는 점에서 자영업으로 재취업하는 경우에 대해서는 지급하지 않는 것을 원칙으로 한다. 또한 전일제 일자리에 한정해 지급함을 원칙으로 한다.

또한 임금보험급여가 얼마의 기간 동안 어느 정도 수준으로 지급해야 할지 정할 필요가 있다. 미국에서 제안된 임금보험급여 기준은 임금 하락분의 50%를 2년간 지급하되 연간 최대 1만 달러를 넘지 않도록 하는 것이다. 이에 추가해 임금 하락액이 직전 임금의 5% 이상일 경우에 한정해 지급하도록 하는 것이 필요하다. 임금 하락액의 정의는 실직 전 임금에서 재취업 일자리의 임금을 제한 것인데 이때 각각의 임금액에서 초과근로를 통한 임금액을 포함하지 않는 것을 원칙으로 한다.

실직 전 임금 상한액을 4000만 원으로 하고 임금 하락액의 50%를 2년간 지급하되 연간 최대 지급액이 800만 원을 넘지 않게 설계하는 방안을 검토해 볼 수 있다. 2020년 최저임금 기준으로 2154만 원이 주 40시간 전일제 일자리의 최저 연봉이므로 만약 재취업 일자리가 2154만 원일 경우 임금 손실의 50%는 922만 원으로 800만 원이 넘으므로 800만 원만 지급받을 것이다.

임금 하락액의 50% 기준은 임금이 많이 하락할수록 더 많은 보조를 받을 수 있다는 점에서 공정성 측면에서 저임금 근로자에 대해 보조금이 많다는 장점이 있다. 하지만 이러한 속성으로 인해 경력 일자리로 발전할 가능성이 낮은 저임금 일자리에 취업할 유인을 강화할 위험이 있다. 이러한 유인을 약화시키기 위해서는 지급액 설계를 약간 변형하는 것이 필요하다. 연간 최대 지급액을 정액이 아닌 [실직 전 연봉—최저임금 연봉]의 일정 비율로 변경하는 것이 그것이다. 예를 들어 그 비율을 40%로 한정하고 임금 하락분의 60%를 보조금으로 지급할 경우 평균적으로 50%의 지급을 보장하면서도 저임금의 일자리를 선택할 편향을 다소 완화할 수 있다.

4. 결론

이 장에서는 중고령자 인력 활용의 질적 수준을 제고하는 것이 초고령화 사회를 대비해야 하는 한국의 상황에서 매우 중요하다는 점을 보여주고자 했다. 50대로 진입한 후 최초로 실직을 경험하는 이들은 실직 전 임금 수준이 높을수록, 근속 기간이 길수록 비자발적으로 실직할 가능성이 높다. 재취업률 측면에서 평가해 보면 실직 전 일자리의 임금 수준이 100~200만 원일 때 가장 높고 그 이상으로 증가하면 재취업률은 빠르게 하락한다. 또한 근속 기간이 길수록 재취업률은 대체로 하락하는 추세를 보인다. 실직 후 재취업한 경우 임금이 실직 전 임금과 비교해 보면 실직 전 임금 수준이 높을수록 하락률이 커지고, 특히 비자발적 실직의 경우 300만 원 이상 구간에서 36%의 임금 하락이 관찰된다. 자발적 실직일 경우에는 실직 전 근속 기간이 어떠하건 임금은 상승하는 데 비해 비자발적 실직의 경우 근속 기간이 15년 이상일 경우 10% 임금 하락으로 이어진다. 이러한 결과는 회귀분석을 통해 여러 변수를 통제했을 때도 대체로 확인된다.

50대 진입 후 비자발적으로 실직해 재취업할 경우 실직 전 임금 수준이 높고 근속 기간이 길수록 임금 하락이 매우 크다는 점에서 임금 감소 충격을 완화하고, 나아가 재취업 확률을 높여 좀 더 생산성이 높은 일자리로 재취업할 수 있도록 임금보험제도를 도입할 것을 이 장에서는 제안했다. 그리고 임금보험제도의 세부적인 설계 방안을 제시했다. 하지만 이 장에서는 구체적인 파라미터(parameter)의 근거에 대해 상세히 검토하지 않았으며 어느 정도의 재정이 소요될지에 대해서도 검토하지 않았다. 또한 실업보험제도와 임금보험제도의 연계 방식에 대해서도 충분히 검토하지 않았다. 이러한 점은 향후 연구과제로 남겨두고자 한다.

마지막으로 중고령자 고용 정책은 크게 생애 주된 일자리에서 더 오래 일하게 하는 정책과 생애 주된 일자리에서 퇴직하고 제2의 커리어를 발전시키는 정책으로 나눌 수 있는데 이 장은 후자에 초점을 맞춘 것이지만 전자의 중요성이 낮다고 판단하기 때문에 후자에 집중한 것은 아니라는 점을 강조하고 싶다. 생애 주된 일자리에서 더 오래 일하게 하는 정책을 위해서는 기업 내 중고령인력의 효율적 활용을 위한 직무 설계와 승진 구조를 정비할 필요가 있다. 또한 생산성과 지나치게 괴리되지 않도록 임금 체계의 연공성을 완화할 필요가 있으며 기업의 임금 구조를 개선하는 노력을 정책적으로 지원할 필요가 있다. 나아가 중고령인력의 임금 조정이 필요한 상황에서는 개인적인 소득 감소 충격을 완화하기 위한 점진적 퇴직제도의 도입도 검토할 필요가 있다.

참고문헌

남재량. 2019.「고령시대의 고용문제와 새로운 고용시스템」. ≪월간 노동리뷰≫, 10월 호.

방하남 외. 2010.「생애 주된 일자리에서의 퇴직과 재취업의 동학: 구조와 결정요인」(2010 경제학 공동학술대회 자료집).

신동균. 2009.「중고령 남성 근로자들의 점진적 은퇴행위에 대한 연구」. ≪노동정책연구≫, 9(2).

통계청. 2020.「2018년 임금근로일자리 소득(보수) 결과」.

현우영. 2016.「가교 일자리가 삶의 만족도에 미치는 영향」. 서울대학교 대학원 석사학위논문.

Almeida, Vanda. "The Case for Wage Insurance." http:// www. bsi- economics.org/765-wage_insurance_us_va., last modified "Apr"(검색일: 2020.12.10).

Bloom, Howard. et al. 1999. "Testing a Reemployment Incentive for Displaced Workers: The Earnings Supplement Project." (Draft Report), Toronto: Social Research and Demonstration Corporation.

Brainard, Lael., Litan Robert E. and Warren Nicolas. 2006. "A Fairer Deal for America's Workers in an Era of Offshoring." In Brookings Trade Forum 2005: Offshoring White-Collar Work, Susan B. Collins and Lael Brainard(eds.). Washington, DC: Brookings Institution Press.

Burtless, Gary., Lawrence Robert Z. and Litan Robert E. 1998. *Globaphobia: Confronting Fears about Open Trade*. Washington, DC: Brookings Institution.

Cahuc, Pierre. 2018. *Wage Insurance, Part-Time Unemployment Insurance and Short-Time Work in the XXI Century*. IZA DP no. 12045.

Kletzer, Lori G. and Litan Robert. 2001. "A Prescription to Relieve Worker Anxiety." Policy Brief No. 73. Washington, DC: Brookings Institution.

LaLonde, Robert John. 2007. *The Case for Wage Insurance*. Council on Foreign Relations.

Lawrence et al. 1984. "Adjusting to Economic Change." In Economic Choices 1984, Alice M. Rivlin, ed. Washington, DC: Brookings Institution.

Lawrence, Robert Z. and Litan. Robert E. 1986. *Saving Free Trade: A Pragmatic Approach*. Washington, DC: Brookings Institution.

Rosen, Howard F. and Kletzer Lori G. 2006. "Reforming Unemployment Insurance for the Twenty-First Century Workforce." Hamilton Project Discussion Paper No.2006-06. Washington, DC: Brookings Institution.

Wandner, Stephen A. 2016. Wage Insurance as a Policy Option in the United States.

제2부 새로운 발전 방향의 모색

제4장

불평등과 경제발전

이강국 | 리쓰메이칸대학교 경제학부 교수

1. 서론

최근 경제학에서 불평등과 소득분배 문제는 중요한 연구 주제가 되고 있다. 주류경제학은 오랫동안 분배 문제에 관해 큰 관심을 기울이지 않았다. 그러나 1980년대 이후 여러 국가들에서 소득불평등이 심화되어 우려가 커졌고, 특히 2008년 글로벌 금융위기 이후 불평등에 대한 대중적인 비판이 높아지면서 불평등에 관한 경제학 연구들이 급속하게 발전되고 있다. 예를 들어 앤서니 앳킨슨(Anthony Atkinson)과 토마 피케티(Thomas Piketty)는 불평등이 심화된 원인에 관해 논의하고 불평등 개선을 위한 정책적 대응을 촉구한다(Atkinson, 2015; Piketty, 2014). 또한 방대한 미시자료를 사용해 기회의 불평등 문제를 조명하는 실증연구들이 발전되고 있으며(Chetty et al., 2014b) 세계화, 선진국의 불평등, 포퓰리즘 같은 정치적 변화 사이의 관계를 분석하는 연구도 활발하다(Autor et al., 2016a, 2016b). 한편 새로이 발전되고 있는 거시경제학은 이질적 경제주체를 가정하는 거시경제모형을 통해 불평등 문제를 다루고 있어서 주목할 만하다

(Moll, 2017).

경제발전론에서도 불평등은 중요한 위치를 차지한다. 먼저 발전(development)을 단순히 1인당 소득 증가를 의미하는 성장(growth)의 개념을 넘어 넓은 의미에서 삶의 개선으로 생각한다면, 불평등 개선 자체가 발전에서 큰 의미를 지닐 것이다. 또한 불평등은 경제성장과 빈곤에 밀접한 관련이 있기 때문에 경제발전론에서 중요한 연구 주제라 할 수 있다. 개도국의 빈곤 해결을 위해서는 경제성장이 핵심적인데 불평등은 경제성장에 영향을 미칠 뿐 아니라, 경제성장이 빈곤을 개선하는 효과에도 영향을 미치기 때문이다. 사이먼 쿠즈네츠(Simon Kuznets)의 연구는 경제성장이 소득분배에 미치는 영향에 관해 보고했지만, 최근에는 소득분배가 경제성장에 미치는 악영향에 관한 이론적·실증적 연구가 급속히 발전되고 있다. 그러나 현실에서 불평등과 성장 사이의 관계는 매우 복잡하며, 불평등이 성장에 영향을 미치는 경로와 조건 등에 관한 분석이 요구되고 있다.

이 장에서는 이러한 관점에서 불평등과 경제발전에 관한 여러 경제학 연구들을 소개·평가하고 앞으로의 연구 방향을 제시하고자 한다. 제2절에서는 소득불평등을 포함해 불평등의 다양한 차원에 관해 살펴보고, 불평등이 진정한 의미의 발전과 빈곤에 어떤 함의를 지니고 있는지 논의한다. 제3절에서는 경제성장이 소득분배에 미치는 영향과 개도국의 맥락에서 세계화와 같은 요인들이 불평등과 빈곤에 어떤 의미를 지니는지 살펴본다. 또한 불평등이 경제성장에 미치는 악영향에 관한 이론적·실증적 연구들을 상세하게 소개한다. 제4절에서는 경제성장의 근본 요인이라고 지적되는 제도와 혁신에 관련한 불평등의 효과를 살펴본다. 여기서는 불평등이 제도의 발전에 미치는 악영향을 검토하고, 특히 혁신에 미치는 악영향에 관한 실증분석 결과를 보고할 것이다. 결론에서는 불평등과 경제발전에 관한 논의가 한국에 주는 시사점을 간략히 제시한다.

2. 불평등과 경제발전

1) 소득불평등과 불평등의 여러 차원

많은 경제학 연구들이 흔히 분석하는 불평등의 지표는 역시 소득불평등이다. 소득은 생활수준을 보여주는 적절한 지표이며 부의 불평등이나 기회의 불평등과 같은 다른 불평등과도 관련이 크기 때문이다. 또한 각국 정부는 가계 조사에 기초한 소득·지출의 서베이 결과를 보고하기 때문에 가구소득 분배의 시간적 변화를 분석할 수 있고, 관련 내용의 국제적 비교도 가능하다. 이러한 자료에 기초해 지니계수, 소득 5분위 배율, 팔마비율 등을 계산할 수 있다. 조사의 포괄 범위와 지표 차이 등으로 국제 비교가 쉽지 않다는 난점이 존재하지만, 각국의 서베이 자료를 취합한 WIDER의 WIID(World Income Inequality Database), LIS(Luxemburg Income Study) 기준으로 자료를 표준화하고 통합한 SWIID(Stnadardized World Income Inequality Database), 세계은행의 PovCalnet 데이터 등 각국 지니계수를 비교하는 국제적 자료들이 발전되어 왔다(Deininger and Squire, 1996; Solt, 2016). 또한 텍사스대학교의 연구자들은 국제적인 임금 불평등 자료에 기초해 추정한 가구소득 불평등 자료를 제시한다(Galbraith and Kum, 2005).

그러나 WIID와 같은 2차적 자료들은 서로 다른 기준 등으로 인해 국제 비교와 국가 간 실증분석에 적절하지 않다는 비판도 제기되었다(Atkinson and Brandolini, 2001).[1] 특히 고소득층이 소득을 과소하게 응답하는 등 서베이 자

1) 앳킨슨·브란돌리니(Atkinson and Brandolini, 2001)는 "데이닝거·스콰이어(Deininger and Squire, 1998) 등의 연구들이 WIID 자료에서 지출 지니계수에 특정 수치를 더해 총소득 지니계수와 함께 분석에 사용하지만 이러한 전환은 한계가 많다"라고 지적한다. 또한 그들은

〈그림 4-1〉 각국의 지니계수의 변화

(1) 선진국

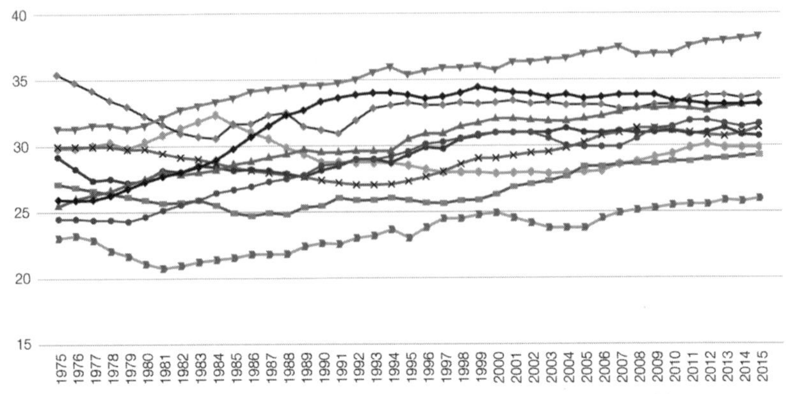

(2) 신흥개도국

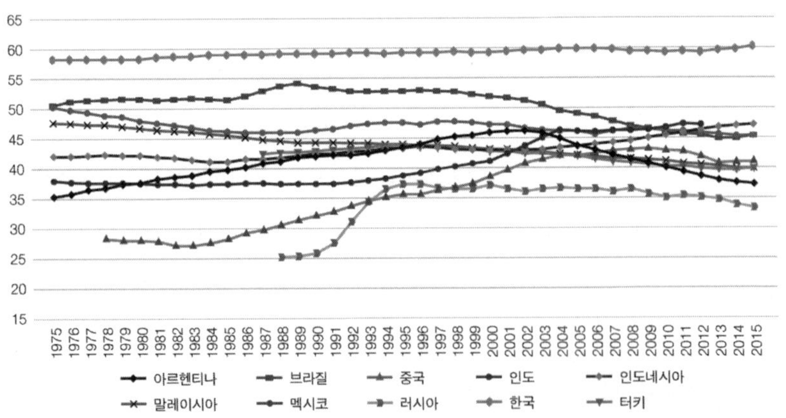

자료: SWIID(Standardized World Income Inequality Database) ver 8.1.

"네덜란드와 같은 OECD 국가의 공식통계와 2차적 자료가 일관되지 않다"라고 보고한다. SWIID를 포함한 국제적 자료에 대한 비판은 *Journal of Income Inequality*, 13(4) 특집호에 수록된 논문들을 참조.

료의 한계가 존재하기 때문에 최근에는 소득세 자료에 기초해 불평등을 측정하는 노력이 발전되고 있다. WID(World Inequality Database) 프로젝트는 선진국과 일부 개도국의 소득세 자료를 사용해 상위 1%, 상위 10%, 하위 50%의 소득집중도를 계산해 발표한다(Alvaredo et al., 2017). 하지만 많은 국가와 시기를 포괄한다는 점에서 소득불평등의 지표로 지니계수가 일반적으로 사용된다. 〈그림 4-1〉은 SWIID 자료에 기초해 선진 각국과 주요 신흥개도국의 가처분소득 기준 지니계수의 변화를 보여준다.

부는 소득이 축적된 자산으로서 부의 불평등도 중요한 의미가 있다. 부의 불평등은 특히 노동시장 밖에 있는 이들에게 더욱 중요하며 자산의 상속을 통해 불평등이 세대를 넘어 이전된다는 점에서 사회이동성과 밀접한 관련이 있을 것이다.

그러나 자산의 보유는 측정이 쉽지 않으며 서베이 자료가 사용 가능한 국가들도 많지 않다. 과거의 연구들은 특히 개도국의 경우, 토지가 가장 중요한 자산이라는 현실을 배경으로 FAO(Food and Agriculture Organization of the United Nations)의 자료를 사용해 토지 소유의 지니계수를 사용하기도 했다(Deininger and Squire, 1998; Frankema, 2009). 최근에는 상속세 자료를 사용해 부의 집중도를 측정해 가계 조사 자료와 비교하는 등의 노력이 활발하다. 또한 소득세 자료에서 얻은 자산소득에 자산수익률을 계산하여 각 가구의 자산보유액을 추정하는 방법도 제시되고 있다(Saez and Zucman, 2016). 국제적으로 WID는 각국의 상위 1% 혹은 상위 0.1% 등 부의 집중도를 보고하고, OECD도 회원국의 부의 불평등 실태를 보고하는 OECD WDD(Wealth Distribution Database)를 발표한다. 한편 크레디트스위스 은행은 각국 서베이 자료를 수집해 상위계층 부의 집중도를 비교하는 보고서를 발간하며(Credit Suisse Research Institute, 2018) ≪포브스(Forbes)≫지는 전 세계 최상위 부자들의 자산 순위를 보고하고 있다.

최근에는 부기 대물림되는 세습자본주의가 고착화되고 있다는 우려를 배경으로 기회의 불평등에 관해 관심이 높아지고 있다. 기회의 불평등은 자신의 노력이 아니라 부모 등 환경적 요인으로 인한 출발선이 달라서 발생하는 불평등을 의미하는데, 보통 세대 간 소득 혹은 교육의 탄력성으로 측정된다(World Bank, 2018). 이 지표가 높을수록 자녀가 나중에 커서 부모의 지위와 다른 상대적 지위로 이동할 수 있는 사회적 이동성이 낮음을 의미한다. 이와 달리 소득 불평등을 환경에 의한 불평등과 노력에 의한 불평등으로 구분해 환경에 의한 부분을 기회의 불평등으로 측정하는 방법도 있다(Ferreria and Gignoux, 2011).[2) 미국의 경우 라즈 체티(Raj Chetty) 등은 방대한 미시자료를 사용해 기회의 불평등에 관한 분석을 발전시켰는데, 지난 몇십 년 동안 세대 간 이동성으로 측정되는 기회의 불평등이 심화되지는 않았지만 지역별로 차이가 크다는 결론을 보고했다(Chetty et al., 2014a; 2014b). 각국의 세대 간 소득탄력성을 비교한 여러 연구들은 국제적으로 소득불평등이 낮은 국가가 세대 간 소득탄력성도 낮다고 보고하는데, 이 관계는 '위대한 개츠비 곡선(Great Gatsby curve)'으로 불린다(Corak, 2013).[3) 가장 많은 국가들의 기회 불평등과 소득불평등 지표를 보여주는 세계은행의 최근 연구도 위대한 개츠비 곡선의 결론을 지지한다(World Bank, 2018, 〈그림 4-2〉).

한편 세계은행(World Bank, 2005)은 기회의 불평등과 과정의 공정함을 포괄

---

2) 페레이라·징우(Ferreira and Gingoux, 2011)는 라틴아메리카 국가들의 서베이 자료에서 부모의 소득, 직업, 출생 지역 등으로 집단을 설정하고 집단 간의 불평등, 즉 환경 요인들로 설명되지 못하는 소득 부분을 노력의 불평등으로 측정했다.

3) 미국을 대상으로 하는 소득불평등과 기회의 불평등 관계에 대한 상세한 논의는 더로프 등(Durlauf et al., 2018)을 참조.

〈그림 4-2〉 위대한 개츠비 곡선

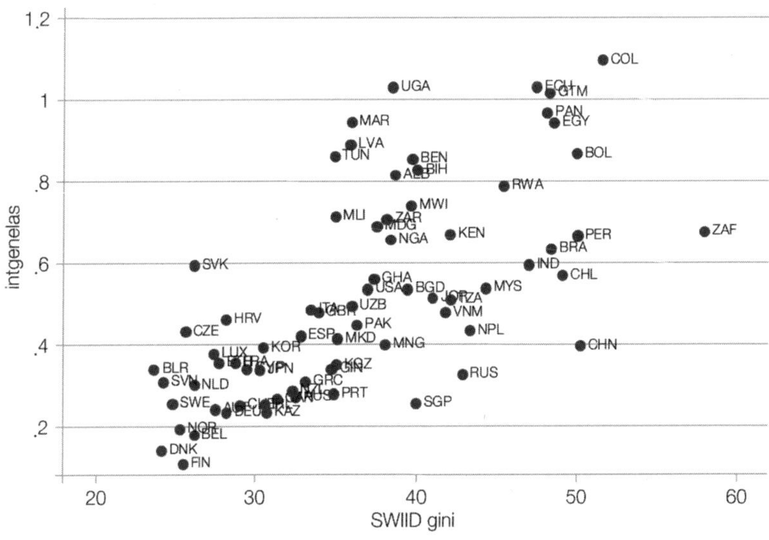

주: intgenelas - 1960년 혹은 1970년 출생 코호트의 세대 간 소득탄력성으로 측정된 세대 간 이동성, GDIM (Global Database on Intergenrational Mobility).
SWIID gini - SWIID 지니계수(2000~2013년 평균치).
자료: SWIID, GDIM.

하는 공평함(equity)이라는 개념을 제시하는데, 이는 소득과 같은 결과의 불평등과는 다른 개념으로서 기회가 불평등하지 않고 건강, 교육 등의 극심한 결핍으로부터 자유로운 상태를 의미한다. 이 연구는 개도국의 관점에서 볼 때 기회의 불평등과 관련이 높은 공평함이 경제발전과 장기적 번영에 핵심적이라고 결론짓는다. 그러나 현실에서 소득의 불평등이 기회의 불평등과 밀접하게 연관되어 있으며, 따라서 소득분배에 대한 분석이 중요하다는 점을 잊지 말아야 할 것이다. 이 보고서를 지휘했던 부르귀뇽(Bourguinon, 2015)도 기회의 불평등을 개선하기 위해서는 역시 소득의 평등이 중요하며 따라서 소득재분배가 핵심적이라고 지적한다.

가구나 개인들 사이의 소득이나 부의 분배가 아니라 자본과 노동 사이의 기능적 소득분배, 즉 계급 사이의 불평등도 활발한 연구의 대상이다. 국민소득은 크게 이윤과 지대 그리고 임금으로 분배되는데, 이 둘 간의 분배는 자본과 노동 사이의 불평등을 보여주며 이는 임금소득이 전체 국민소득에서 차지하는 비중인 노동소득분배율로 측정된다. 여러 연구들은 일반적으로 감가상각을 포함하지 않은 요소비용국민소득을 분모로 사용하고, 자영업 소득을 다른 부문의 자본·노동 소득과 같은 비율로 분할한 보정노동소득분배율을 사용하는데 정확한 측정방법을 둘러싸고 논란도 존재한다. 또한 최근 여러 선진국에서 노동소득분배율이 뚜렷이 하락해 그 원인을 분석하는 실증연구들이 발전되고 있다. 기술 변화와 자본재의 상대적 가격 하락, 국제무역 등 세계화, 경제성장률보다 높은 자본수익률, 부동산 가격 상승, 독점의 강화, 노동자의 협상력 약화 등 다양한 요인들을 둘러싸고 논쟁이 발전되고 있어서 주목할 만하다(이강국, 2019).[4]

앞에서 살펴본 불평등 개념은 모두 일국 내의 분배 문제지만 전 세계 시민들 사이의 불평등 문제도 생각해 볼 수 있다. 세계 시민들 사이의 글로벌 불평등(global inequality)은 국가 간 불평등과 일국 내의 불평등에 의해 결정된다. 밀라노비치(Milanovic, 2016; 2019)는 1990년대 전 세계 시민들의 소득불평등이 1800년대 이후 계속 높아져 지니계수가 0.7에 이를 정도로 높지만, 2000년대 이후 낮아지고 있다고 보고한다. 최근 여러 국가에서 일국 내의 불평등은 심화되었지만 1990년대 이후 세계화와 함께 중국과 인도 등 인구가 많은 개도국이 급속하게 성장해 글로벌 불평등이 감소했음을 알 수 있다.[5]

---

4) 노동소득분배율의 하락은 기본적으로 실질임금의 상승이 노동생산성 상승보다 낮기 때문에 나타난다. 한국을 중심으로 임금과 노동생산성 간의 괴리와 노동소득분배율 하락을 둘러싼 최근의 논란에 관해서는 이강국(2019)을 참조.

5) 특히 밀라노비치(Milanovic, 2016)는 1988년에서 2008년까지 전 세계 시민의 계층별로 소

2) 불평등과 발전 그리고 빈곤

소득분배 혹은 소득불평등은 여러 측면에서 경제발전에서 중요한 의미를 가진다. 경제발전은 1인당 소득의 증가로 표현되는 경제성장만이 아니라 광범한 의미에서 생활의 개선을 가져다주는 경제와 사회의 질적 변화라 할 수 있다. 즉 발전은 불평등 개선, 빈곤 감축 그리고 사회구성원의 태도, 국가 제도 등의 변화를 모두 포괄하는 다차원적인 과정이다(Todaro and Smith, 2018: 18). 따라서 분배에 대한 고려 없이 국민들의 평균 소득으로만 측정되는 경제성장은 국민 개개인의 소득 변화뿐 아니라 전반적인 삶의 변화를 보여주는 데 한계가 있을 것이다. 나아가 경제발전의 궁극적 목표는 행복 혹은 삶의 만족도 증가이며 이제 경제학에서도 행복에 관한 연구들이 발전되고 있다. 논쟁이 존재하지만, '이스털린 역설(Easterlin's paradox)'이 보여주듯이 단순히 1인당 소득의 증가가 행복도의 상승으로 이어지지는 않기 때문에 발전의 개념은 소득분배를 포함한 여러 요인들을 포괄해야 한다(Wolfers and Robertson, 2008; Easterlin, 2017). 행복은 건강, 일자리, 사회적 교류 등 여러 요인들과 관련이 있는데, 최근 연구는 불평등의 심화가 개인적·사회적 스트레스를 악화시켜 건강과 행복에도 악영향을 미친다고 보고한다(Wilkinson and Pickett, 2018).

특히 빈곤층이 많은 개도국의 현실에서는 사람들의 삶과 행복을 고려해 발전의 의미에 관해 넓은 관점을 채택할 필요가 있다. 센(Sen)은 이러한 시각에서 '자유로서의 발전'을 주장하고 역량 접근(capability approach)을 제시했다. 그는 진정한 발전은 소득으로 측정되는 경제성장이 아니라 건강, 교육, 정치

득변화를 보여주는 이른바 코끼리 곡선(elephant curve)을 보고한다. 그에 따르면 세계화와 함께 전 세계 시민들의 상위 50%나 60% 구간을 차지하는 중국 중산층의 소득이 크게 증가한 반면, 상위 80%와 90% 구간인 미국 하층 노동자들의 소득은 가장 작게 증가했다.

등 다양한 차원에서 국민들의 자유를 확대하고 스스로가 바라는 삶을 누리는 역량을 촉진하는 방향이 되어야 한다고 주장한다(Sen, 1999).[6] 그에 따르면 소득과 부는 다른 목표를 위한 수단이며, 인간의 행복과 자유를 위해 중요한 것은 기능을 위한 역량이다. 개인의 기능은 상품의 소유나 효용과는 다른 성취를 의미하며 사람들이 가치를 두는 기능은 건강, 자존감, 공동체에 대한 참여 등이다(Sen, 2009). 역량(capabilities)은 바로 개인이 가치 있는 행동을 결정할 수 있는 자유를 의미한다. 그는 빈곤을 이해하기 위해서도 상품의 이용가능성을 넘어 개인이 그것으로 무엇을 할 수 있느냐 하는 기능을 고려해야 한다고 지적한다. 특히 소득과 실제적인 이득 사이에는 개인의 이질성이나 가정 내의 분배 등의 이유로 차이가 존재하므로 소득은 행복의 지표로서 충분하지 않다(Sen, 1999). 아마르티아 센(Amartya Sen)의 논의는 발전의 개념에 건강과 교육, 사회적 포용이 중요함을 의미하며, 소득과 특히 기회의 평등을 강조한다. 또한 사회정의라는 철학적인 관점에서 볼 때도 불평등은 핵심적인 함의를 지닌다. 기회의 평등 개념은 인간의 근본적인 선호이며 존 롤스(John Rawls)나 폴 로머(Paul Romer) 등 여러 관점에서 보편적으로 정의와 밀접한 관련이 있다(World Bank, 2005).[7] 더 나은 사회의 구성요소로서 사회정의가 중요함을 고려하면, 발전의 관점에서도 기회의 불평등이 핵심적이라 할 수 있다.

---

6) 센은 정치적 자유, 경제적 편리, 사회적 기회, 투명성 보장, 보호와 안전 등 5가지를 사람들의 역량을 확대하는 데 기여하는 도구적 관점의 자유로 지적한다. 그는 이러한 자유의 확대가 발전의 주요한 목표일 뿐 아니라 중요한 수단이라고 강조한다. 즉 자유의 확대는 결핍을 극복하고 역량을 확대하는 발전의 본질적(constitutive) 역할을 하며 동시에 경제적 진보를 촉진하는 도구적인(instrumental) 역할을 하는 것이다(Sen, 1999).

7) 예를 들어, 롤스는 개인적 자유와 사회적 기본재화(primary goods)에 대한 기회의 균등을 강조하고, 로머는 통제 불가능한 상황으로부터의 이득을 균등화하는 기회의 평등을 강조한다. 여러 실험경제학 연구들도 인간의 행동은 단지 이기적인 것이 아니라 공정함을 고려한다고 보고한다.

따라서 최근에는 GDP로 측정되는 경제성장의 한계를 극복하고 국민의 행복도와 삶의 질을 포괄하는 사회경제적 지표들을 개발하고 진정한 경제발전을 측정하기 위한 노력이 전개되고 있다(Stigllitz et al., 2009). UN은 건강, 교육, 소득을 포괄하는 인간개발지수(HDI: Human Development Index)를 발표해왔고 최근 각 요소의 불평등을 계산해 이를 조정한 불평등 조정 인간개발지수(Inequality adjusted HDI)를 발표하고 있다. OECD는 최근 행복(well-being)의 측정을 위해 주택, 소득과 부, 일자리와 급여, 사회적 관계, 교육과 숙련, 환경의 질, 시민참여, 건강, 주관적 행복, 개인 안전, 일과 삶의 균형 등 11가지 차원에서 행복을 측정하는 지표를 발표한다(OECD, 2017). 또한 다른 연구자들은 개인 소비지출과 소득불평등과 같은 경제적 지표, 대기오염과 이산화탄소 배출량 등 환경적 지표, 범죄의 비용과 여가의 손실 등 사회적 지표 등을 수량화해 진정한 진보지수(GPI: Genuine Progress Index)를 개발해 보고하고 있다(Kubiszewski et al., 2013).[8)]

불평등은 개도국 경제발전의 중요한 목표인 빈곤 해소와도 밀접한 관계가 있다. 소득분배는 경제성장이 빈곤을 개선하는 과정에서도 핵심적인 역할을 하는 변수이기 때문이다. 달러·크레이(Dollar and Kraay, 2002)는 하위 20% 저소득층의 소득성장률이 경제성장률과 거의 1 : 1의 관계를 보여 경제성장이 빈곤의 감소에 핵심적이라 주장했지만, 이후의 연구들은 경제성장과 함께 불평등도 중요하다고 강조한다(Fosu, 2017). 이러한 연구들은 2000년대 중반 세계은행에서 '빈곤을 감소시키는 성장', 혹은 빈곤층의 소득 증가가 더 빠른 성장을 의미하는 '빈곤층을 위한 성장(pro-poor growth)' 논의로 발전되었다(Ravallion and

---

8) 이 지표에 따르면 1980년대 이후 GDP 증가에 비해 상대적으로 GPI의 증가가 둔화되었으며 한국도 2000년대 이후 이와 같은 현상이 나타난다(Feeny et al., 2012).

Chen, 2003). 세계은행(World Bank, 2005)은 각국의 성장률이 동일하더라도 소득분배 상황에 따라 빈곤 개선의 정도가 서로 다르며, 빈곤의 성장탄력성 차이로 인해 현재의 소득분배가 미래에 성장이 빈곤을 개선하는 정도도 달라진다고 보고한다.

한편 글로벌 금융위기 이후 선진국에서 불평등에 대한 비판이 높아지자 국제통화기금과 OECD 등 여러 국제기구들은 성장의 이득이 모든 사회구성원에 골고루 퍼지는 포용적 성장(inclusive growth) 논의를 발전시키고 있다(IMF, 2017). IMF는 거시경제적 안정과 함께 지속가능한 성장을 유지하는 정책들이 포용적 성장에 핵심적이라 주장하며 정부의 공공투자와 불평등 개선, 그리고 적극적 노동시장 정책 등을 제언한다. OECD도 포용적 성장을 위해 후생의 다양한 측정, 소득분배, 성장과 포용을 위한 구조 개혁 등을 강조하고 여러 정책들을 논의하고 있다(OECD, 2014). 특히 UNCTAD는 개도국의 진보적인 관점에 기초해, 대안적·포용적 성장을 위한 정치·경제규칙의 변화를 강조하는 글로벌 뉴딜을 제시하고 있어서 주목할 만하다(UNCTAD, 2017). 글로벌 뉴딜의 주요 정책으로는 적극적 재정확장, 공공투자, 고소득층에 대한 과세, 독점과 지대의 규제, 사회복지, 최저임금 인상 등이다. 이러한 논의들은 이제 국제사회에서 진정한 발전의 요소로서 불평등이 중요한 의제가 되었음을 시사한다.

3. 경제성장과 소득분배

1) 경제성장과 불평등, 그리고 빈곤

경제성장과 소득분배 사이의 관계는 경제학의 오랜 연구 주제였으며 과거의 연구들은 성장이 분배에 어떤 영향을 미치는지 분석했다. 쿠즈네츠는 이론적인 논의와 함께 19세기 말에서 20세기 중반까지의 자료(미국과 푸에르토리코 등 제한된 국가)에 기초해 소득수준과 소득분배가 역-U 자의 관계를 보인다는 '쿠즈네츠 곡선(Kuznets curve)'을 제시했다(Kuznets, 1955). 그에 따르면 현대적 경제성장은 산업화라는 경제구조 변화를 수반하는데 산업화 초기에는 전통적 농업 부문의 축소와 제조업 비중 확대, 과거의 전통적 경제질서 파괴로 불평등이 심화된다. 그러나 산업화 후기 국면에서는 노동자의 힘이 강해지고 대부분의 인구가 도시지역과 제조업으로 유입되며 교육의 발전, 사회복지, 재분배의 확대로 인해 불평등이 개선된다. 따라서 경제성장과 불평등 사이에는 비선형적인 관계가 나타난다는 것이다.

그러나 쿠즈네츠 곡선의 실증적 근거를 둘러싸고 논란이 존재한다(Gallup, 2012). 국가 간 횡단면 자료를 이용한 실증분석은 개도국과 선진국에 비해 중진국의 불평등이 심각함을 보여 쿠즈네츠 곡선을 지지했다. 하지만 경제성장과 불평등의 동학에 관한 쿠즈네츠의 주장은 일국의 장기적 시계열 자료를 사용해 검증할 필요가 있다. 각국 내의 시간적 변화를 보여주는 국가 간 패널자료와 고정효과 모형을 사용한 실증연구들은 쿠즈네츠의 역-U 자 곡선 가설을 지지하는 증거가 없다고 보고한다(Deininger and Squire, 1998; Gallup, 2012). 몇몇 연구들은 쿠즈네츠 곡선이 통계적으로 유의하다고 보고하지만 결과의 강건성에 주의해야 할 것이다(Barro, 2008; Lee and Trung, forthcoming).[9] 한편 불평등의 지표로 지니계수 대신 상위 소득 집중도를 사용한 연구나 지니계수와 비모수적 추정법을 사용한 실증연구 등은 경제성장과 소득 집중도 사이에

---

9) SWIID 자료를 사용해 최대 샘플인 171개국과 1960년 이후 기간을 대상으로 모형 분석을 해보면, 국가 간 모형에서는 1인당 소득의 자연로그값을 사용하는 경우 쿠즈네츠 곡선이 뚜렷이 나타나지만, 고정효과 모형에서는 쿠즈네츠 곡선이 통계적으로 유의하지 않았다.

U 자의 관계가 있음을 보고한다(Tuominen, 2016; Gallup, 2012). 하지만 소득불평등을 종속변수로 하고 1인당 소득수준을 독립변수로 하는 회귀분석은 내생성 문제가 존재하므로, 최근에는 기술이나 세계화 혹은 정책변수들을 포함한 모형이 사용되고 있다.[10)]

최근 밀라노비치는 경제성장과 소득분배 관계에 관한 쿠즈네츠의 주장이 1980년대 이후 선진국의 불평등 심화를 설명하지 못한다고 비판하고 '쿠즈네츠 파동(Kuznets waves)' 혹은 '쿠즈네츠 순환(Kuzents cycles)'이라는 대안적 개념을 제시한다(Milanovic, 2016). 그에 따르면, 성장과 분배의 역사를 분석해 보면 산업화 초기에는 쿠즈네츠의 설명처럼 불평등이 상승했지만 일정 시점 이후에는 교육받은 노동자의 공급, 재분배 요구 확대, 자본수익률 하락 등 좋은 요인들과 전쟁, 내전 등의 나쁜 요인들로 인해 불평등이 낮아졌다. 그러나 쿠즈네츠가 보고한 불평등의 개선 이후 최근에는 경제성장과 함께 다시 불평등이 심화되었다. 그는 그 요인들로 생산의 자동화를 가속화한 정보통신기술의 발전과 세계화의 진전, 제조업에 비해 임금 불평등이 높은 서비스산업 비중의 확대, 노동자의 협상력 약화 등을 제시한다. 또한 미래에는 정치적 변화, 지대의 감소, 저숙련 편향적인 기술 변화 등이 불평등을 개선시킬 수도 있지만 전망은 불확실하다고 지적한다. 실제로 선진국들에서는 성장과 분배 사이에 역-U 자 모습이 나타난 이후 1970년대 이후 다시 불평등이 상승해 일종의 파동이나 순환이 나타남을 알 수 있다. 한국도 산업화 초기인 1970년대에 소득분배가 악화되었다가 1980년대 이후 개선되었지만 1997년 외환위기 이후 2000년대 들어 다시 소득분배가 악화되어 쿠즈네츠 파동과 유사한 모습을 보

---

10) 브르크너 등(Brueckner et al., 2015)은 내생성을 극복하기 위해 2SLS 기법을 사용해 국가 고정효과를 주면 쿠즈네츠 곡선이 나타나지 않고, 경제성장은 선형적으로 불평등을 감소시킨다고 보고한다.

여준다(Lee, 2017).

이러한 주장에 대해서는 왜 경제성장과 불평등이 파동을 보이는지, 즉 성장이 소득분배에 영향을 미치는 메커니즘에 관한 이론적인 기반이 취약하다는 비판도 제기된다(Ravallion, 2018). 라발리온은 소득 불평등이 평균적 수준으로 수렴하는 모습을 보이지만, 각국의 초기 조건과 시장경쟁의 정도가 상이하기 때문에 분배의 변화가 모든 국가에 유사하게 나타나지는 않는다고 지적한다. 예를 들어, 거의 모든 개도국이 경제성장으로 소득수준이 높아졌지만 남미 국가들은 다른 지역과 달리 1990년대와 2000년대에 소득분배가 개선되었다. 보다 최근에는 단순히 경제성장이 아니라 산업구조와 수출의 다양성을 의미하는 경제적 복잡성이 불평등에 어떤 조건적인 영향을 미치는지에 관한 연구도 발전되고 있다(Haltwig et al., 2017; Lee and Trung, forthcoming). 앞으로 소득분배에 영향을 미치는 산업구조, 정치적 변화, 제도의 변화 등이 경제성장이나 위기의 과정에서 각국에 얼마나 공통적으로 혹은 다르게 나타나는지에 대한 분석이 발전되어야 할 것이다.[11)]

1980년대 이후에는 개도국 내에서도 불평등이 약간 높아졌지만 여러 개도국들에서 경제성장이 불평등에 동일한 영향을 미치지는 않았던 것으로 보고된다(Ravallion, 2014). 따라서 실증연구는 국가 간 자료를 사용하거나 선진국의 경험을 분석해 불평등을 심화시킨 여러 요인들을 찾기 위해 노력하고 있

11) 주류적인 설명은 경제성장에 따른 구조적 변화를 강조하지만 좌파 학자들은 불평등이 악화된 원인으로 자본주의의 위기와 사회적 축적구조의 제도 변화에 주목한다(Kotz, 2015). 생산성 상승의 정체와 이윤 압박으로 인한 이윤율 하락으로 1970년대 선진국 자본주의는 구조적 위기를 맞았는데 이에 대응하기 위해 자본은 노동을 억압하고 기술혁신과 세계화, 금융화를 촉진해 불평등이 심화되었다는 것이다. 이러한 관점에서 보면 불평등을 심화시킨 경제의 구조 변화를 자본주의의 위기와 그에 대한 대응이라는 내생적인 변화로 이해할 수 있다.

다. 대부분의 실증분석은 주로 기술 변화, 금융 세계화, 정치와 제도의 변화 등을 주요한 요인으로 제시한다(Jaumotte et al., 2013; Milanovic, 2016).[12] 그러나 각 요인들이 서로 영향을 미치며 상호작용할 것이기 때문에 분석 결과의 해석에는 주의가 필요할 것이다. 또한 무역자유화가 불평등과 빈곤에 미친 효과도 국가에 따라 다른 결과가 보고되므로 교육 수준이나 시장 구조 등 여러 조건들에 대한 연구가 요구되고 있다(Harrison, 2006; Lee, 2014). 이는 세계화나 기술 변화가 개도국의 불평등에 미치는 영향이 복잡하며, 따라서 빈곤에 미치는 효과도 단순하지 않다는 것을 함의한다. 예를 들어 세계화가 불평등을 심화시킨다면 성장이 빈곤을 감소시키는 효과를 약화시킬 것이고, 나아가 불평등의 심화가 성장 자체를 둔화시켜 미래의 빈곤 감소에 악영향을 미칠 수도 있다. 따라서 어떤 경제적 변화나 정책이 빈곤에 미치는 영향을 분석하기 위해 성장과 함께 불평등의 변화에 관해 주목해야 할 것이다(Nissanke and Thorbecke, 2006).

2) 불평등이 경제성장에 미치는 악영향

(1) 불평등과 경제성장 관계에 관한 연구

과거의 연구들은 불평등이 높은 경우 저축 성향이 높은 고소득층의 저축이 증가하고 그것이 투자를 촉진할 수 있기 때문에 성장을 촉진할 수 있다고 주장

12) 선진국과 개도국을 모두 포함한 국가 간 패널자료를 사용한 조모트 등(Jaumotte et al., 2013)의 실증분석은 총고정자본 스톡에서 정보 기술이 차지하는 비중으로 측정되는 기술 변화와 외국인직접투자가 불평등을 심화시킨 반면, 국제무역은 소득분배를 개선했다는 결과를 보고한다. 기술 변화와 세계화는 노동소득분배율의 하락에도 중요한데, 다오 등(Dao et al., 2017)에 따르면 선진국에서는 기술 변화, 신흥시장국에서는 글로벌 밸류 체인 편입도로 측정되는 세계화가 노동소득분배율 하락에 중요한 영향을 미쳤다.

했다(Kaldor, 1955). 반대로 불평등이 너무 낮으면 사회주의의 실패에서 보이듯 노동의 유인을 억제할 수 있기 때문에 성장에 도움이 되지 않는다고 강조했다. 이후 대표적 경제주체를 가정한 신고전파 주류경제학은 불평등이 경제에 미치는 영향을 간과했다. 그러나 1990년대 이후 발전된 현대적인 거시경제학 연구들은 불평등이 경제성장에 미치는 악영향을 강조한다(Galor, 2009). 이들에 따르면 불평등은 인적자본과 같은 생산요소와 생산성에 악영향을 미쳐 공급 측에서 결정되는 장기적인 경제성장에 악영향을 줄 수 있다.[13)]

갈로르·제이라(Galor and Zeira, 1993)의 이론모형 제시 이후 많은 경제학 연구들은 금융시장의 불완전성하에서 불평등이 인적자본 투자에 미치는 악영향을 지적해 왔다(Aghion et al., 1999). 이질적인 경제주체를 가정하면, 정보의 비대칭성으로 금융시장이 불완전하고 인적자본 취득에 고정 비용이 드는 경우 부와 소득의 불평등이 인적자본에 대한 투자와 직업 선택에 나쁜 영향을 미쳐 경제성장을 저해할 수 있다.[14)] 그러나 평균 소득이 교육 비용보다 낮은 가난한 국가에서는 반대로 불평등이 부유층의 인적자본 투자를 자극해 성장을 촉진할 가능성도 존재한다(Galor, 2012). 이러한 논의는 이후 불평등이 기업가 활동을 저해하거나, 부모의 인적자본이 자식에게 미치는 효과를 통해 성장에 악영향을 미친다고 보고하는 이론적 연구들로 확장되었다(Banerjee and Newman, 1993; Hassler and Mora, 2000). 실제로 자산이 부족한 저소득층은 자

---

13) 한편 보울스(Bowles, 2012)는 인간의 행동과 계약의 불완전성이라는 미시적 관점의 연구에 기초해 불평등의 악영향을 비판하고 생산성을 촉진하는 자산 재분배를 주장한다.

14) 특히 경제발전의 역사적 과정에 따라 불평등이 성장에 미치는 영향은 달라질 수 있다. 산업혁명 시기와 같이 발전의 초기에는 고전파의 주장처럼 물적자본의 축적이 중요해 불평등이 성장에 도움이 될 수 있지만, 이후에는 인적자본의 한계 수익률이 높아져 보편적인 인적자본의 축적이 성장에 중요해지며 금융시장의 불완전성이 존재하는 경우 불평등이 성장에 악영향을 미친다(Galor and Moav, 2004).

〈그림 4-3〉 소득불평등과 제도

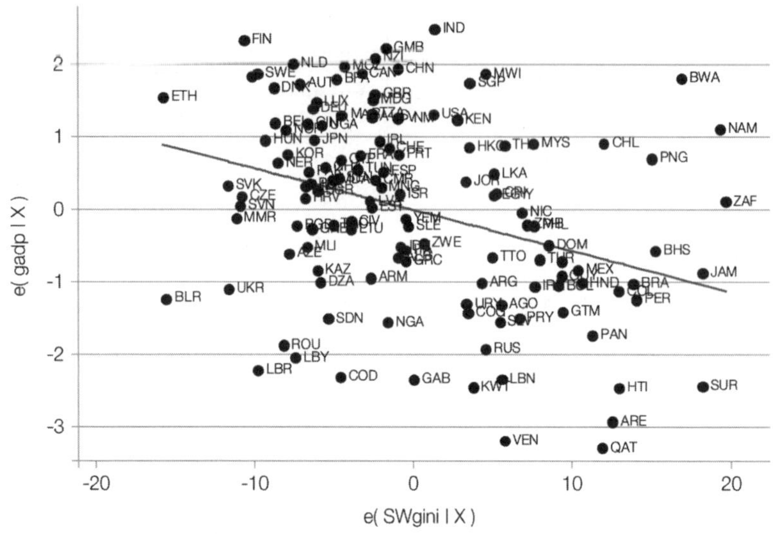

coef=-.05633962, se=.01369799, t=-4.11

주: 1) 1980~2013년 평균치를 사용해 GADP(government antidiversion policy)로 측정된 제도 변수를 SWIID 지니계수에 회귀분석 한 결과를 보여주는 partial residual plot, 1인당 GDP의 자연로그값을 통제한 후의 결과.

2) GADP는 재산권 보호 정도를 나타내는 지표로서 ICRG의 투자자 보호, 법제도, 부패, 관료의 질 등을 통합한 지표임.

자료: ICRG(International Country Risk Guide), SWIID.

녀가 똑똑해도 금융제약에 직면하기 때문에, 불평등이 심화되면 교육투자가 억압되고 경제의 생산성이 하락할 수 있다. 금융시장의 실패가 존재하는 경우 불평등이 투자 기회를 제한하는 효과는 기업이 물적자본에 투자하는 경우에도 적용될 수 있다(Aghion et al., 1999).

이와 비슷한 관점에서 세계은행(World Bank, 2005)은 기회의 불평등에 주목해, 개도국에서는 금융시장과 토지시장 등의 실패로 가난한 이들이 차별을 받기 때문에 불평등이 투자를 저해한다고 보고한다. 또한 종교, 인종 등의 차별이 투자에 대한 보상을 낮추고 스테레오타입 효과로 성과에도 악영향을 미쳐 인적자본에 대한 과소 투자와 저성장으로 이어지는 문제가 더욱 심각하다.[15] 그 밖에도 선진국들을 비교해 보면 불평등이 노동자의 건강과 능력에도 악영향을 미침을 알 수 있다. 여러 역학(epidemiology) 연구들은 불평등이 심한 나라가 평균 수명과 건강 수준이 낮고 알코올 중독, 폭력, 정신병 등의 사회 문제와 개인적 스트레스가 높다는 것을 보고한다(Wilkinson and Pickett, 2009; 2018). 건강이 경제성장에 중요한 요인임을 고려하면 이 또한 불평등이 성장에 악영향을 미치는 경로가 될 수 있다. 또한 불평등이 높은 국가가 교육의 성취도도 낮다는 결과는 불평등과 인적자본의 질 사이에도 음의 관계가 있음을 함의한다(Wilkinson and Pickett, 2018).

다른 연구들은 소득불평등이 정치에 영향을 미치는 정치경제적인 경로에 주목한다. 이러한 관점의 초기 연구는 중위투표자 이론에 기초해 불평등의 심화가 사회복지 확대와 증세를 요구하는 정치적 압력으로 이어진다고 주장했다(Alesina and Rodrik, 1994; Persson and Tabellini, 1994). 물적자본과 인적자본에 대한 세금이 너무 높으면 경제적 효율성을 왜곡하므로, 특히 민주주의 국가에서 불평등은 성장에 악영향을 미칠 수 있다. 정치경제적인 관점에서 다른 갈래의 연구들은 불평등이 사회적 갈등 악화와 정치적 불안을 낳는다고 주장한다(Alesina and Perotti, 1996; Perotti, 1996). 정치적 불안은 반란과 같은 반정부 사건, 정부 붕괴의 빈도 등으로 측정되는데 여러 연구들은 토지 소유와 소득의 불평등이 상대적 박탈감과 불만을 증폭시켜 정치적 폭력과 사회적 불안

15) 예를 들어 파산 확률이 별로 차이가 없음에도 개도국의 농촌에서 빈곤층은 부유층에 비해 자금을 차입할 때 훨씬 더 높은 금리를 지불해야 한다. 또한 학생의 카스트를 알려주고 나면 낮은 카스트의 학생들이 그렇지 않은 경우보다 시험 성적이 상대적으로 더 낮게 나왔다. 그리고 개도국에서는 소규모 기업이나 농민의 생산성이 높은데도 과소 투자하는 자원의 오배분이 흔히 발생하는데, 부의 재분배는 이러한 문제를 해결해 성장을 촉진할 수 있다(World Bank, 2005).

정을 초래할 수 있다고 보고한다(Thorbecke and Charumilind, 2002). 실제로 불평등이 심각한 남미 국가들은 정치가 불안정하고 성장률이 낮은 반면, 평등한 동아시아 국가들은 정치가 안정적이고 성장률도 높았다는 역사적 사실이 이러한 관점을 지지해 준다. 불평등의 심화로 정치가 불안정하다면 미래 전망에 기초한 투자가 저해될 것이고 경제성장도 둔화될 수 있다. 로드릭(Rodirk, 1999)이 주장하듯이 사회적 갈등은 특히 대외적 충격이 경제에 미치는 악영향을 더욱 크게 만들어 성장에 악영향을 미칠 수도 있다.[16)]

이와 관련해 제도를 강조하는 연구들은 불평등이 성장에 도움이 되는 제도의 발전을 방해한다고 주장한다. 실제로 재산권 보호에 관련된 제도 지표와 소득불평등 사이에는 매우 밀접한 관계가 있다. 〈그림 4-3〉은 GADP(government antidiversion policy)로 측정된 제도 변수를 사용해 경제성장이 제도 발전에 미치는 효과를 통제하고 소득불평등이 제도의 중요한 결정 요인임을 보여 준다(Hall and Jones, 1999). 제도주의자들은 착취적이지 않고 포용적인 경제제도와 정치제도가 경제성장에 핵심적이라고 강조한다. 이들에 따르면 포용적인 제도는 경제주체의 노동과 투자, 혁신에 대한 유인을 강화해 성장을 촉진할 수 있다(Acemoglu and Robinson, 2012). 갈로르 등(Galor et al, 2009)은 이론적·실증적으로 토지 소유의 불평등이 심한 경우, 부유한 지주들이 인적자본의 축적을 촉진하는 제도와 정책을 가로막아 경제성장에 악영향을 미친다고 보고한다. 경제적 불평등은 권력 집중과 지대 추구로 이어져 모두의 재산권을 보호하는 제도 발전에 걸림돌이 되어 시장 작동과 번영을 가로막는다(World Bank,

---

16) 로드릭(Rodrik, 1999)은 1975년 이후 개도국 성장 붕괴에 불안정과 같은 외부적 충격, 불평등, 갈등 관리를 위한 제도와의 상호 작용이 중요한 역할을 했다고 주장한다. 그는 소득불평등을 갈등 지표, 정부의 질을 제도 지표, 교역 조건 변화를 대외적 충격의 지표로 삼아 이 세 변수의 교차항이 성장률 하락에 중요했다고 보고한다.

2005). 또한 불평등은 사회적 평가 위협을 강화시켜 사람들 사이의 상호 교류와 단체 행동을 방해해 사회적 신뢰에도 악영향을 미친다(Wilkinson and Pickett, 2018). 제도와 신뢰수준이 낮으면 협조적인 행동과 생산성에 악영향을 미쳐 성장을 저해할 수 있다.[17]

(2) 실증연구의 발전과 논쟁

불평등이 경제성장에 미치는 영향에 관해 이론적 논의의 발전과 동시에 다양한 실증연구가 발전되었고 뜨거운 논쟁이 전개되었다. 국가 간 실증연구들은 소득불평등을 독립변수로 사용하고 국가 간 횡단면분석 또는 패널분석에 기초해 경제성장률의 회귀분석 결과를 보고한다. 먼저 일국 내의 시간적 변화를 고려하지 않고 각국을 비교하는 횡단면분석에 기초한 연구들은 대부분 불평등이 성장에 악영향을 미친다는 분석 결과를 제시했다. 초기 연구 중 페르손·타벨리니(Persson and Tabellini, 1994)는 불평등이 민주주의 국가에서 재분배를 위한 정치적 압력을 통해 성장을 저해한다고 보고했고, 알레시나·로드릭(Alesina and Rodrik, 1994)도 유사한 관점에서 소득과 토지 소유의 지니계수로 측정된 불평등이 성장에 악영향을 미친다고 보고했다. 그러나 페로티(Perotti, 1996)에 따르면 소득불평등은 민주주의 국가에서 재분배의 요구가 아니라 사회정치적 불안정을 심화시키고 교육 등에 악영향을 미쳐 성장을 저해한다. 알레시나·페로티(Alesina and Perotti, 1996)도 불평등이 사회정치적 불안을 통해 투자에 악영향을 미친다는 결과를 얻었다. 데이닝거·스콰이어(Deininger and Squire, 1998)는 더욱 발전된 WIID 자료를 사용해 소득불평등,

---

17) 그 밖에도 부의 불평등이 성장에 미치는 악영향은 유한책임제도하에서 금융시장이 불완전한 경우 차입자의 도덕적 해이, 불평등으로 인한 거시경제적 불안정성 확대 등을 들 수 있다(Aghion et al., 1999).

특히 부의 불평등이 장기적 경제성장에 악영향을 미치며 불평등이 인적자본 축적에 미치는 악영향이 그 주요한 경로라고 지적했다. 한편 배로(Barro, 2000; 2008)의 연구는 10년 평균 패널자료와 시차변수를 도구변수로 사용해 불평등이 경제성장에 미치는 효과가 비선형적이라는, 즉 불평등은 소득수준이 낮은 개도국에서는 성장을 저해하지만 선진국에서는 그렇지 않다는 결과를 보였다. 또한 놀스(Knowles, 2005)는 일관되게 측정된 자료를 사용하면 소득불평등이 성장에 미치는 효과가 불분명하지만, 소비지출의 불평등은 개도국에서 성장에 악영향을 미친다는 결과를 얻었다.

그러나 시간적 변화를 고려하고 각국의 이질성을 가정해 고정효과를 포함한 패널분석을 수행한 연구들은 횡단면분석과 반대로 불평등이 성장을 촉진하는 결과를 보고했다. 리·조(Li and Zou, 1998)는 고정효과모형을 사용해 지니계수가 성장을 촉진한다는 결과를 얻었고, 많은 주목을 받은 포브스(Forbes, 2000)는 고정효과모형과 1계차분 GMM기법을 사용해 지니계수가 경제성장과 양의 관계가 있음을 보고했다.[18] 결국 장기적으로 국가들을 비교하면 불평등이 경제성장에 미치는 악영향이 뚜렷하지만 일국 내의 단기적 효과는 그와 반대라는 것이다.[19] 핼터 등(Halter et al., 2014)도 system GMM 기법을 사용해 현재의 지니계수는 다음 5년의 성장에 양의 영향을 미치지만 그 시차변

---

18) 이 연구는 5년 평균 패널데이터를 사용했지만 평균 기간을 10년으로 늘리면 그 효과는 사라졌고 횡단면분석 결과는 과거 연구들과 같은 결과가 나타난다고 보고했다. 즉 불평등이 성장에 미치는 효과가 장기적인 자료를 쓸수록 음이 된다는 것이다. 배로의 연구 결과가 이 연구와 다른 이유는 10년 평균 패널자료를 사용하고 고정효과를 사용하지 않으며 많은 변수들을 통제했기 때문일 것이다.

19) 이러한 결과에 대해 바네르지·뒤플로(Banerjee and Duflo, 2003)는 이론적으로 소득분배 개선과 악화 모두가 성장률을 낮추고 불평등과 성장률 사이에는 역-U 자 관계가 있을 것이라 주장했다. 또한 랜덤효과를 사용한 패널분석을 통해 지니계수 변화의 제곱항이 성장률과 음의 관계가 있음을 보여 불평등의 감소나 증가 모두가 성장을 저해한다는 결과를 보고했다.

수는 음의 영향을 미치며 시차변수의 음의 효과가 통계적으로 더 뚜렷하다고 보고했다. 연구자들은 이러한 결과에 대해 불평등이 저축, 혁신에 유인을 제공하여 단기적 성장을 촉진할 수 있지만, 사회정치적 효과나 제도 변화, 교육 경로를 통해 장기적으로는 성장에 악영향을 미친다는 이론모형을 제시했다.

하지만 최근의 실증연구에 따르면 패널분석기법을 사용해도 불평등이 성장에 미치는 악영향이 뚜렷하다는 것을 알 수 있다. 오스트리 등(Ostry et al., 2014)은 system GMM기법을 사용해 가처분소득의 지니계수가 경제성장에 악영향을 미치고, 소득재분배는 가처분소득의 불평등을 감소시키는 간접적인 영향을 통해 성장을 촉진한다는 결과를 얻었다. 다블라노리스(Dabla-Norris et al., 2015)도 소득불평등이 경제성장에 악영향을 미치고 하위계층의 소득 비중 증가가 경제성장을 촉진한다고 보고했다. 이러한 연구들에 대해서는 GMM기법이 사용하는 내부적 도구변수의 문제점에 대한 비판도 제기된 바 있다(Kraay, 2015). 그러나 버그 등(Berg et al., 2018)은 오스트리 등(Ostry et al., 2014)의 연구를 발전시키고 도구변수를 포함한 여러 강건성 검증을 포함한 실증분석 결과를 제시한다. 이 연구는 130개국을 대상으로 한 SWIID와 1960년 이후의 패널자료를 사용해 가처분소득 지니계수가 경제성장에 뚜렷하게 악영향을 미친다고 보고했다. 연구자들에 따르면 불평등은 교육에 악영향을 미치고 출산율을 높이며 정치제도에도 악영향을 미친다.

또 다른 최근의 연구자들은 새로운 기법과 모형을 사용해 소득불평등과 경제성장 사이의 복잡하고 비선형적인 관계를 보고한다. 브루크너·레더만(Brueckner and Lederman, 2018)은 소득불평등의 내생성을 극복하기 위해 무역 가중치를 준 세계의 소득과 국제유가변동을 지니계수의 도구변수로 사용해 소득불평등이 성장에 악영향을 미치지만 그 효과는 경제성장의 수준에 따라 다르다고 보고한다. 즉 소득불평등은 소득이 높은 국가에서는 교육 수준에 음의 영향을 미쳐 성장을 저해했지만, 저소득 국가에서는 반대의 효과를 미친다는 것이다. 또한 그리골리·로블레스(Grigoli and Robles, 2017)는 새로운 패널분석 방법론을 사용해 지니계수가 0.27 이상인 국가의 심각한 불평등이 성장에 악영향을 미친다는 사실을 발견했다.

이렇게 불평등의 성장 효과를 분석하는 실증연구가 급속히 발전되었지만, 인과관계를 둘러싼 논란이 여전히 존재하므로 새로운 연구의 발전이 필요할 것이다.[20] 예를 들어 숄·클라센(Sholl and Klasen, 2019)은 내생성 문제를 극복하기 위해 사탕수수·밀 경작 비율과 석유 가격을 소득불평등의 도구변수로 사용해 포브스(Forbes, 2000)의 결과가 이행기국가들 때문이며 인과관계도 약하다고 비판한다. 또한 불평등의 성장 효과가 장단기적으로 경제 발전 수준과 시기에 따라 어떻게 다른지에 관해서도 분석이 요구되고 있다.[21] 소득보다 부의 불평등이 인적자본에 큰 영향을 미침을 고려할 때 자산의 불평등과 성장에 관한 실증분석이 필요하며,[22] 기회나 교육과 같은 다양한 불평등의

20) 런드버그·스콰이어(Lundberg and Squire, 2003)는 성장과 소득분배가 동시에 상호 영향을 미친다는 가정하에 구조적 모형과 3SLS를 사용해 불평등이 성장을 촉진한다는 결과를 얻었다. 그러나 통계적 유의성은 그리 높지 않았다. 편의를 극복한 quasi-reduced 모형의 결과는 여러 변수들이 성장과 분배에 동시에 영향을 미치며, 특히 토지 소유의 불평등이 성장에 악영향을 미침을 보여준다.

21) 과거의 국가 간 횡단면분석 연구들은 1960년에서 1990년까지를 대상으로 지니계수의 평균치나 토지 소유의 지니계수를 사용했다. 필자는 단순한 성장모형을 사용해 1960~1990년 기간을 대상으로 하면 토지소유의 불평등이 성장에 악영향을 미치지만 1980~2013년 기간은 그렇지 않음을 발견했다. 이는 경제발전 수준이 높아질수록 불평등이 성장에 미치는 악영향이 감소했음을 의미하는 것일 수 있다.

22) 이슬람·맥길리브레이(Islam and McGillivray)는 크레디트스위스의 자료를 사용해 부의 집중도가 경제성장에 악영향을 미치지만 거버넌스가 좋은 국가에서는 악영향이 감소한다고 보고한다. 또한 바치·스베이나르(Bagchi and Svejnar, 2015)는 ≪포브스≫지의 자료를 사용해 부의 불평등이 성장률을 낮추며, 특히 정치적으로 결탁된 부의 불평등이 성장에 악영향을 미친다고 보고한다.

성장효과에 관한 연구들도 발전되어야 할 것이다. 마레로·로드리게즈(Marrero and Rodriguez, 2013)는 미국의 지역별 자료를 사용해 기회의 불평등이 성장에 뚜렷한 악영향을 미친다고 보고하지만, 비슷한 방법론으로 국가 간 실증분석을 수행한 연구는 그런 증거를 발견하지 못했다(Ferreira et al., 2018). 한편 아이야르·에베케(Aiyar and Ebeke, 2019)는 소득이나 교육 등 기회의 불평등이 심각할수록 소득불평등이 성장에 더 나쁜 영향을 미친다고 보고한다. 마지막으로 지역이나 기업 등의 자료를 사용한 실증분석과 함께[23] 실증연구를 보완하는 다양한 역사적 사례 연구도 함께 발전되어야 할 것이다.

(3) 수요측 성장이론과 불평등

앞서 살펴본 연구들은 주류경제학의 공급측 성장론에 기초해 불평등이 경제성장의 요인들에 미치는 영향을 논의하지만, 불평등은 수요측을 통해 성장에 영향을 미칠 수도 있다. 주류경제학에서도 머피 등(Murhphy et al., 1989)은 평등한 분배가 시장 규모를 확대해 수익체증의 성격을 지닌 산업화를 촉진한다는, 빅푸시(big push)이론을 지지하는 모형을 제시했다. 또한 포엘미·즈바이뮬러(Foellmi and Zweimuller, 2006)는 연구 개발을 강조하는 내생성 성장이론에 기초해 불평등이 가격효과를 통해서는 혁신을 촉진할 수 있지만, 시장수요에 미치는 효과를 통해서는 그 반대라는 이론을 제시했다. 그러나 불평등이 수요측 경로를 통해 성장에 미치는 효과에 대한 관심은 여전히 제한적이다(Galor, 2009).

---

23) 바네르지 등(Banerjee et al., 2001)은 인도 사탕수수 협동조합 사례를 통해 자산불평등이 지대추구로 이어져 효율성을 저하시킨다고 보고한다. 한편 노동자의 주식보유나 경영참여가 임금 불평등을 줄이고 기업의 성과도 개선한다고 연구가 제시되지만(Kruse et al., 2010), 임금 불평등이 기업의 성과나 스포츠팀의 성과에 미치는 영향에 관한 여러 실증연구들은 서로 다른 결론을 보고한다.

반면 포스트케인스주의 거시경제학은 케인스의 사상을 이어받아 유효수요가 장기적 경제성장에도 영향을 미친다고 생각하고 자본과 노동 사이의 기능적 소득분배가 총수요와 성장에 미치는 영향을 분석한다. 케인스의 유효수요 이론에 계급 사이의 분배문제를 결합시킨 이들의 연구에 따르면 노동소득분배율의 상승이 한편으로는 소비를 증가시키지만 다른 한편으로는 이윤몫을 낮추어 투자를 감소시킬 수 있다. 포스트칼레츠키주의 성장이론은 노동소득분배율이 총수요를 높이면 임금주도 체제(wage-led regime)와 그 반대이면 이윤주도 체제(profit-led regime)라 이름을 붙인다.[24] 이들의 분석은 주로 일국의 현실을 다루는데, 노동소득분배율이 총수요의 각 구성 요소에 어떤 영향을 미치는지 분석하는 단일방정식 모형을 사용한 많은 연구들은 대부분의 선진국들이 임금주도 체제이며 수출의존도가 높은 일부 개도국은 이윤주도 체제라고 보고한다(Onaran and Galanis, 2014). 반면 내생성을 고려해 SVAR(Structural Vector Autoregressive) 모형 등의 분석기법을 사용하는 연립방정식 모형은 선진국들의 경제가 주로 이윤주도적이라는 결과를 보고한다(Barbosa and Filho, 2006). 그 밖에도 패널자료를 사용한 분석이나 다른 분석기법을 사용한 연구들도 활발하게 발전되고 있다(Stockhammer and Wildauer, 2016). 하지만 노동소득분배율의 내생성이 존재하고 인과관계의 확립이 어려우며 기법에 따라 다른 결과가 나오는 것은 한계로 지적되어야 할 것이다.

그럼에도 이들은 주류경제학의 성장론에서 간과되어 온 수요측의 중요성을 강조하며 총수요와 총공급 측의 통합적인 이해를 발전시키는 데 기여한다

---

24) 한국의 소득주도성장은 이들의 임금주도성장론에 기초하고 있다고 할 수 있다. 최근에는 기능적 소득분배가 생산성에 미치는 영향, 금융화와 같은 부채의 분석, 정부의 재정지출과 세금을 포함한 모형, 소득불평등의 효과 등으로 확장되고 있다. 포스트케인스주의 성장론의 이론모형, 실증분석, 한국의 소득주도성장에 관한 논쟁은 이강국(2017)을 참조.

고 할 만하다. 글로벌 금융위기 이후 경제회복이 부진하고 생산성 상승이 둔화된 현실을 배경으로 주류경제학에서도 수요측 요인이 내생적 기술도입을 포함한 이력 효과들을 통해 공급측의 잠재산출과 생산성에도 영향을 미친다는 논의들이 전개되고 있다(Anzoategi et al., 2019; Yellen, 2016). 이론적으로도 베니뇨·포르나로(Benigno and Fornaro, 2018)는 총수요 부족으로 인한 실업과 내생적 성장모형을 결합해 불황의 덫이 나타나는 모형을 제시한다. 한편 도시(Dosi et al., 2010)는 행위자기반모형(agent-based model)을 사용해 케인스의 수요측 이론과 조지프 슘페터(Joseph Schumpeter)의 기술혁신에 관한 통찰을 통합하는 K+S 모형을 제시한다. 이러한 모형들은 불평등이 총수요와 생산성 경로를 통해 성장에 영향을 미칠 수 있는 가능성을 보여준다. 이미 포스트케인스주의 연구들은 노동소득분배율 상승이 총수요를 촉진해 규모의 경제나 실행 학습을 통한 칼도-버둔(Kaldor-Verdoorn) 효과로 생산성을 높인다고 보고한 바 있다(Naastepad, 2006). 또한 기능적 소득분배와 가동률의 상호작용을 고려하는 키퍼 등(Kiefer et al., 2019)에 따르면 미국경제의 잠재성장률이 노동소득분배율과 장기적으로 밀접한 관계를 맺고 있다. 물론 동아시아와 같이 산업화 과정에서 수출의 중요성이 큰 개도국의 경제발전 과정에서는 기능적 소득분배가 투자에 미치는 영향이 클 것이므로 다른 결과가 나타날 수도 있을 것이다(Akyuz and Gore, 1996).[25] 앞으로 이러한 이론 틀에 기초해 기능적 소

25) 실제로 동아시아 국가들은 발전과정에서 정부의 정책을 배경으로 다른 개도국에 비해 임금몫이 낮았고 이윤율이 높았으며 높은 기업저축이 투자와 자본축적, 경제성장을 촉진했다고 보고된다(Akyuz and Gore, 1996). 수출주도적인 동아시아 개도국들에서는 국제시장이 제조업 제품 수요의 중요한 원천이었고 수출 증가가 투자와 생산성 상승을 촉진했다. 한편 한국과 같은 동아시아 국가는 기능적 소득분배 면에서는 임금몫이 낮았던 반면 토지개혁과 제조업 고용의 빠른 확대로 부와 소득은 상대적으로 평등했다(You, 1996). 이는 앞서 지적한 경로들을 통해 성장을 촉진했을 것이다.

득분배만이 아니라 가구소득의 불평등이 총수요와 생산성을 통해 성장에 어떤 영향을 미치는지에 관한 연구들이 발전되어야 할 것이다(Cavalho and Rezai, 2016).

4. 경제성장의 근본 요인과 불평등

1) 제도와 불평등, 그리고 민주주의

불평등과 소득분배 문제는 최근 경제학에서 발전되어 온 경제성장의 근본 요인에 관한 연구에서도 중요한 의미를 지닌다. 이 연구들은 개방이나 정책을 넘어 자본의 축적과 생산성 상승을 촉진하는 근본 요인을 탐구한다(이강국, 2013).[26] 여러 요인들 중 가장 주목을 받고 있는 것은 재산권의 보호를 의미하는 게임의 규칙으로, 법제도나 부패, 관료의 능력 등으로 측정되는 제도(institutions)라 할 수 있다(Hall and Jones, 1999). 서베이 자료에 기초한 제도 지표 자체가 성장에 영향을 받는다는 내생성을 고려해 여러 연구들은 도구변수를 사용해 제도가 성장에 미치는 효과를 보고한다. 예를 들어 아제모을루 등(Acemoglu et al., 2001)는 식민지에서 유럽인 정착인들의 사망률을 제도의 도구변수로 사용하는데, 상이한 초기 조건에 따라 유럽인들이 정착에 성공한 식민지는 제도가 발전되어 이후 경제성장에 성공했다고 주장한다.[27] 그러나 다

26) 경제성장의 근본적 요인에 관한 논쟁은 제도, 지리, 유전자 등의 요인을 둘러싸고 발전되었는데 전반적으로 제도적 요인이 가장 중요하다고 평가된다. 그러나 단일한 요인이 역사적으로 복잡한 경제성장의 동학을 모두 설명하는 데는 한계가 존재한다. 각 이론의 한계와 논점에 관해서는 이강국(2013)을 참조.

른 학자들은 성장의 근본 요인으로 외생적인 지리 요인들을 더 강조한다(Sachs, 2003; Olsson and Hibbs, 2005). 제도와 지리 요인 모두와 관련해 불평등의 역할이 매우 중요하다는 것을 잊지 말아야 한다. 먼저 지리가 성장에 미치는 영향도 제도 경로를 통해 나타나는데(Rodrik et al., 2004), 불평등은 작물 환경 같은 상이한 지리 조건이 제도의 차이로 이어지는 중요한 메커니즘이라고 할 수 있다. 경제적 불평등은 정치권력의 불평등으로 이어져 경제발전을 촉진하는 포용적 제도의 수립을 가로막고 돈과 권력이 집중된 특권층의 지대추구를 강화하는 착취적 제도를 낳기 때문이다(Savoia et al, 2009).

불평등이 제도에 미치는 효과에 관해 엥거만·소콜로프(Engerman and Sokoloff, 2002)의 역사적 연구는, 사탕수수 재배에 적합한 남미의 환경이 대농장제로 이어져 불평등이 심화되었고 착취적 제도와 저발전으로 이어졌음을 보였다. 반면 밀농사에 적합한 북미에서는 소농제도가 확립되었고 민주주의와 대중교육이 발전되어 성장이 촉진되었다. 또한 상이한 질병 조건하에서의 유럽인 정착의 차이가 식민지 토지 소유의 불평등을 낳고, 이후 정치적 권력 불평등과 제도 발전 차이로 이어졌다고 할 수 있다.[28] 실제로 아메리카 대륙의 사례는 경제적 불평등이 높으면 선거권으로 측정된 정치적 불평등도 심화된다는 것을 보여준다(Engerman and Sokoloff, 2005). 역사적 과정에서 나타난 여러 변화도 불평등과 제도의 차이를 만들어내는 데 중요한 역할을 한다. 예를 들어

---

27) 물론 제도를 협소한 사적 재산권 보호의 관점에서만 이해하는 것은 한계가 있다. 심각하게 불평등한 재산권의 현상 유지가 아니라 더욱 평등하고 일반적인 재산권의 확립이 성장에 핵심적이며, 때로는 사적이지 않은 다양한 형태의 재산권 확립이 성장에 도움이 되기 때문이다.

28) 토지 소유의 불평등은 단순히 지리적 조건뿐 아니라 식민지 시기 토지의 재분배를 결정하는 식민주의의 특징과 식민지 이전의 제도에 의해서도 영향을 받는다. 프랑케마(Frankema, 2009)를 참조.

토지 소유의 불평등이 심각했던 남미의 경우, 대지주의 이해가 강했고 불평등이 관료, 군부, 대기업의 이해 결탁과 부패로 이어졌다. 그러나 한국과 같은 동아시아는 대외적 위협과 내부적 열망에 기초한 토지개혁의 성공으로 자율적이고 능력 있는 발전국가의 확립이 가능했다(World Bank, 1993). 한편 바네르지·아이어(Banerjee and Iyer, 2005)는 영국 식민지 시기 인도에서 지주가 지대를 수취하도록 허용되었던 지역에서 불평등이 더욱 심했고, 농민들의 재산권이 불안정해 해방 이후에도 농업투자와 생산성이 더욱 낮았다고 보고한다. 하지만 델(Dell, 2010)은 페루에서 강제노동제도인 미타(mita)가 존재했던 지역에 대지주가 적었고 토지 소유가 더 평등했지만 장기적 경제성과는 더 나빴다고 보고한다.[29] 불평등과 제도 발전의 복잡한 관계에 관해 더욱 많은 역사적인 사례연구들이 필요할 것이다(Nunn, 2014).

이론적으로도 평등한 소득분배가 제도 발전에 중요하다는 연구들이 제시되고 있다. 소닌(Sonin, 2003)은 불평등이 심각하고 부자의 정치적 영향력이 강한 경우 이들은 공적으로 재산권을 보호하는 제도를 반대하고 지대추구와 착취적 재분배를 심화시킨다는 이론을 발전시켰다. 이와 비슷하게 그래드스타인(Gradstein, 2007)은 소득분배가 평등하고 부자의 정치적 영향력이 작은 경우에만 민주주의를 통해 제도의 발전이 가능하다는 이론모형을 제시했다. 또한 불평등은 사회적 응집을 약화시키고 분배를 둘러싼 사회적 갈등과 불안정을 심화시켜 제도의 발전에 악영향을 미친다(Thorbecke and Charumilind, 2002). 〈그림 4-3〉에서도 보고했듯이, 여러 실증연구들의 결과도 이를 지지한다. 중산층의 소득 비중이 높으면 정부 역할에 관한 합의가 높고 정치적 불안

29) 이는 미타가 없는 지역의 대지주가 토지에 더 많이 투자하고 도로와 같은 공공재를 더 많이 제공하도록 로비를 했기 때문이다. 그러나 미타 제도하에서 토지 소유의 불평등은 낮았다 해도, 정치적인 억압과 불평등은 더욱 심했다는 것을 잊지 말아야 할 것이다.

이 낮아서 제도의 발전과 경제성장이 촉진된다(Keefer and Knack, 2001). 또한 이스털리(Easterly, 2001)는 1차 산품과 석유 생산 비중을 도구변수로 해 중산층 소득 비중을 추정하고, 그것이 정치적 불안정과 교육에 악영향을 미쳐 성장을 저해한다고 보고한다. 그의 다른 연구는 밀과 사탕수수의 상대적 작물 환경을 나타내는 변수가 소득분배에 유의한 영향을 미치고, 불평등은 제도와 교육에 악영향을 미침을 보고한다(Easterly, 2007). 이는 결국 초기 부존이나 지리적인 작물 환경이 불평등이라는 경로를 통해 제도와 성장에 악영향을 미친다는 것을 시사한다. 불평등은 또한 부정부패를 심화시켜 제도 발전에 악영향을 미칠 수 있다(You and Khagram, 2005). 물론 권력관계를 반영하는 제도의 특징도 불평등에 영향을 미치므로 불평등과 제도는 상호 작용한다. 총·그래드스테인(Chong and Gradstein, 2007)의 실증분석에 따르면 평등한 소득분배와 제도 발전 사이에 상호적 인과관계가 존재하는데, 소득분배에서 제도로의 인과성이 반대의 경우보다 더 컸다.

불평등이 제도에 큰 영향을 미친다면 민주주의와 같은 정치 체제의 역할도 중요한 연구 대상일 것이다. 민주주의는 정치적 권력에 대한 접근을 확대해 지대추구를 억제하고 제도의 발전을 촉진할 수 있다(Savoia et al., 2009). 하지만 여러 연구들은 불평등이 민주화에 미치는 영향이 단순하지 않다고 보고한다. 어느 정도 불평등이 높아야 체제에 대한 위협을 배경으로 민주화가 이루어지지만, 불평등이 너무 심각하면 재분배 요구에 대한 기득권층의 저항이 심해서 민주화가 어렵기 때문이다(Ille et al., 2017; Acemoglu and Robinson, 2006). 최근에는 제도와 관련해 민주주의와 불평등을 동시에 고려하는 분석들이 발전되고 있다. 세르벨라티 등(Cervellati et al., 2008)에 따르면 소득분배가 평등하면 민주주의와 사회적 계약으로 갈등을 최소화하는 효율적인 제도가 균형이 되지만 불평등이 심각하면 민주주의보다 과두제가 갈등을 최소화할 수 있어서 제도 발전에 도움이 될 수 있다. 이는 불평등이 제도와 경제에 미치는 영향도 정치 체제에 따라 비선형적일 수 있음을 의미한다. 실제로 실증분석에 따르면 불평등은 성장을 촉진하는 법제도 발전에 악영향을 미치지만 민주주의와 불평등의 교차항은 제도에 유의하게 악영향을 미쳤다(Sunde et al., 2008; Kotschy and Sunde, 2017). 민주주의가 발전된 곳에서는 불평등이 심할수록 제도 발전이 저해된다는 것이다. 결국 불평등과 제도 사이의 관계에 영향을 미치는 정치 체제의 역할은 복잡하며, 더 많은 연구의 발전이 요구되고 있다.

한편 제도를 '조정 실패를 극복하는 국가의 역할', '단체행동을 촉진하는 기제'로서 더욱 광범위하게 이해할 수도 있는데 이러한 관점에서 보아도 불평등은 중요한 함의를 지닌다(Bardhan, 2005). 예를 들어 토지개혁 등을 통한 평등한 소득과 부의 분배는 이해집단의 정치적 권력을 약화시켜 동아시아의 발전국가가 성공한 중요한 요인이 되었다고 할 수 있다. 실증분석과 관련해서는 현실에서 제도의 작동이 지역별로도 다름을 고려할 때 국가 간 분석을 넘어 지역적인 자료 혹은 미시적인 자료를 사용하는 노력이 발전되어야 할 것이다. 자료의 한계와 인과관계 문제를 고려할 때 역사적 연구와 사례분석도 의미가 클 것이다.

2) 불평등이 혁신에 미치는 영향

제도와 함께 새로운 시장과 생산성 상승의 원천인 혁신도 장기적인 경제성장의 근본적 요인이라 할 수 있다. 실제로 이근·김병연(Lee and Kim, 2009)은 재산권 보호에 관련이 있는 제도와 함께 혁신도 경제성장의 중요한 요인이라고 보고한다. 특히 이 연구는 소득수준이 낮은 개도국에서는 제도가 상대적으로 중요한 반면 소득수준이 높아지면 미국 특허의 수나 GDP에서 차지하는 연구 개발 지출 비중 등으로 측정되는 혁신이 성장에 더욱 중요하다고 보고한다. 불평등이 혁신에 미치는 영향에 관해서는 연구가 많지 않지만, 이강국(Lee, 2019)은 소득불평등이나 기회의 불평등이 인구당 특허 수로 측정되는 혁신에 악영향을 미친다는 것을 발견했다.

심각한 불평등이 혁신과 생산성 상승을 저해할 수 있는 여러 이론적인 가능성이 존재한다. 예를 들어 소득불평등이 심각한 경우 저소득 가구의 똑똑한 학생들이 자신의 잠재력을 충분히 발휘하지 못해 혁신 활동이 저해될 수 있다. 미국의 미시자료를 사용한 최근의 실증연구에 따르면 고소득층 가구의 자녀가 자라서 특허를 얻는 발명가가 될 확률이 중하위 가구 자녀에 비해 크게 높았다. 이 연구는 특히 수학성적이 좋은 학생들 중에서도 부모의 소득이 높은 자녀가 저소득층 자녀에 비해 발명가가 될 확률이 훨씬 더 높았다고 보고해 불평등이 혁신을 저해할 가능성을 실증적으로 확인해 준다(Bell et al., 2019).[30] 똑똑한 저소득층 자녀들이 발명가가 될 기회를 '잃어버린 아인슈타인들(lost Einsteins)'이 되고, 따라서 부모의 소득불평등은 미래의 발명과 혁신에 악영향을 미친다는 것이다. 인적자본이 혁신에 핵심적이라는 것을 고려하면 소득불평등이 교육투자를 저해한다는 연구들도 불평등이 혁신에 미치는 악영향을 보여준다.

또한 혁신과 생산성 상승을 위해서는 기업의 연구 개발과 신기술 도입 투자가 중요한데 불황과 같은 총수요의 둔화는 이러한 투자를 저해해 기술혁신과 총요소생산성의 상승에 악영향을 미친다(Anzoategui et al., 2019). 심각한 소

30) 미국에서 자녀가 특허를 얻는 발명가가 될 확률과 부모의 소득 사이의 관계를 실증분석한 이들의 연구는 뉴욕의 공립학교 데이터를 사용해 3학년 때 수학 성적이 높은 학생들이 발명가가 될 확률이 높다고 보고한다. 그러나 똑같이 수학 성적이 높은 학생들 중에서도 부모의 소득이 상위 20%인 경우가 하위 20%에 비해 확률이 2배나 더 높았다(Bell et al., 2019).

득불평등은 총수요에 악영향을 미치고 경제의 불안정을 심화시킬 수 있기 때문에 이러한 경로를 통해서도 불평등이 혁신을 저해할 수 있다. 또한 사회안전망이 발전되지 않고 불평등이 심각한 경우 승자와 패자를 만들어내는 새로운 기술의 도입에 대한 저항이 커서 혁신이 정체될 수 있다. 나아가 사회안전망의 확충은 실패의 위험이 존재하는 혁신 활동을 촉진할 수 있을 것이다. 한편 베나부 등(Benabou et al., 2015)는 국가 간 자료와 미국의 주별 자료를 사용해 높은 신앙심과 인구당 특허수가 음의 관계를 맺고 있다고 보고한다.[31] 이들의 이론모형에 따르면 미국과 같이 특정한 상황에서 불평등이 높아지는 경우, 종교적 부자와 종교적 빈자가 연합을 통해 신앙심의 약화를 가져올 수 있는 과학적 발견을 억누를 수 있다. 이는 정치경제학적 관점에서도 불평등이 혁신의 촉진을 가로막는 요인이 될 수 있음을 시사한다.

이러한 여러 연구들을 고려하면 소득불평등의 심화가 특허로 측정되는 혁신 활동을 저해한다는 가설을 세워볼 수 있다. 이러한 가설을 검증하기 위해 2000년에서 2013년까지의 국제적 자료를 사용해 국가 간 횡단면 회귀분석을 수행해 보면 SWIID나 세계은행의 지니계수로 측정된 소득불평등이 WIPO(World Intellectual Property Organization)가 보고하는 인구 100만 명당 특허출원 수에 뚜렷하게 악영향을 미침을 알 수 있다(〈표 4-1〉).[32] 베나부를 따라 1인당 소득

---

31) 이들의 이론모형은 신앙심을 약화시키는 과학의 발견이 주기적으로 발생하는 상황에서 정부가 혁신을 가로막거나 확산시킬 수 있고, 종교 조직이 새로운 지식의 발견에 대응하여 교리를 조정할 수 있다는 가정하에 종교적·비종교적, 부자·빈자 집단의 상호작용이 서로 다른 체제 균형을 낳는다는 것을 보여준다(Benabou et al., 2015). 그러나 그들의 국가 간 실증분석은 소득불평등을 독립변수에 포함하지 않으며 패널 OLS 기법을 사용한다.

32) 각국의 특허자료에 기초해 계산된 인구당 특허 수는 선진국과 개도국 등 각국 사이에 제도와 특허의 질 등에 차이가 존재하고, 특허 수가 산업의 특징에 따라 차이를 보이기도 한다는 한계가 존재한다. 앞으로 미국특허 등 보다 나은 혁신의 지표를 사용하기 위한 노력이 필요할 것이다.

〈표 4-1〉 소득불평등과 혁신(2000년대 국가 간 회귀분석)

	(1) lpatent	(2) lpatent	(3) lpatent	(4) lpatent	(5) lpatent	(6) lpatent
SW gini	-0.110*** (-6.62)	-0.18*** (-7.27)	-0.0922*** (-5.45)	-0.0699*** (-4.12)	-0.0758*** (-4.51)	-0.0759*** (-4.49)
1gdppc	0.723*** (7.38)	0.490*** (3.76)	0.315** (2.34)	0.140 (1.06)	0.229 (1.20)	0.230 (1.20)
pvtcr		0.0122*** (2.66)	0.00918** (2.12)	0.00520* (1.75)	0.00701** (2.31)	0.00701** (2.29)
ter			2.035*** (4.33)	1.403*** (3.04)	1.164** (2.53)	1.166** (2.52)
research				0.899*** (4.21)	0.920*** (4.12)	0.915*** (3.94)
gadp					-0.0986 (-0.79)	-.0.0967 (-0.76)
open						-0.000146 (-0.10)
_cons	0.988 (0.74)	2.207 (1.59)	2.266 (1.62)	2.751** (2.00)	2.957* (1.91)	2.956* (1.89)
N	110	109	99	90	86	86
adj. R^2	0.637	0.670	0.728	0.780	0.784	0.781

괄호 안은 t 값이며 이분산-일치추정량을 사용.
통계적 유의확률, * $p<0.10$, ** $p<0.05$, *** $p<0.01$

주: 1) lpatent: 인구 100만 명당 특허출원 수의 자연로그값 SWgini: SWIID(ver 6.0) 지니계수
lgdppc: 1인당 GDP의 자연로그값 pvtcr: 민간 신용/GDP
ter: 평균 고등 교육 연수 research: 연구 개발 지출/ GDP
gadp: 제도의 발전 정도를 나타내는 government antidiversion policy 지표
open: 무역의존도
2) 각 변수는 2000~2013년 평균치를 사용.
자료: World Intellectual Property Organization, World Development Indicators.

수준이나 금융 발전, 교육 수준, 정부의 연구 개발 지출, 제도 발전, 무역의존도 등 혁신에 영향을 미칠 수 있는 여러 변수들을 모형에 추가해 통제하고도 이 결과는 마찬가지였다. 분석 결과의 강건성 검증을 위해 더욱 장기간의 시기나 OECD 국가들만을 대상으로 분석한 경우도 질적인 결과는 달라지지 않

〈표 4-2〉 소득불평등, 기회의 불평등 그리고 혁신

	(1) lpatent	(2) lpatent	(3) lpatent	(4) lpatent	(5) lpatent	(6) lpatent
intgenelas	-2.925***	-2.676***	-2.353**	-1.644**	-1.812*	-1.782*
	(-3.59)	(-3.13)	(-2.65)	(-2.03)	(-2.01)	(-1.93)
SW gini	-0.0262	-0.0329	-0.0334	-0.0250	-0.0296	-0.0304
	(-1.15)	(-1.24)	(-1.12)	(-1.00)	(-1.20)	(-1.18)
lgdppc	0.845***	0.774***	0.649***	0.430**	0.618***	0.611***
	(7.67)	(4.69)	(3.44)	(2.42)	(3.04)	(2.97)
pvtcr		0.00405	0.00402	0.0081	0.00405	0.00433
		(0.74)	(0.73)	90.54)	(1.16)	(1.20)
ter			1.099*	0.971*	0.791	0.799
			(1.70)	(1.82)	(1.57)	(1.58)
research				0.838***	0.908***	0.926***
				(4.10)	(4.61)	(4.44)
gadp					-0.205	-0.218
					(-1.47)	(-1.46)
open						0.000807
						(0.43)
_cons	-1.402	-0.986	-0.631	-0.0377	0.0383	0.102
	(-0.98)	(-0.54)	(-0.30)	(-0.02)	(0.020	90.04)
N	61	60	56	54	52	52
adj. R^2	0.779	0.782	0.785	0.833	0.838	0.835

괄호 안은 t 값이며 이분산-일치 추정량을 사용.
통계적 유의확률, * p<0.10, ** p<0.05, *** p<0.01

주: 1) integenelas: 세대 간 소득탄력성, 1960년생 또는 1970년생 코호트
2) 다른 변수들은 〈표 4-1〉과 동일

자료: GDIM(Global Database on Intergenerational Mobility)

았다.[33)]

33) 이러한 실증분석에 대해서는 혁신이 불평등에 영향을 미칠 수도 있기 때문에 소득불평등 변수의 내생성 문제가 제기될 수도 있다. 그러나 현실에서 혁신은 불평등을 심화시킬 가능성이 크기 때문에 불평등이 혁신에 악영향을 미친다는 연구 결과를 약화시키지는 않을 것이다. 내생성 문제를 검토하기 위해 토지 소유의 지니계수를 독립적인 도구변수로 사용해

〈표 4-3〉 소득불평등과 총요소생산성

	(1) tfpg8013	(2) tfpg8013	(3) tfpg8013	(4) tfpg8013	(5) tfpg8013	(6) tfpg8013
SW gini	-0.0120***	-0.00880***	-0.00924**	-0.00834***	-0.00933***	-0.00947***
	(-5.69)	(-2.90)	(-3.03)	(-2.68)	(-2.71)	(-2.71)
tfs80us	-0.160***	-0.206***	-0.200**	-0.217***	-0.214***	-0.209***
	(-3.36)	(-4.15)	(-4.48)	(-4.52)	(-4.34)	(-3.96)
lgdppc		0.0364*	0.0273	0.0333	0.0318	0.0268
		(1.69)	(1.23)	(0.90)	(0.70)	(0.54)
invest			0.0110**	0.0123***	0.0139***	0.0136**
			(2.45)	(2.73)	(2.69)	(2.62)
sec				0.00506	-0.0157	-0.0187
				(0.13)	(-0.38)	(0.46)
research					0.0254	0.0215
					(0.76)	(0.67)
pvter						0.000433
						(0.52)
_cons	0.588**	0.197	0.0341	-0.0831	-0.0378	-0.00104
	(6.34)	(0.71)	(0.12)	(0.24)	(-0.08)	(-0.00)
N	96	96	96	94	80	80
adj. R^2	0.210	0.228	0.267	0.285	0.319	0.311

괄호 안은 t 값이며 이분산-일치추정량을 사용.
통계적 유의확률, * p<0.10, ** p<0.05, *** p<0.01

주: 1) tfpg8013: 1980년에서 2013년까지 총요소생산성의 상승률,
tfp80us: 미국과 비교한 1980년 총요소생산성의 상대적 지표,
sec: 평균 중등교육연수, invest: GDP 대비 투자율
2) 다른 변수들은 표 1과 동일
3) tfp80us를 제외하면 모두 1980~2013년 평균치를 사용

자료: Penn World Table 9.0, World Development Indicators

흥미로운 점은 소득불평등과 마찬가지로 세대 간 소득탄력성으로 측정된 기회의 불평등도 혁신에 악영향을 미친다는 것이다. 특히 두 변수를 모두 사

런드버그·스콰이어(Lundberg and Squire, 2003)를 따라 3SLS 모형을 사용해 분석해 보아도 혁신이 불평등에 미치는 영향은 통계적으로 유의하지 않았다.

〈그림 4-4〉 불평등, 성장 그리고 발전

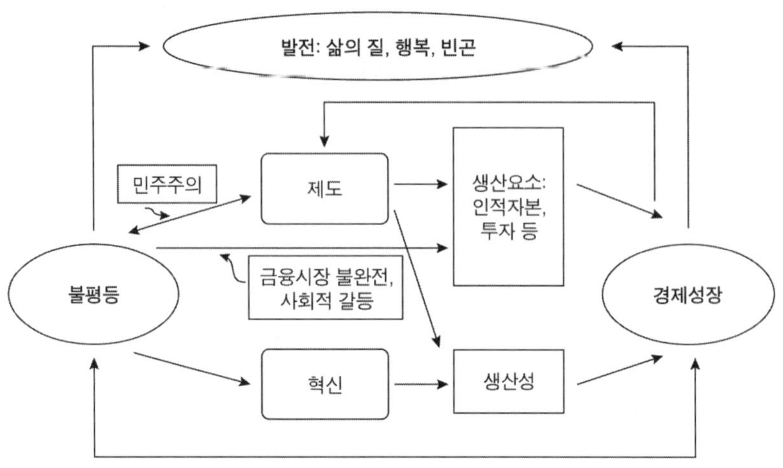

용했을 때는 기회의 불평등이 통계적으로 유의했고 소득불평등은 그렇지 못했다(〈표 4-2〉).

이는 결과의 불평등보다 환경으로 인한 기회의 불평등이 혁신 활동을 더욱 저해한다는 것을 시사한다. 한편 현재의 소득불평등이 다음 세대에 기회의 불평등을 낳는다는 것을 고려하면, 이 결과는 소득불평등이 기회의 불평등이라는 경로를 통해 혁신에 악영향을 미치기 때문일 수도 있을 것이다. 또한 혁신의 변수로 특허 대신 펜 월드 테이블(Penn World Table) 자료에 기초한 각국의 총요소생산성상승률을 사용해도 소득불평등이 생산성상승에 악영향을 미친다는 결과를 얻었다(〈표 4-3〉).[34] 인과관계와 경로에 대해 더욱 발전된 연구

34) 총요소생산성의 상승률을 사용한 실증분석에서는 1980년에서 2013년까지 자료를 사용한 국가 간 횡단면분석과 5년 평균자료를 사용한 고정효과 모형 모두에서 다른 변수들을 통제하고도 소득불평등이 총요소생산성 상승을 저해하는 결과를 얻었다. 그러나 세대 간 소득탄력성으로 측정된 기회의 불평등은 총요소생산성 상승률에 유의한 영향을 미치지 않았다.

가 필요하겠지만, 이러한 실증분석 결과는 소득불평등과 특히 기회의 불평등이 혁신에 부정적인 영향을 미친다는 것을 보여준다. 이는 결국 생산성상승에 기초한 장기적인 경제성장을 위해 불평등을 개선하는 노력이 중요하다는 것을 의미한다.

5. 결론

불평등이 심화되고 있는 현실을 반영해 최근 경제학에서 불평등에 관한 연구들이 활발하게 발전되고 있다. 불평등 문제는 특히 경제발전론에서 핵심적인 주제라 할 수 있다. 이 장에서는 발전에서 불평등의 의미, 불평등과 경제성장 사이의 상호 관계, 경제성장의 근본 요인과 불평등에 관해 살펴보았다. 특히 불평등과 경제발전에 관한 이론적·실증적 연구들과 논쟁을 소개하며 앞으로의 연구 방향에 관해 논의하고, 불평등이 혁신에 미치는 악영향에 관한 실증분석 결과를 제시했다. 〈그림 4-4〉는 그것을 요약해서 보여준다. 최근의 경제학 연구들은 심각한 불평등이 지속적인 경제성장과 번영에 악영향을 미칠 것이라 주장한다. 이제 현실에서도 포용적 성장과 같이 불평등을 개선하며 경제적 번영을 추진하기 위한 노력들이 발전되고 있다.

한국에서도 양극화와 불평등의 심화에 관한 우려가 높다. 특히 최근에는 교육을 통한 부의 대물림으로 인해 계층이동성이 약화되고 세습자본주의가 나타나고 있다는 비판이 제기되고 있다. 금수저, 흙수저 이야기로 대표되듯 부모를 잘 만나지 못하면 열심히 노력해도 성공하기 어렵다는 청년들의 절망감이 높은 현실은 기회의 불평등 문제를 잘 보여준다. 한국에서 교육과 관련된 기회의 불평등은 과거에 비해 악화되지 않았다는 보고도 있지만, 다른 방법으로 측정된 소득기회의 불평등은 최근 더 높아졌다는 연구도 제시된다(최성수·이수빈, 2018; 오성재·주병기, 2016). 경제성장이 둔화되고 좋은 일자리의 기회가 줄어드는 현실에서 사람들은 기회의 불평등 문제를 더욱 심각하게 인식할 것이다.

기회의 불평등에도 결국 결과의 불평등이 중요하다는 것을 생각할 때 연구자들은 역시 소득이나 부의 불평등에 주목할 필요가 있다. 한국은 1990년대 중반 이후, 특히 1997년 외환위기를 거치면서 소득불평등이 크게 악화되었다. 그 원인으로는 주로 세계화와 산업구조의 변화, 위기 이후 노동시장의 변화와 노동자의 협상력 약화, 고령화 등 여러 요인들이 제시되고 있다(조윤제, 2016; 전병유, 2013). 한국경제는 소득불평등의 악화와 함께 노동소득분배율도 하락했고 이를 배경으로 총수요와 성장이 둔화되었다. 따라서 최근에는 이를 극복하기 위해 소득주도성장이나 포용적 성장과 같이 불평등을 개선하며 성장을 촉진하기 위한 노력이 나타났지만 그 성과를 둘러싸고 논란이 이어지고 있다. 앞서 살펴보았듯이 불평등의 심화가 여러 경로들을 통해서 경제성장과 발전에 악영향을 미친다면 이러한 방향은 올바르다고 할 수 있다. 하지만 현실에서 도입된 정책들이 얼마나 정합적이고 효과적이었는지는 진지한 평가가 필요할 것이다.

이제 한국에서도 불평등 개선과 진정한 경제발전을 위해 불평등에 관한 더욱 깊은 논의가 필요한 시점이다. 먼저 과세 자료, 행정 자료 등 상세한 자료에 기초해서 여러 차원의 불평등 현실과 궤적에 관한 분석이 선행되어야 할 것이다. 특히 이러한 자료의 공개를 위한 관련 제도 정비 등 정부의 노력이 필요할 것이다. 그리고 불평등에 영향을 미치는 요인과 불평등이 경제와 사회에 미치는 영향에 관해 더욱 발전된 분석과 치열한 논쟁이 요구되고 있다. 나아가 한국에서도 더욱 평등한 소득 및 부의 분배와 재분배를 위해 필요한 효과적인 정책대안들에 관한 논의들이 발전되어야 할 것이다. 해외에서는 최고 소득세율의 인상, 누진적 자산세의 도입, 기본소득이나 기본자본 등 여러 가지 대안들이 논의되고 있다(Atkinson, 2016; Saez and Zucman, 2019; Piketty, 2019). 한국에서도 불평등을 분석하는 학술적 논의가 불평등을 극복하기 위한 정치적 변화와 생산적으로 상호작용할 수 있기를 희망해 본다. 이 과정에서 현실의 증거에 기반해 미래의 전망을 보여줄 수 있는 경제학의 역할이 요구되고 있다.

참고문헌

오성재·주병기. 2016. 「한국의 소득기회불평등에 대한 연구」. ≪재정학연구≫, 10(3).

이강국. 2013. 「경제성장의 근본요인은 무엇인가: 제도, 지리, 인종적 설명에 관한 문헌연구」. ≪사회경제평론≫, 42.

_____. 2017. 「소득주도성장: 이론, 실증, 그리고 한국의 논쟁」. ≪재정학연구≫, 10(4).

_____. 2019. 「한국경제의 노동생산성과 임금, 그리고 노동소득분배율」. ≪한국경제포럼≫, 12(2).

전병유. 2013. 「한국 사회에서의 소득불평등 심화와 동인에 관한 연구」. ≪민주사회와 정책연구≫, 23.

조윤제 엮음. 2016. 『한국의 소득분배: 추세, 원인, 대책』. 한울엠플러스.

최성수·이수빈. 2018. 「한국에서 교육 기회는 점점 더 불평등해져 왔는가: 부모 학력에 따른 자녀 최종학력 격차의 출생 코호트 추세」. ≪한국사회학≫, 52(4).

Acemoglu, D. and J. Robinson. 2006. *Economic Origins of Dictatorship and Democracy*. Cambridge University Press.

_____. 2012. *Why Nations Fail: The Origins of Power, Prosperity and Poverty*. Currency.

Acemoglu, D., Johnson, S. and J. A. Robinson. 2001. "The Colonial Origins of Comparative Development: An Empirical Investigation." *American Economic Review*, 91(2).

Aghion, P., Carol, E. and C. Garcia-Penalosa. 1999. "Inequality and Economic Growth: The Perspective of the New Growth Theories." *Journal of Economic Literature*, 37(4)

Aiyar, S. and C. H. Ebeke. 2019. "Inequality of Opportunity, Inequality of Income and Economic Growth." IMF Working Paper, WP/19/34.

Akyuz, Y. and C. Gore. 1996. "The Investment-Profit Nexus in East Asian Industrialization." *World Development*, 24(3).

Alesina, A. and R. Perotti. 1996. "Income Distribution, Political Instability, and Investment." *European Economic Review*, 40(6).

Alesina, A. and D. Rodrik. 1994. "Distributive Politics and Economic Growth." *Quarterly Journal of Economics*, 109(2).

Alvaredo, F. et al. 2017. *World Inequality Report 2018*.

Anzoategui, D. et al. 2019. "Endogenous Technology Adoption and R&D as Sources of Business Cycle Persistence." *American Economic Journal: Macroeconomics*, 11(3).

Atkinson, A. B. 2015. *Inequality: What Can Be Done?* Harvard University Press.

Atkinson, A. B. and A. Brandolini. 2001. "Promise and Pitfalls in the Use of "Secondary" Data-Sets: Income Inequality in OECD Countries as a Case Study." *Journal of Economic Literature*, 39(3)

Autor, D., D. Dorn and G. H. Hanson. 2016a. "The China Shock: Learning from Labor Market Adjustment to Large Changes in Trade." *Annual Review of Economics*, 8.

Autor, D. et al. 2016b. "Importing Political Polarization? The Electoral Consequences of Rising Trade Exposure." NBER Working Paper, No. 22637.

Bagchi, S. and J. Svejnar. 2015. Does Wealth Inequality Matter for Growth? The Effect of Billionaire Wealth, Income Distribution, and Poverty. *Journal of Comparative Economics*, 43(3).

Banerjee, A. and S. Duflo. 2003. "Inequality and Growth: What Can Data Say?" *Journal of Economic Growth*, 8(3).

Banerjee, A. and A. F. Newman. 1993. "Occupational Choice and the Process of Development." *Journal of Political Economy*, 101(2).

Banerjee, A. and Iyer, L. 2005. "History, Institutions, and Economic Performance: The Legacy of Colonial Land Tenure Systems in India." *American Economic Review*, 95(4).

Banerjee, A., D. Munshi and D. Ray. 2001. "Inequality, Control Rights and Rent Seeking: Sugar Cooperatives in Maharashtra." *Journal of Political Economy*, 109(1).

Barbosa-Filho, N. H. and L. Taylor. 2006. "Distributive and Demand Cycles in the US Economy: A Structuralist Goodwin Model." *Metroeconomica*, 57(3).

Bardhan, P. 2005. *Scarcity, Conflict and Cooperation: Essays in Political and Institutional Economics of Development*. Cambridge: MA: MIT Press.

Barro, R. J. 2000. "Inequality and Growth in a Panel of Countries." *Journal of Economic Growth*, 5(1).

_____. 2008. "Inequality and Growth Revisited." ADB Working Paper Series on Regional Economic Integration No. 11.

Bell, A. et al. 2019. "Who Becomes an Inventor in America? The Importance of Exposure to Innovation." *Quarterly Journal of Economics*, 134(2).

Benabou, R., D. Ticchi and A. Vindigni. 2015. "Forbidden Fruits: The Political Economy of Science, Religion and Growth." NBER Working Paper No. 21105.

Benigno, G and L. Fornaro. 2018. "Stagnation Traps." *Review of Economic Studies*, 85.

Berg. A. et al. 2018. "Redistribution, Inequality, and Growth: New Evidence." *Journal of*

Economic Growth, 23(3).

Blecker, R. 2016. "Wage-Led versus Profit-Led Demand Regimes: the Long and the Short of It." *Review of Keynesian Economics*, 4(4).

Bourguinon, F. 2015. "Revisiting the Debate on Inequaliyt and Economic Development." *Revue D'economie Polititique*, 125(5).

Bowles, S. 2012. *Essays on the New Economics of Inequality and Redistribution*. Cambridge University Press.

Bruekcner, M. and D. Lederman. 2018. "Inequality and Economic Growth: The Role of Initial Income." World Bank Policy Research Working Ppaer, No. 8467.

Brueckner, M. et al. 2015. "National Income and Its Distribution." *Journal of Economic Growth*, 20(2).

Cavalho, L. and A. Rezai. 2016. "Personal Income Inequality and Aggregate Demand." *Cambridge Journal of Economics*, 40(2).

Cervellati, M., P. Fortunato and U. Sunde. 2008. "Hobbes to Rousseau: Inequality, Institutions and Development." *Economic Journal*, 118.

Chetty, R. et al. 2014a. "Is the United States Still a Land of Opportunity? Recent Trends in Intergenerational Mobility." *American Economic Review Papers and Proceedings*, 104(5).

_____. 2014b. "Where is the Land of Opportunity: The Geography of Intergenerational Mobility in the United States." *Quarterly Journal of Economics*, 129(4).

Chong, A. and M. Gradstein. 2007. "Inequality and Institutions." *Review of Economics and Statistics*, 89(3).

Chou, C. and G. Talmain. 1996. "Redistribution and Growth: Pareto Improvements." *Journal of Economic Growth*, 1(4).

Corak, M. 2013. "Income Inequality, Equality of Opportunity, and Intergenerational Mobility." *Journal of Economic Perspectives*, 27(3).

Credit Suisse Research Institute. 2018. *Global Wealth Report 2018*.

Dabla-Norris, E. et al. 2015. "Causes and Consequences of Income Inequality: A Global Perspective." IMF Staff Discussion Note, SDN/15/13.

Dao, M. C. et al. 2017. "Why Is Labor Receiving a Smaller Share of Global Income? Theory and Empirical Evidence." IMF Working Paper. WP/17/169.

Deininger, K. and L. Squire. 1996. "A New DataSet Measuring Income Inequality." *World Bank Economic Review*, 10(3).

_____. 1998. "New Ways of Looking at Old Issues: Inequality and Growth." *Journal of*

Development Economics. 57(2).

Dell, M. 2010. "The Persistent Effects of Peru's Mining Mita." Econometrica, 78(6).

Dollar, D. and A. Kraay. 2002. "Growth is Good for the Poor." *Journal of Economic Growth,* 7(3).

Dosi, G., G. Fagiolo and A. Roventini. 2010. "Schumpeter Meeting Keynes: A Policy-Friendly Model of Endgoenous Growth and Business Cycles." *Journal of Economic Dynamics and Control*, 34.

Durlauf, S. N. and A. Seshadri. 2017. "Understanding the Great Gatsby Curve." *NBER Macroeconomics Annual 2017*, 32.

Easterlin, R. A. 2017. "Paradox Lost?" *Review of Behavioral Economics*, 4(4).

Easterly, W. 2001. "The Middle Class Consensus and Economic Development." *Journal of Economic Growth*, 6(4).

Easterly, W. and R. Levine. 2003. "Tropics, Germs and Crops: How Endowments Influence Economic Development." *Journal of Monetary Economics,* 50(1).

Engerman, S. and K. Sokoloff. 2002. "Factor Endownments, Inequality, and Paths of Development among New World Economies." NBER Working Paper, No. 9259.

_____. 2005. "The Evolution of Suffrage Instituions in the Americas." *Journal of Economic History*, 65.

Feeny, S. et al. 2012. "The Determinants of Economic Growth versus Genuine Progress in South Korea." *Social Indicators Research*, 113(3).

Ferreira, F. and J. Gingoux. 2011. "The Measurement of Inequality of Opportunity: Theory and Application to Latin America." *Review of Income and Wealth*, 57(4).

Ferreira, F. et al. 2018. "Inequality of Opportunity and Economic Growth: How Much Can Cross-Country Regressions Really Tell Us." *Review of Income and Wealth*, 64(4).

Foellmi, R. and J. Zweimüller. 2006. "Income Distribution and Demand-Induced Innovations." *Review of Economic Studies,* 73(4)

Fosu, A. K. 2017. "Growth, Inequality and Poverty Reduction in Developing Countries: Recent Global Evidence." *Research in Economics,* 71

Frankema, E. 2009. "The Colonoial Roots of Land Inequality: Geography, Factor Endowments or Institutions?" *Economic History Review,* 63(2).

Galbraith, J. K. and H. Kum. 2005. "Estimating the Inequality of Household Incomes: A Statistical Approach to the Creation of a Dense and Consistent Global Data Set." *Review of Income and Wealth*, 51(1).

Gallup, J. 2012. "Is There a Kuznets Curve?" Portland State University.

Galor, O. 2012. "Inequality, Human Capital Formation and the Process of Development." IZA DP No. 6328.

Galor, O. and O. Moav. 2004. "From Physical to Human Capital Accumulation: Inequality and the Process of Development." *Review of Economic Studies*, 71(4).

Galor, O., O. Moav and D. Vollrath 2009. "Inequality in Land Ownership, the Emergence of Human Capital Promoting Institutions and the Great Divergence." *Review of Economic Studies*, 76(1).

Gradstein, M. 2007. "Inequality, Democracy and the Property Rights." *Economic Journal*, 117.

Hall, R. E. and C. I. Jones. 1999. "Why Some Countries Produce So Much Output per Worker than Others?" *Quarterly Journal of Economics*, 114(1).

Halter, D., M. Oechslin and J. Zweimüller. 2014. "Inequality and Growth: The Neglected Time Dimension." *Journal of Economic Growth*, 19(1).

Harrison, A. ed. 2006. *Globalization and Poverty*. University of Chicago Press.

Hartman, D. et al. 2017. "Linking Economic Complexity, Institutions and Income Inequality." *World Development*, 93.

Hassler, J. and J. R. Mora. 2000. "Intelligence, Social Mobility and Growth." *American Economic Review*, 90(4).

Ille, S., A. Risso. and E. S. Carrera. 2018. "Democratization and Inequality: Empirical Evidence for the OECD Member Countries." *Environment and Planning C*, 35(6)

IMF. 2017. Fostering Inclusive Growth, G-20 Leaders' Summit.

Islam, M. R. and M. McGillivray. forthcoming. "Wealth Inequality, Governance and Economic Growth." *Economic Modelling*.

Jaumotte, F., S. Lall and C. Papageorgiou. 2013. "Rising Income Inequality: Technology or Trade and Financial Globalization?" IMF Economic Review, 61(2).

Kaldor, N. 1955. "Alternative Theories of Distribution." *Review of Economic Studies*, 23(2).

Keefer, P. and S. Knack. 1995. "Polarization, Politics and Property Rights: Links between Inequality and Growth." *Public Choice*, 111.

Kiefer, D. et al. 2019. "Secular Stagnation and Income Distribution Dynamics." Department of Economics Working Paper 2019-05. University of Utah.

Knowles, S. 2005. "Inequality and Economic Growth: Empirical Relationship Reconsidered in the Light of Comparable Data." *Journal of Development Studies*, 41(1).

Kotschy, R. and U. Sunde. 2017. Democracy, Inequality and Institutional Quality: Panel

Evidence. *European Economic Review,* 91(C).

Kotz, D. M. 2015. *The Rise and Fall of Neoliberal Capitalism.* Harvard University Press.

Kraay, A. 2015. "Weak Instruments in Growth Regressions: Implications for Recent Cross-Country Evidence on Inequality and Growth." World Bank Policy Research Working Paper 7494.

Kruse, D. L., R. B. Freeman and J. R. Blasi. 2010. *Shared Capitalism at Work.* University of Chicago Press.

Kubiszewski, I. et al. 2013. "Beyond GDP: Measuring and Achieving Global Genuine Progress." *Ecological Economics,* 93.

Kuznets, S. 1955. "Economic Growth and Income Inequality." *American Economic Review,* 45(1).

Lee, K. and B-Y. Kim. 2009. "Both Institutions and Policies Matter but Differently for Different Income Groups of Countries: Determinants of Long-Run Economic Growth Revisited." *World Development,* 37(3).

Lee, K-K. 2014. "Globalization, Income Inequality and Poverty: Theory and Empirics." *Social Systems Research,* 28.

_____. 2017. "Growth, Inequality an Structural Changes in Korea: Egalitarian Growth and Its Demise." *The Japanese Political Economy,* 43.

_____. 2019. "Inequality and Innovation." presentation at Institute of Economic Research at Seoul National University.

Lee, K-K. and V. V. Trung. forthcoming. "Economic Complexity, Human Capital and Income Inequality: A Cross-Country Analysis." *Japanese Economic Review.*

Li, H. and H. Zou. 1998. "Income Inequality Is Not Harmful for Growth: Theory and Evidence." *Review of Economic Development,* 2(3).

Lundberg, M. and L. Squire. 2003. "The Simultaneous Evolution of Growth and Inequality." *The Economic Journal,* 113(4).

Marrero, G. A. and J. G. Rodriguez. 2013. "Inequality of Opportunity and Growth." *Journal of Development Economics,* 104(C).

Milanovic, B. 2016. *Global Inequality: A New Approach for the Age of Globalization.* Harvard University Press.

_____. 2019. *Capitalism, Alone: The Future of the System That Rules the World.* Harvard University Press.

Moll, B. 2017. "Inequality and Macroeconomics." University of Luxembourg/European

Investment Bank Lecture.

Murphy, K. M., A. Shleifer and R. W. Vishny. 1989. "Income Distribution, Market Size and Industrialization." *Quarterly Journal of Economics*, 104(3).

Naastepad, C. W. M. 2006. "Technology, Demand and Distribution: a Cumulative Growth Model with an Application to the Dutch Productivity Growth Slowdown." *Cambridge Journal of Economics*, 30(3).

Nissanke, M. and E. Thorbecke. 2006. "Channels and Policy Debate in the Globalization-Inequality-Poverty Nexus." *World Development*, 34(8).

Nunn, N. 2014. "Historical Development." in Aghion P and Durlauf. S. eds. *Handbook of Economic Growth*. Vol. 2. North-Holland.

OECD. 2014. Report on the OECD Framework for Inclusive Growth.

_____. 2017. How's Life? 2017: Measuring Well-Being.

Olsson, O. and D. A. Jr. Hibbs. 2005. "Biogeography and Long-Run Economic Development." *European Economic Review*, 49(4).

Onaran, Ö. and G. Galanis. 2014. "Income Distribution and Growth: A Global Model." *Environment and Planning A*, 46(10).

Ostry, J. D., A. Berg. and C. G. Tsangarides. 2014. "Redistribution, Inequality and Growth." IMF Staff Discussion Note, SDN/14/02.

Perotti, R. 1996. "Growth, Income Distribution and Democracy: What the Data Say." *Journal of Economic Growth*, 1(2).

Persson, T. and G. Tabellini. 1994. "Is Inequality Harmful to Growth?" *American Economic Review*, 84(3).

Piketty, T. 2014. *Capital in the Twenty-First Century*. Harvard University Press.

_____. 2019. *Capital et Idéologie*. Seuil Press.

Ravallion, M. 2014. "Income Inequality in the Developing World." *Science*, 344(6186).

_____. 2018. "Inequality and Globalization: A Review Essay." *Journal of Economic Literature*, 56(2).

Ravallion, M. and S. Chen. 2003. "Measuring Pro-Poor Growth." *Economics Letters*, 78(1).

Rodrik, D., 1999. "Where Did All the Growth Go? External Shocks, Social Conflict and Growth Collapses." *Journal of Economic Growth*, 4(4).

Rodrik, D., A. Subramanian and F. Trebbi. 2004. "Institutions Rule: The Primacy of Institutions Over Geography and Integration in Economic Development." *Journal of Economic Growth*, 9(2).

Sachs, J. D. 2003. "Institutions Don't Rule: Direct Effects of Geography on Per Capita Growth." NBER Working Papers, No. 9490.

Saez, E. and G. Zucman. 2016. "Wealth Inequality in the United States since 1913: Evidence from Capitalized Income Tax Data." *Quarterly Journal of Economics,* 131(2).

_____. 2019. "Progressive Wealth Taxation." Brookings Papers on Economic Activity Conference, September 5~6.

Savoia, A., J. Easaw and A. Mckay. 2009. "Inequality, Democracy and Institutions: A Critical Review of Recent Research." *World Development*, 38(2).

Sen, A. 1999. *Development as Freedom.* Oxford University Press.

_____. 2009. *Idea of Justice.* Harvard University Press.

Sholl, N. and S. Klasen. 2019. "Re-estimating the Relationship between Inequality and Growth." *Oxford Economic Papers*, 71(4).Sholl, N. and S. Klasen. 2019. "Re-estimating the Relationship between Inequality and Growth." *Oxford Economic Papers*, 71(4).

Solt, F. 2016. "The Standardized World Income Inequality Database."*Social Science Quarterly,* 97(5).

Sonin, K. 2003. "Why the Rich May Favor Poor Protection of Property Rights." *Journal of Camparative Economics*, 31(4).

Stevenson, B. and Wolfers, J. 2008. "Economic Growth and Subjective WellBeing: Reassessing the Easterlin Paradox." *Brookings Papers on Economic Activity,* 2008(1).

Stiglitz, J. E., A. Sen and J-P. Fitoussi. 2009. *Report by the Commission on the Measurement of Economic and Social Progress.*

Stockhammer, E. and R. Wildauer. 2016. "Debt-driven growth? Wealth, Distribution and Demand in OECD Countries." *Cambridge Journal of Economics,* 40(6).

Sunde, U., M. Cervellati and P. Fortunato. 2008. "Are All Democracies Equally Good? The Role of Interactions between Political Environment and Inequality for Rule of Law." *Economics Letters*, 99(3).

Thorbecke, E. and C. Charumilind. 2002. "Economic Inequality and Its Socioeconomic Impact." *World Development,* 30(9).

Todaro, M. P. and S. C. Smith. 2015. *Economic Development*, 12th edition. Pearson Education.

Tuominen E. 2016. "Reversal of the Kuznets Curve: Study on the Inequality-Development Relation Using Top Income Shares Data." Working Papers 1610. University of Tampere, School of Management, Economics.

UNCTAD. 2017. Beyond Austerity: Towards a Global New Deal. Trade and Development Report 2017.

Wilkinson, R. and K. Pickett. 2009. *The Spirit Level: Why More Equal Societies Work Better for Everyone,* Allen Lane.

_____. 2018. *The Inner Level: How More Equal Societies Reduce Stress, Restore Sanity and Improve Everyone's Well-being?* Allen Lane.

World Bank. 1993. *The East Asian Miracle: Economic Growth and Public Policy.*

_____. 2005. *World Development Report 2006: Equity and Development.*

_____. 2018. *Fair Progress: Economic Mobility across Generations.*

Yellen, J. L. 2016. "Macroeconomic Research After the Crisis." Remarks at the 60th Annual Economic Conference Sponsored by the Federal Reserve Bank of Boston.

You, J-I. 1998. "Income Distribution and Growth in East Asia." *Journal of Development Studies,* 34(6).

You, J-S. and S. Khagram. 2005. "A Comparative Study of Inequality and Corruption." *American Sociological Review*, 70.

제5장

지역공동체 경제와 지역화폐*

사회적경제 활성화를 위한 지역화폐 시스템

조복현 | 한밭대학교 경제학과 교수

1. 서론

지역화폐는 기존 국가화폐 체제를 대체해 새로운 화폐 체제를 구축하려는 대안적 목적으로, 또는 기존화폐의 문제점을 특정 공동체 또는 지역 영역 차원에서 개선하고 보완할 목적으로 오래전부터 꾸준히 시도되어 실패와 성공을 거듭하며 발전해 왔다. 특히 1980년대 이후 지역화폐는 세계 여러 곳에서 목적, 가치기반, 화폐 창출 주체, 유통 원리 등에 있어서 여러 변화와 진전을 보이고 있다. 지역화폐의 발전은 대체로, 목적의 경우 공동체 유대 강화에서 지역경제 발전으로, 가치기반은 노동시간 기반에서 국가화폐 기반으로, 화폐 창출 주체는 회원 전체에서 소수 또는 단일의 중앙기구로 진행되어 왔다(Martignoni, 2012). 그리고 이를 유통 원리 등의 유형별로 보면, 지역의 호혜성을 우선하는 레츠(LETS: Local Exchange Trading System), 공동체의 서비스 교환

* 이 장은 조복현, 「지역공동체 경제와 지역화폐」, ≪경제발전연구≫, 제26권 3호(2020.9)를 수정한 것이다.

을 중시하는 타임뱅크(time bank), 지역경제 발전과 환경개선을 강조하는 여러 종류의 지역화폐 또는 이행화폐, 이해당사자들의 환경 친화적 행동을 유도하는 네덜란드 로테르담의 NU 카드(NU Sparrpass), 프랑스의 솔(SOL)과 같은 유형으로 발전해 왔다(Blanc, 2011).

한국에서도 1997년 외환위기 이후, 1998년 '미래를 바라보는 사람들의 모임'이 발행한 '미래화폐', 2000년 대전에서 발행된 '한밭레츠' 등과 같은 레츠 형태의 지역화폐가 운영되기 시작했다. 이후 과천 품앗이, 광명 그루, 송파 품앗이 등 공동체 기반의 지역화폐가 출범해 일부는 소멸하고 일부는 지금도 운영을 계속하고 있다(천경희·이기춘, 2005; 이창우, 2014; 최준규·윤소은, 2018; 유영선, 2018). 한편 지방자치 단체가 지역 상권 활성화를 목적으로 지역화폐의 일종이라고 할 수 있는 '지역사랑상품권'을 직접 발행해 유통시키고 있기도 하다. 2000년대 중반 이후 발행을 시작한 지역사랑상품권은 2019년 한 해 동안 총 2.3조 원의 상품권이 발행되었으며, 2020년 3월 194개 지방자치단체가 발행했다(행정안전부 지방경제재정실, '지역사랑상품권 개요', 행정안전부 홈페이지 업무안내).

이러한 세계 여러 지역의 지역화폐 실험들은 고용을 개선하고, 지역경제 활동을 촉진시키는 등의 경제적 성과뿐만 아니라, 사회적 신뢰 개선, 공동체 의식 강화, 환경보호 등에서도 일정 정도의 성과를 거둔 것으로 나타났다(Michel and Hudon, 2015; Fare and Ahmed, 2017). 그러나 지역화폐 유형에 따라 유통 범위의 한정, 재화와 서비스 거래 범위의 협소, 가격 책정과 협상의 어려움, 새로운 상업 거래 확장의 곤란, 경기 후퇴에 대한 대응력 부족 등과 같은 각각의 장애와 한계도 드러냈다. 실제로 대부분의 지역화폐들이 이러한 한계로 인해, 특히 경제적으로 긍정적인 성과를 거두었다 할지라도 그 크기는 매우 미미한 상태에 머물러 있는 것으로 평가되고 있다(Seyfang, 2002; Ryan-

Collins, 2011; Michel and Hudon, 2015; Fare and Ahmed, 2017).[1]

한국의 지역화폐 역시 경제적 성과에서는 매우 부진했으나 사회적 신뢰, 공동체 의식, 소비문화 변화 등에서는 상당히 긍정적인 성과를 거둔 것으로 나타났다. 한밭레츠, 송파품앗이 등 주로 레츠 형태의 지역화폐 실험을 통해 함께 나누는 공동체 형성 의식과 환경 및 자연의 보호라는 지속가능 소비활동 의식이 제고되었으며(김현옥, 2008; 천경희·이기춘, 2008), 또한 소속감과 책임의식의 연대성, 공동체 규범의 준수 등 공동체 의식이 향상되었다고 한다(김동배·김형용, 2001). 그러나 레츠가 주요 형태인 국내 지역화폐는 레츠가 갖는 고유의 한계를 그대로 보여주기도 했다. 열성적 참여자 소수에 거래가 집중되면서 나타나는 닫힌 네트워크의 형성과 그로 인한 확장성의 제한(류동민·최한주, 2003), 거래 규모의 영세성과 회원에 대한 서비스 제공의 협소성(조재욱, 2013) 등의 한계가 그것이다.

이와 같은 지역화폐 발전·성과·한계에 관련해 해외나 국내에서 다양한 분석과 연구들이 진행되었다. 이 연구들은 지역화폐의 이론적인 문제, 각 지역화폐 유형의 사례 및 성과와 발전 등에 주로 집중했다. 국내의 경우만 보더라도 지역화폐 활동에 대한 개괄적 평가(이창우, 2002; 양정하, 2009; 김민정, 2012; 조재욱, 2013; 유문무, 2019), 한밭레츠의 사례 연구(박용남, 2001; 류동민·최한주, 2003; 김성훈, 2019), 한국 지역화폐의 공동체의식 및 소비자 행태 변화에 대한 효과 분석(김동배·김형용, 2001; 천경희·이기춘, 2005; 김현옥, 2008), 해외의 지역화폐 소개(레츠는 이채언, 2000; 타임뱅크는 김정훈·이다겸, 2018; 독일 지역화폐와 영국

---

1) 이론적 차원에서도 지역화폐 성공에는 한계가 있다는 점이 지적되기도 했다. 디트머(Dittmer, 2013)는 다양한 지역화폐 실험을 탈성장(degrowth)의 관점으로 분석하면서, LETS나 HOUR 화폐는 실패할 운명에 놓인 '사회의 배후(behind-society's-back)' 접근일 수 있으며, 타임뱅크나 태환 지역화폐는 사회 변화에 미온적인 '엘리트에 대한 호소(appeal-to-elites)' 접근을 벗어나기 어렵다는 주장을 제기했다.

이행화폐는 한성일, 2013), 레츠의 운영 원리(강수돌, 2002) 등의 연구가 이루어져 왔다.

그러나 한국의 연구들은 대체로 지역화폐의 1세대 유형인 레츠의 소개 및 운영, 성과 등에 대한 연구가 대부분이고, 제3세대의 지역화폐에 대한 연구는 해외 사례의 소개 정도에 그치고 있다. 더욱이 각 지역화폐 유형들의 특성과 장단점에 대한 비교 연구는 거의 이루어지지 않은 상태이며, 지역경제와 공동체의 발전을 위해 어떤 유형의 지역화폐 시스템이 더 효율적인지에 대한 분석도 진행되지 않은 상태이다.[2)]

이 장은 한국의 지역화폐 연구 및 활용의 확장을 위해 그동안 거의 주목을 받지 못했던 지역화폐의 유형별 특성과 각 유형의 성과와 한계에 대한 검토를 수행한다. 그 검토를 통해 어떤 지역화폐 유형과 구체적 프로그램이 지역화폐 그 자체의 성과 제고는 물론, 지역공동체 경제 구축에 효과적으로 기능할 수 있는지 그 방안을 제시하고자 한다. 특히 지역공동체 경제 구축에 효율적으로 기능할 수 있는 지역화폐의 시스템 구축, 유통 활성화 방안, 지속가능한 운영체계 등을 구체적으로 제시할 것이다. 단, 한국의 각 지방자치단체에서 발행하고 있는 지역사랑상품권은 여기서 지역화폐의 범주에 포함해 검토하지 않는다. 지역사랑상품권은 '일반적 수용성과 통용성을 갖는 화폐'라기보다는 '할인 상품권'으로 1회의 유통에 머무는 것이 대부분이다.

여기서 지역공동체 경제 구축은 지역 경제활동이라는 지리적 의미를 넘어서 경제적 목표와 사회적·환경적 목표를 동시에 추구하는 공동체 경제의 구축을 의미한다. 즉 지역을 기본단위로 하면서도 경제적·사회적·환경적 목표

2) 이창우(2014)는 서울시의 마을공동체 발전을 위해 지역화폐를 활용할 것을 주장하고 있다. 그러나 지역화폐와 마을공동체의 연계를 강화해야 한다는 주장에 초점을 맞추고 있을 뿐, 지역화폐 시스템의 구체적인 구축 방안은 제시되고 있지 않다.

를 경제활동의 중요한 가치로 추구하는 경제 시스템을 구축하는 것이다. 지역공동체 경제는 그동안 주로 각 지역의 사회적경제 활동을 통해 추구되어 왔다. 따라서 이 장에서 다루는 지역공동체 경제 구축은 지역의 사회적경제 구축을 의미하는 것으로 사용할 것이다.

이 장의 구성은 다음과 같다. 제1절 서론에 이어 제2절에서는 전 세계 여러 지역화폐의 목적과 유형별 구분·발전에 대해 살펴본다. 제3절에서는 지역화폐의 성과와 한계에 대해 지역화폐의 유형별로 살펴본다. 제4절에서는 사회적경제의 활성화를 위한 새로운 지역화폐 시스템의 구축을 제시한다. 여기서는 지역화폐 시스템 구축, 지역화폐 유통의 활성화를 위한 운영 방식, 지속성을 위한 운영체계 구축 등에 대한 방안을 제시한다. 마지막으로 제5절에서는 앞의 논의를 요약하고 정리한다.

2. 지역화폐의 목적과 발전

1) 지역화폐의 이론적 기초와 목적

지역화폐는 개인·개인그룹·비정부조직·협회·재단·정부당국 등 다양한 주체들에 의해 공동체나 지역의 경제·사회·환경 문제를 해결하기 위해 다양하게 발전되어 왔다. 단순히 경제위기에 따른 지역의 경제 문제를 해결하려는 목적에서 시작된 것도 있었고, 경제적 취약자들을 대상으로 서비스를 공급하기 위한 목적에서 시작된 것도 있었다. 또한 글로벌화 및 시장경쟁이 가져오는 소득격차와 지역경제의 피폐화를 막기 위한 목적에서 시작된 것도 있었고, 기후변화와 피크오일 문제 같은 환경문제에 대응하기 위한 목적을 가지고 시작된 것도 있었다.

따라서 지역화폐는 그 개발 목적에 따라 레츠·타임달러·타임뱅크·아워·지역화폐·이행회페 등 다양한 형태와 유형으로 발전되어 왔다. 이러한 지역화폐들은 유통 영역을 기준으로 공동체화폐(community currency)·지역화폐(local currency)로 구분해서 명명되기도 했으며, 기존 경제질서와 대항·보완 관계를 기준으로 대안화폐(alternative currency)·보완화폐(complementary currency)로 구분해 불리기도 했다. 최근에는 지역화폐를 총칭해서 대체로 공동체 보완화폐(community and complementary currency)라는 명칭을 많이 사용하고 있는 것 같다.[3] 그러나 이 장에서는 여러 지역화폐를 모두 포괄하는 용어로 우리 사회에 익숙하게 알려져 있는 표현 그대로 '지역화폐'라는 명칭을 사용하고자 한다.

(1) 지역화폐의 이론적 기초

지역화폐는 각각 다양한 목적으로 발생하고 다양한 형태로 발전했다. 지역화폐의 필요성에 대한 여러 이론적 기초도 제시되었다. 지역화폐의 이론적 기초에는 '현대화폐제도의 지속가능발전 저해 주장', '탈성장 이론', '신경제학 이론' 등이 있다.

이들의 주장을 살펴보자. 첫째, 현대화폐제도의 지속가능발전 저해 주장은 현대화폐제도가 지속가능한 발전을 저해하는 강력한 원인이 되기 때문에 이를 대체할 지역화폐가 필요하다는 주장이다.

---

3) 지역화폐에 대한 여러 이론 및 사례 연구 결과를 많이 발표하는, 1997년 Colin Williams, Mark Jackson, Gill Seyfang에 의해 창간된 이 분야의 전문학술지 명칭은 *International Journal of Community Currency Research*이다. 또한 2016년에 창설된 지역화폐 연구자 모임의 명칭은 Research Association on Monetary Innovation and Community and Complementary Currency System이다(Fare and Ahmed, 2017).

현대화폐제도가 지속가능발전을 저해하는 이유는 가난한 사람으로부터 부자로 체계적 자원 이전을 시키고 화폐·성장 상호 강제(money-must-growth) 메커니즘의 규범이 생산·소비·투자를 지속적으로 보다 더 높은 수준에서 이루어지도록 강제하는 데 있다(Robertson, 1999). 자원 이전의 경우, 실제로 독일에서 1980년대 중반에 80%의 가구가 자신이 받은 이자보다 더 많은 이자를 지불했는데, 이것이 바로 현대화폐제도에서 나타나는 가난한 사람으로부터 부자로 부의 재분배를 보여주는 증거라는 것이다(Kennedy, 2001). 이러한 현대화폐제도의 문제를 해결하기 위해서, 이자 지불을 기초로 하는 상업은행의 대출을 통한 화폐발행 시스템 대신 이자 없는 화폐발행, 생산과 소비의 지속가능한 시스템을 지원하기 위한 지역화폐 시스템의 구축을 강조한다. 요컨대 지역화폐제도가 소득격차를 완화하고 과잉성장을 억제하여 지속가능한 성장을 가능하게 하는 새로운 대안 화폐시스템으로 기능할 수 있다는 것이다.

둘째, 탈성장(degrowth) 이론은 현재의 경제성장에 대한 세계적 맹신과 성장 지상주의가 결국은 환경적·사회적·경제적 붕괴를 불러일으킬 것이라고 주장한다. 따라서 "지역적 수준에서든 세계적 수준에서든, 단기적이든 장기적이든 인간 웰빙(안녕)을 증진시키고 환경적 조건을 제고시키도록 생산과 소비를 동시에 감소시키는 것으로 정의되는" 지속가능 성장이 필요하다고 주장한다(Schneider et al., 2012). 이 지속가능 성장이, 곧 탈성장이다. 이러한 탈성장을 위한 구체적 수단의 하나로 지역화폐 창출을 지지한다(Douthwaite, 2012). 지역화폐 사용을 통해 공동체 건설이 가능하며, 이를 통해 생산과 소비를 환경 친화적으로 축소시킬 수 있는 친환경 지역화를 구축할 수 있다는 것이다(Dittmer, 2013).

셋째, 신경제학 이론은 자본주의 신용·화폐를 거부하는 지역화폐를 도입함으로써 가속적으로 팽창하는 경제를 제어할 수 있고, 지역화폐 발행을 에너지와 같은 생물물리학적 자원에 기반하게 함으로써 생태적 한계 이내로 경제교환을 묶어둘 수 있다고 주장한다(Seyfang and Longhurst, 2013). 신경제학은 생태·인류·제도 경제학은 물론 여성주의 경제학까지 포괄하는 다양한 스펙트럼의 경제학으로서, 사회적 평등과 환경보호에 대한 관심을 회복력 있는 경제와 결합시키고 발전전략은 경제성장 우선에서 지속가능성으로 재배치할 것을 요구한다(Jackson, 2009). 환경보호와 지속가능성을 위해서 국가화폐보다는 지역화폐가 우월하다는 것이다. 지역화폐는 국가화폐와는 달리 교환의 매개수단이 부족할 때 유동성을 추가로 공급할 수 있고, 가치저장을 특정한 목적에 부합하도록 유인할 수 있기 때문이다(Seyfang and Longhurst, 2013).

앞서 언급한 세 주장 모두 관점은 다르지만, 공통적으로 현대화폐제도에 의해 추동되는 부의 불평등 심화와 과잉 성장, 개인 간 경쟁과 지역 간 경쟁, 불평등의 증대, 석유자원을 포함하는 자원과 환경의 파괴, 경제발전의 지속불가능 등의 문제를 해결하기 위한 수단으로 지역화폐의 필요성과 역할을 고려하고 있다.[4]

(2) 지역화폐의 실천적 목적

한편 지역화폐를 직접 개발하고 실행시킨 실무적 차원에서의 목적은 무엇이었을까?

레츠 유형의 경우, 1983년에 캐나다에서 시작된 캐나다 레츠는 지역산업

---

4) 한편 국내에 많이 소개되어 있는 가라타니 고진(柄谷行人)의 '지역화폐 목적의 이론적 설명'도 있다. 이윤을 목적으로 하는 자본주의 경제 순환, 즉 M-C-M(화폐-상품-화폐)에 반대해 비자본제적 생산과 소비의 행태를 만들어내는 것이 레츠와 같은 지역화폐, 더 나아가 시민화폐의 목적이라고 주장한다. 이러한 지역화폐(여기에 생산자와 소비자 협동조합을 더해서)를 통한 비자본제적 생산과 소비 행태 구축이 자본주의를 존속시키면서도 폐기하는 새로운 어소시에이션 운동(NAM)의 중요한 요소가 된다고 한다(가라타니 고진·박유하, 2002).

보호와 실업문제 해결을 목적으로 출범했다. 당시 밴쿠버섬 코목스 밸리(Comox Valley)는 경기 후퇴로 지역산업 파산과 대량 실업문제에 직면하게 되었는데, 이 지역에서 개인회사를 운영하던 마이클 린튼(Michael Linton)은 지역산업을 보호하고 실업문제를 해결하기 위해 레츠를 창안하게 된 것이다(이채언, 2000; Fare and Ahmed, 2017).

타임뱅크 유형의 경우, 미국 타임달러는 1986년 사회적으로 배제되고 정상적인 경제활동에 참여가 어려운 사람들을 공동체의 자발적 주도와 연결시킴으로써 가정·가족·이웃·공동체의 경제, 즉 핵심경제(core economy)를 재건설하기 위해 시작되었다. 이 타임달러 시스템을 처음 시작한 에드거 칸(Edgar Cahn)은 일반적인 시장경제와 핵심경제가 서로 다른 서비스를 제공할 수 있으며, 시장경제를 보완해 핵심경제가 제공하는 서비스를 발굴하고 유통시키기 위해 타임달러가 필요하다고 주장한다(Cahn, 2001). 타임달러는 영국에서 타임뱅크의 형태로 발전했다. 타임뱅크도 사회적으로 배제된 사람들을 상호부조와 공동체 건설의 네트워크에 연결시키고 그를 통해 사회적 자본을 구축하기 위한 목적으로 출범했다(Seyfang, 2002).

지역화폐 유형의 경우, 크리스티안 겔러리(Christian Gelleri)에 의해 창설된 독일의 대표적 지역화폐인 킴가우어(Chiemgauer)는 지역경제의 연대를 목적으로 하고 있다. 보다 구체적으로는 첫째, 지역공동체 내에 화폐가 유통되게 만들어 구매력을 지역에 묶어두는 것, 둘째, 협력 분위기 형성, 지역경제 강화, 비영리 지원, 수송거리 단축, 화폐의 투기적 사용 대신 지역투자 사용 증가 등을 목표로 하고 있다(Gelleri, 2009). 영국의 이행기 화폐도 기후변화와 피크오일(peak oil)의 위협에 대응해 지역 회복력을 제고시키고, 지역 웰빙을 창출할 목적으로 도입되었다. 구체적으로는 지역경제 회복, 지역사업체 지원, 지역민과 사업체의 연계 강화, 탄소배출 감소 등이 목적이다(Ryan-Collins, 2011).

여러 지역화폐의 실무적 목적은 화폐 유형과 지역에 따라 조금씩 차이가 있지만, 마리 페어(Marie Fare)와 울드 아메드(Ould Ahmed)가 주장하듯이 다음 4가지 중 하나 또는 그 이상의 목표를 공유하고 있다. 첫째는 지역경제 활성화를 통해 고용에서 배제된 사람들에게 그들의 기술을 이용해 생산 활동에 참여하도록 하고 그들의 자존감을 개선하도록 하는 것, 둘째는 사람들 사이의 호혜성의 연대를 창출하고 사회적 네트워크를 결합하는 것, 셋째는 생산과 소비가 사회적·환경적 기준에 적합하게 이루어지도록 하는 것을 통합하는 것, 넷째는 화폐의 사회적 사용을 강화하고, 시민사회를 경제적·화폐적 의사결정에 참여시키는 것이다(Fare and Ahmed, 2017).

지역화폐는 이와 같이 여러 가지 유형으로, 서로 다른 목적을 이루기 위해 발생했고 운영되어 왔다. 대체로 지역의 경제적 곤란에 대응해 지역공동체의 자립적 발전과 지역민의 유대를 강화할 목적으로 발생했다. 또, 지역을 중심으로 한 민주적·호혜적 경제활동과 환경보호적 사회활동을 발전시킬 목적으로 창출되고 발전했다. 국가화폐와 달리 일반적 교환 매개나 가치저장 수단이 아니라, 지역의 경제안정과 고용확대, 환경보호, 사회적 유대 강화를 위해 봉사하는 특수목적을 가진 화폐라고 할 수 있다. 이러한 기능을 수행하기 위해 상호신뢰나 국가화폐에 기반해 무이자로 창출되고, 지역 내에서 때로 감가를 수반하면서 유통수단으로만 유통되는 화폐이다.

2) 지역화폐의 유형과 발전

(1) 지역화폐의 유형

다양한 목적을 가지고 시작된 지역화폐는 시간이 지나면서 진화하고 발전해 왔다. 아직도 전 세계에 다양한 유형의 지역화폐가 공존하면서 자신의 역할을 수행하고 있다. 지역화폐를 유형화할 때, 시간적 진화를 기준으로 구분하기도 하고(Blanc, 2011; Fare and Ahmed, 2017), 기능과 유통 원리에 따라 구분하기도 하고(Martignoni, 2012), 화폐 창출의 기반을 기초로 구분하기도 한다(Seyfang and Longhurst, 2013; Michel and Hudon, 2015).

블랑(Blanc, 2011)은 1980년대에 시작된 레츠부터 시간의 이동에 초점을 맞추어 네 가지 세대로 구분한다. 각 세대는 서로 관련된 경험을 공유하기도 하지만 이전의 경험을 개선하면서 새로운 모형을 제공한다. 제1세대는 1980년대에 캐나다에서 시작되어 유럽으로 전파되면서 1990년대 후반까지 역동적으로 발전한 레츠이다. 제2세대는 1986년 미국 타임달러로 출발해서 영국에서 크게 발전한 타임뱅크이다. 이 유형은 제1세대 레츠와 마찬가지로 시간이 교환가치의 가이드 역할을 하지만, 타임뱅크는 주로 취약계층에 서비스를 제공하고 발굴하는 것이 특징이다. 제3세대는 1991년에 시작된 이타카아워(Ithaca Hour), 2000년대 미국의 버크셰어(Berkshare), 독일 지역화폐, 영국의 이행기 화폐, 브라질의 지역공동체은행(Banco Palmas)과 여기서 발행하는 화폐 등으로 경제적 목표를 일차적으로 하며 국가화폐를 기반으로 하는 것이 특징이다. 제4세대는 네덜란드의 NU카드로 다양한 이해관계자가 모두 협력해 환경개선을 목적으로 지방 정부가 주도적 역할을 하는 것이 특징이다.

마티니노니(Martignoni, 2012)는 그레코(Greco, 2009)에 기초한 네 가지의 유형구분 기준으로 지역화폐를 구분한다. 그 기준은 누가 화폐발행 자격을 갖는가, 화폐가 무엇에 기반해서 발행되는가, 각 발행자에 의해 얼마나 많은 화폐가 유통에 들어오는가, 화폐발행의 목적은 무엇인가 하는 것이다. 그는 이 중 목적과 기반의 기준에 따라, 개인의 부 축적과 이해관철 수단으로서의 집행지향형(enforcement-oriented) 화폐, 서비스 교환의 개인 관계 제고를 위한 교환수단으로서의 서비스지향형(service-oriented) 화폐, 자산투자를 통한 가치저장 수단으로서의 안전지향형(security-oriented) 화폐, 개인발전 수단이면서 공동체 구축 수단으로서의 공동체지향형(community-oriented) 화폐, 네 가지로 분류한다. 발행 자격과 유통 원리에 따라 불평등을 상쇄하는 경향의 중립화형(neutralizing) 화폐, 경제 위축에 대응하는 경기대응형(inversive) 화폐, 성장을 위해 불평등을 용인하지만 제한된 범위 내로 통제하는 분리형(separating) 화폐, 강한 팽창 추진력을 갖고 있어 통제하기 어려운 팽창형(expansive) 화폐로 분류한다. 마티니노니는 이러한 기준에 따라 케인스가 제안한 국제화폐로서의 방코르(Bancor), 독일어권의 지역화폐, 스위스 프랑과 같은 국가화폐를 유형별로 구분하고 있다. 잘 알려진 몇 가지만 보면, '방코르'와 독일 지역화폐 '킴가우어'는 안전지향형이면서 동시에 중립화형 화폐로 분류된다. 비어(WIR)는 서비스지향이면서 경기대응형 화폐이며, 스위스 프랑(franc)은 집행지향이면서 팽창형 화폐이다. 이 분류에 따르면, 지역화폐는 국가화폐와 달리 서비스 또는 안전지향형이면서 불평등을 완화하는 유형의 특징을 갖는다.

세이팡·롱허스트(Seyfang and Longhurst, 2013)는 전 세계에 실재하는 지역화폐를 조사하면서 4개 유형으로 구분했다. 구분 기준을 특별히 설명하지는 않지만, 대체로 교환의 신뢰 기반을 기초로 구분하고 있는 듯하다. 이들에 따르면 지역화폐는 타임뱅크와 같은 서비스 신용(service credits), 레츠와 같은 상호교환(mutual exchange), 이타카아워, 독일 지역화폐, 브라질 지역은행, 영국 이행화폐 등과 같은 지역화폐(local currencies), 아르헨티나 바터클럽(Barter Club)과 같은 물물교환시장(bater markets)의 네 가지 유형의 화폐로 구분될 수 있다.

이러한 지역화폐의 유형화는 나름대로 장점과 단점을 가지고 있다. 블랑의 세대별 유형구분은 시기적 발전의 차이를 더 잘 나타내기도 하고, 마티니노니의 유형 구분은 목적이나 유통 원리의 차이를 더 잘 드러내기도 한다. 세이팡·롱허스트의 유형 구분은 지역화폐의 가치기반 차이를 잘 드러낸다. 그러나 지역화폐는 시기적 경과에 따라 목적이나 가치기반 등에서 일정 정도의 변화와 발전을 보이고 있어서, 블랑의 세대별 유형 구분이 지역화폐 분류에 유용하다고 볼 수 있다.

(2) 지역화폐의 발전

이제 지역화폐가 어떤 특성을 가지면서 발전해 왔는지 살펴보자.[5] 이를 위해서는 앞에서 말한 세대별 유형의 구분을 기초로 해서 살펴보는 것이 적절할 것이다. 왜냐하면, 세대별 유형 구분은 시기의 변화에 따라 지역화폐를 구분 유형화하고 있으며, 각 시기에 따라 지역화폐의 목적이나 특성이 어떻게 다르고, 또 이전 시기 유형의 지역화폐가 갖는 문제점을 어떻게 개선시켜 나가고

---

5) 전 세계의 지역화폐 규모를 보면, 그 숫자를 정확하게 파악하기는 어렵지만 최근 연구에 의하면, 전 세계적으로 대략 50여 개 국가에 3500~4500여 개의 시스템이 존재하는 것으로 알려져 있다(Fare and Ahmed, 2017). 좀 더 체계적인 조사는 2012년 3월을 기준으로 세이팡과 롱허스트에 의해 이루어졌는데, 이들의 조사에 의하면, 당시에 지역화폐는 (이들은 이를 공동체화폐로 명명하고 있다) 6개 대륙, 23개 국가에 3418개의 지역 프로젝트로 운영되고 있다. 이들의 지역별 분포를 보면, 유럽지역에 가장 많은 2333개의 프로젝트(51%)가 집중해 있으며, 아시아에는 567개(16.6%), 북미에는 9.8%, 남미에는 2.7%, 호주에는 1.7%, 아프리카에는 0.9%의 순서로 분포를 보이고 있다. 세이팡·롱허스트는 이 지역화폐 프로젝트들을 네 개의 유형으로 나누어 분포를 조사했는데, 타임뱅크 등의 서비스신용(service credit) 유형이 전체 프로젝트의 50.2%인 1715개로 가장 많은 비중을 보였다. 이 서비스 신용들은 주로 북미와 아시아에 상대적으로 많이 분포해 있었다. 두 번째로 많은 비중을 보이고 있는 지역화폐 유형은 레츠 등의 상호교환(mutual exchange) 유형으로 41.3%인 1412개의 분포를 나타냈다. 이 상호교환 유형은 유럽에서 더 많은 분포를 보이고 있는데 유럽 지역 프로젝트 전체의 54.1%를 차지했다. 세 번째는 미국의 이타카아워, 독일 지역화폐 등을 포함하는 지역화폐(local currencies) 유형으로 7.1%인 234개의 분포를 보였다. 이 유형은 여러 지역에 분포해 있기는 하지만 상대적으로 보면 남미에 많이 분포하고 있는 것으로 나타났다. 마지막 네 번째는 지역화폐와 상호교환의 혼합 형태로 나타난 아르헨티나의 물물교환 클럽과 같은 물물교환시장(bater market) 유형으로 48개의 1.8% 비중을 나타냈다. 이들 유형은 대체로 남미에 많이 분포하고 있다.

있는지를 잘 보여줄 수 있기 때문이다.

제1세대 레츠는 1983년 캐나다 코목스 밸리에서 시작된 이후 영국·뉴질랜드·호주로 확산됐으며, 1990년대 후반 영국에서, 그 이후 유럽에서 절정에 이르렀다. 2012년 전 세계에 1412개(당시 지역화폐 전체의 41.3%)가 분포했으며, 유럽지역에 상대적으로 많이 분포했다(Seyfang and Longhurst, 2013). 레츠는 주로 상호교환 시스템으로 교환이 발생하는 시점에서 화폐가 창출된다. 거래가 이루어지면 거래금액이 구매자의 부채계정, 판매자의 자산계정에 기록됨으로써 화폐가 창출되는 것이다. 부채계정은 (-)로 기록되는데, 어떤 경우는 이에 대한 한계를 설정하기도 한다. 그러나 어떤 경우도 이 (-)계정에 대한 이자 부과는 없다. 레츠의 교환가치는 노동시간을 기준으로 하거나 국가화폐를 기준으로 하지만 국가화폐와 직접 교환되지는 않는다. 지역 정부와의 연계도 없다(이채언, 2000; Blanc, 2011; Dittmer, 2013; Seyfang and Longurst, 2013; Fare and Ahmed, 2017). 레츠는 지역경제 재구축으로 지역경제의 지속적 발전, 실업자의 사회 참여 제고로 사회 불평등 해소, 사회 네트워크 형성으로 공동체 건설 등을 목표로 하고 있다(Williams, 1996). 국내에서도 2000년에 대전의 한밭레츠와 과천의 과천품앗이, 2016년에 서울 노원의 지역화폐가 공동체 상호부조와 지역경제 활성화를 위해 도입되었고, 지금까지 거래를 유지하고 있다(과천과 노원의 레츠에 대해서는 유영선, 2018; 한밭레츠에 대해서는 박용남, 2001; 류동민·최한주, 2003; 김성훈, 2019을 참조).

제2세대 타임뱅크는 1980년대 중반 미국에서 칸에 의해 타임달러로 시작해서 1997년에 영국으로, 그 이후 유럽 전역으로 확산되었다. 이 타임뱅크 유형의 지역화폐는 2012년에는 전체 지역화폐 중 가장 많은 비중을 차지했는데, 11개 국가 1715개의 프로젝트가 분포했다(Seyfang and Longhurst, 2013). 타임뱅크는 레츠와 달리, 공급자와 수요자가 직접 만나 거래를 탐색하고 계약하는 것이 아니라, 중개인을 두어 거래를 중개하고 장부 기록도 관리하도록 했다. 타임뱅크의 화폐는 회원들이 서로 서비스를 제공하고 제공받는 과정에서 서비스 제공에 대해 부여하는 타임 크레디트로 창출된다. 타임 크레디트는 노동시간을 기준으로 하는데 서비스 내용이나 질에 관계없이 1시간에 1크레디트로 계산된다. 타임 크레디트는 다른 회원의 서비스를 얻기 위해 사용할 수 있고, 노인교육과 같은 지역서비스를 구입하기 위해 사용할 수도 있는 서비스 크레디트 시스템이다. 타임뱅크는 레츠와 달리 지방 정부와 밀접히 연결되었는데, 영국에서는 타임뱅크 거래에 대해 조세를 면제하고 수당 계산에서도 제외하는 등 지원을 했다. 그렇지만 타임뱅크 역시 국가화폐와 연계는 없다(Blanc, 2011; Dittmer, 2013; Seyfang and Longurst, 2013; Fare and Ahmed, 2017). 타임뱅크는 노령자·환자·여성 등 사회적 배제자를 대상으로 그들의 노동을 가치 있는 상품으로 전환해 사회에 참여하게 함으로써, 자원봉사를 확대하고, 호혜적 교환을 증진시키고, 사회적 자본과 공동체 구축을 지원하는 것을 목적으로 한다(Seyfang, 2002, 김정훈·이다겸, 2018).

제3세대 지역화폐는 1991년 미국 이타카의 이타카아워 경험에서 시작되어 2000년대 미국의 버크셰어, 독일의 지역화폐인 킴가우어, 영국의 이행화폐, 브라질의 파우마스 등으로 발전한 유형이다. 이 유형의 지역화폐는 2012년 전 세계적으로 243개 프로젝트가 진행 중에 있으며, 6개 나라에 분포되어 있다(Seyfang and Longhurst, 2013). 이 지역화폐들은 국가화폐를 가지고 구매함으로써 창출된다. 국가화폐와의 비율은 프로젝트마다 다른데, 이타카아워는 10달러가 1아워로 교환되며, 킴가우어는 1 : 1로 유로와 교환되고, 이행 화폐도 스털링과 1 : 1로 교환된다. 소비자의 경우 국가화폐로 태환할 수 없지만, 공급자인 기업 등은 국가화폐로 태환할 수 있다. 경우에 따라 태환 비용이 수반되기도 한다. 또 독일의 킴가우어처럼 시간이 지남에 따라 감가되도록 설계되어 있기도 하다(Lietaer, 2001; Gelleri, 2009; Ryan-Collins, 2011, 한성일, 2013). 이 제3세대의 지역화폐는 대부분 지역경제 활성화를 주요 목표로 하고 있다. 그러나 영국의 이행기 화폐처럼 기후변화와 피크오일과 같은 환경 악화 문제에 대한 대응으로 생태지역화(eco-localization)를 목적으로 하고 있기도 하다. 이 지역화폐 프로젝트는 지방 정부와 협력하기도 하고, 지역의 신용협동조합이나 은행과 협력하기도 하면서, 보완화폐로서 역할을 강조한다(Blanc, 2011; Dittmer, 2013).

제4세대 지역화폐는 2002~2003년 네덜란드에서 시행되었던 로테르담의 NU카드(NU-Spaarpass) 시스템, 2006~2008년 프랑스에서 시도되었던 SOL, 2010년 케냐에서 유통되었던 에코페사(Eco-Pesa)와 같은 유형의 지역화폐를 가리킨다. 이들은 스마트카드와 태블릿을 사용하는 전자화폐 형태를 띠고 있다. 또 다른 세대의 지역화폐와는 달리 환경개선에 초점을 맞추면서 다양하게 분산되어 있던 목표를 통합하고, 지역 당국, 경제주체 및 조직, 은행, 국가조직 등이 다중의 파트너십을 형성하고 있다(Fare and Ahmed, 2017). 로테르담 NU카드는 환경친화적 사업 행동 프로젝트로 민간이 주도해서 시작되었다. 카드보유자가 친환경 생산물을 구매하거나 쓰레기 재활용 등의 환경 친화적 행동을 하게 되면 포인트를 얻는다. 이 포인트로 참여 가게에서 다양한 재화와 서비스를 살 수 있고, 대중교통 1일권을 살 수도 있다. NU 카드는 이를 통해 환경을 개선하면서 동시에 지역 중소기업의 경쟁력을 향상시키는 것을 목표로 하고 있다(Joachain and Klopert, 2011).

3. 지역화폐의 성과와 한계

이렇게 다양한 유형과 형태를 가지면서 발전된 지역화폐 중 어떤 것들은 자신의 목표를 충실히 달성하면서 지속되고 있는 것도 있고, 이미 폐지되어 더 이상 역할하지 않는 것도 있다. 지역화폐의 성과와 지속 여부는 지역화폐 유형 각각의 특성에 기인하는 것도 있고, 지역적 특성 또는 참여자의 헌신성 여부에 기인하는 것도 있다.

전 세계의 다양한 지역화폐 실험에 대한 질적·양적 평가를 수행한 여러 연구보고서들을 보면, 여러 지역화폐 실험들은 경제적·사회적·환경적 측면에서 일정한 정도의 성과를 거두기는 했지만 전반적으로는 지역화폐 참여자의 확산과 팽창에 여러 한계들이 있어서 그 성과가 미미하다고 분석하고 있다. 특히 사회적·환경적 성과보다 경제적 성과가 더 미미한 것으로 분석했다(Michel and Hudon, 2015; Fare and Ahmed, 2017).

이 절에서는 지역화폐의 성과와 한계를 각 유형별로 구분해서 살펴보고자 한다. 특히 지역화폐 유형별로 각 성과에 어떤 상대적 우위가 있었으며 유형별 발전과정에서 어떤 장애와 한계가 극복되고, 또 어떤 장애와 한계가 새롭게 나타나게 되었는지를 살펴볼 것이다.

1) 지역화폐의 성과

먼저 지역화폐의 성과를 각각의 유형별로 살펴보자. 지역화폐의 성과에 대해서는 이미 사례연구 등 다양한 연구가 전 세계의 지역화폐 시스템을 대상으로 수행되었다. 미셸·허든(Michel and Hudon, 2015)은 이러한 기존 연구들을 이용해 경제적·사회적·환경적 영향의 성과를 통계적으로 분석하고 있으며,

페어·아메드는 각 세대별 유형의 대표적인 사례분석의 결과를 정리하고 있다. 여기서는 이들의 기존 연구에 대한 분석을 기초로 각 세대별 지역화폐 유형들의 성과를 검토한다.

미셸·허든의 기존 연구에 대한 통계분석을 기초로, 각 유형별 지역화폐의 경제적·사회적·환경적 성과를 다시 정리해 보자.[6]

제1세대 레츠의 경우 경제적 성과와 관련해서는 18개의 연구 중에서 비공식 노동의 인식과 가치평가, 고용가능성 개선 등의 요소에서 성과를 나타냈다는 연구 결과가 가장 많았다. 그러나 지역경제 활동 촉진, 회원의 소득개선, 지역사업체의 지원 등에 대해서는 그 성과를 대부분 부정적으로 평가하는 연구 결과가 많았다. 특히 전반적으로 지역경제에 대한 중요한 영향이 있었는지에 대해서는 다른 유형의 지역화폐보다 더 낮은 평가를 보였다. 사회적 성과의 경우 17개 연구에서 다수가 사회적 네트워크를 팽창시켜 사회적 자본 구축 촉진, 사회적 배제 완화, 자신감 고무 등에서 성과를 나타냈다고 분석한 반면, 웰빙 차원에서 생활의 질 개선, 경제적 이익보다 더 큰 사회적 이익의 향유 요소 등에서는 거의 성과를 얻지 못한 것으로 분석되었다.

제2세대 타임뱅크의 경우 경제적 성과와 관련해서는 9개 연구에서 다수가 고용가능성 개선, 제공가능성이 높지 않았던 재화와 서비스에 대한 접근 개선 등의 요소를 가장 중요한 성과로 들었다. 반면에 회원의 소득 증대, 생활비

---

6) 미셸·허든은 1993년부터 2013년까지 발표된 여러 연구 중 신뢰성 있는 42개 연구 결과를 기초로 지역화폐 전반의 성과를 분석했다. 이들은 경제적 영향으로 10개 요소를, 사회적 영향으로 6개 요소를, 환경적 영향으로 2개 요소를 구분해 기존 연구의 각 요소별 성과 분석 결과 분포를 정리하고 있다. 또한 이를 세이팡·롱허스트(Seyfang and Longhurst, 2013)의 유형 분류를 따라 서비스 크레디트, 상호교환, 지역화폐, 물물교환시장으로 구분해 분포를 배치하기도 했다. 여기서는 이 유형을 다시 세대별 유형으로 재분류해 성과를 정리하는데, 서비스 크레디트는 제2세대 타임뱅크로, 상호교환은 제1세대 레츠로, 지역화폐는 제3세대 지역화폐로 각각 분류했다.

개선, 지역 사업체 지원 등의 요소에 대해서는 성과가 거의 없는 것으로 분석되었다. 사회적 성과의 경우 13개 연구에서 다수가 사회적 네트워크 확대와 신뢰 증가를 통한 사회적 자본 구축, 사회적 배제 완화, 웰빙 차원에서 생활의 질 개선 등에서 큰 성과를 얻은 것으로 분석되었으며, 사회적 지원 역할, 경제적 이익보다 더 큰 사회적 이익의 향유 요소 등에서는 성과를 얻었다는 연구 결과가 소수에 머물렀다. 환경적 성과와 관련해서는 환경친화적 행동 증가, 생태발자국(ecological footprint) 감소의 요소에서 성과를 얻은 것으로 분석되었다.

제3세대 지역화폐의 경우 경제적 성과와 관련해서는 10개 연구에서 지역경제활동 촉진, 생활수준 향상 등의 요소에서 성과가 나타났다는 연구 결과가 많았으며, 반면에 외부 충격에 대한 완충 작용, 비공식 노동의 인식과 가치평가 요소에서는 성과가 거의 없는 것으로 분석되었다. 사회적 성과와 관련해 6개 연구 중 사회적 네트워크 강화와 관계 개선을 통한 사회적 자본의 구축 요소에서 성과를 얻었다는 연구는 많았던 반면, 사회적 배제 완화, 사회적 지원 역할 요소에서는 성과가 거의 없는 것으로 분석되었다.

한편 페어·아메드도 최근까지의 지역화폐 성과에 대한 여러 연구들을 검토했는데, 특히 1, 2세대의 레츠와 타임뱅크에 대한 연구에서 일자리 창출, 자영업 발전, 신용 접근 개선 등 지역경제 발전의 성과를 보였다는 보고가 많음을 지적하고 있다. 이 1, 2세대 유형들은 경제적 목표보다 사회적 목표에 더 많은 관심을 기울였다고 평가하고 있다. 이에 반해 3세대 지역화폐는 지역경제에 유리한 효과를 낳았는데, 소비를 지역화폐 영역 내에서 이루어지게 하고, 새로운 자원 사용으로 일자리가 창출되게 했다는 것이다(Fare and Ahmed, 2017).

위의 미셀·허든, 페어·아메드의 연구는 기존 연구들을 많이 다루고 있기는 하지만 최근의 연구까지 포괄하고 있지 않아, 최근에 많이 증가하고 있는 제3세대 지역화폐의 성과에 대한 분석은 상대적으로 부족한 편이다. 최근 독일의 킴가우어, 영국의 이행 화폐, 브라질의 파우마스 등 제3세대 유형에 대한 개별 사례 연구가 많이 이루어져 이들의 성과가 더 많이 보고되고 있다. 독일 킴가우어의 경우 독일지역의 가장 성공적인 지역화폐로 지역경제의 활성화, 생명력 있는 사회적 네트워크 형성, 문화 및 환경의 보호를 향상시킨 것으로 나타났다. 킴가우어의 사용은 생산자와 판매자에게 윤리적 기준에 부합하는 생산·판매를 하고 있다는 자격을 부여하는 신호 효과를 얻고 있다. 소비자에게는 지역경제·사회·환경과 같은 특정한 가치를 지향한다는 것을 드러내 보이게 함으로써, 이를 통해 지역경제를 활성화하고 사회적 네트워크를 강화하는 데 기여했다는 것이다(Thiel, 2012). 또한 영국의 이행 화폐도 브릭스턴(Brixton)·루이스(Lewes)·브리스틀(Bristol) 등 여러 지역에서 기후변화와 피크오일에 대응해 지역 회복력을 제고하기 위해 도입되었는데, 이행 화폐 도입 이후 지역 생산의 성장속도가 느리기는 하지만 그래도 증가 추세에 있다고 한다(Ryan-Collins, 2011; Marshall and O'Neil, 2018). 브라질의 파우마스 화폐는 이 지역의 파우마스 은행에 의해 창출된 지역화폐인데 파우마스가 지역 구축과 공동체 형성 과정에 매우 중요한 역할을 했으며, 거주자의 생활 조건을 개선시켰다고 한다(Fare, Freitas and Meyer, 2015).

2) 지역화폐 발전의 장애와 한계

지역화폐는 위에 설명한 여러 긍정적 성과에도 불구하고 그 실질적 크기는 미미하고 여러 가지 장애와 한계로 성장이 크게 제약을 받고 있는 것이 현실이다. 이러한 장애 요인과 한계를 각 세대별로 살펴보자.

제1세대 유형 레츠: 대부분의 레츠는 그 유통 범위와 규모가 너무 적어 경제적 성과를 얻는 데 한계가 있는 것으로 나타났다. 대부분 폐쇄적인 회원제도가 신규멤버의 확장을 곤란하게 하고, 거래되는 재화나 서비스가 너무 한정적이어서 주요 생필품을 제공하지 못하기 때문이다(Seyfang, 2002; Fare and Ahmed, 2017). 세이팡은 이와 관련해, 영국의 경우 많은 레츠가 고학력의 환경주의 신념을 가진 사람 중심으로 회원을 구성하고 있어서 일반인이 접근하기 어렵고, 제한된 회원으로서는 제공할 재화나 서비스가 많지 않아 중요 생필품은 제공하기 어렵다고 한다. 재화나 서비스를 교환하기 위해 직접 대면하는 것이 낯설고, 가격 협상이 너무 자유방임적이라서 곤란을 겪을 때가 많다. 적은 예산으로 운영하는 탓에 전문 인력을 이용해 관리하기가 어려우며, 정부수당 수령자의 참여 규제도 장애요인으로 작용한다고 한다. 이런 이유들로 인해 레츠의 팽창과 확산에는 상당한 한계가 존재하는 것이 사실이다(Seyfang, 2002). 따라서 레츠의 성과에 대한 많은 연구에서 레츠가 지역경제 발전에 주요한 영향을 미치지 못했다고 평가하고 있다. 앞에서 본 미셸·허든(Michel and Hudon, 2015)의 조사에서도 레츠 연구 18개 중 13개 연구에서 레츠의 지역경제 발전에 대한 영향이 별로 없는 것으로 나타났다. 국내 레츠로서 가장 성공적 사례라고 평가받는 한밭레츠도 회원 사이의 닫힌 네트워크가 양적 확장을 억제하는 요소로 작용하는 것으로 평가되고 있다(류동민·최한주, 2003). 거래 규모가 작고 회원들에게 다양한 서비스가 제공되지 못한 것도 문제로 지적되고 있다(조재욱, 2013).

제2세대 유형 타임뱅크: 레츠의 문제점을 개선해 중개인을 전문 관리인으로 두어 서비스 공급자와 수요자를 연결해 주고 장부기록도 담당하게 했다. 또한 이에 필요한 관리비용을 정부나 재단의 지원을 통해 조달하고 정부로부터 조세면제 등의 지원을 받는 등 새로운 혁신을 꾀했다(Cahn, 2001). 즉 개인이 아니라 조직과 스태프를 갖추어 보다 전문화했으며 정부로부터 자금 및 조세지원까지도 확보한 것이다. 이처럼 타임뱅크는 레츠와 달리 참여자들이 직접 가격 협상을 할 필요도 없고 정부의 지원까지 받고 있어서, 보다 더 크고 넓게 사회에 확산될 수 있는 새로운 유형이라는 기대를 갖게 했다(Seyfang, 2002). 그러나 타임뱅크도 더 큰 규모로 확산하기에는 여러 가지 문제를 가지고 있다. 첫째, 시간 크레디트는 재화의 거래 기준으로 적합하지 않다는 점이다. 유기농 당근 1파운드를 얼마의 시간 크레디트로 볼 것이냐 하는 것과 같은 문제가 발생한다. 서비스의 경우 시간 단위로 평가가 가능하다고 하더라도 일반 재화에 이 단위를 어떻게 적용시키느냐 하는 것은 거래범위의 확장을 곤란하게 할 것이다(Dittmer, 2013). 둘째, 타임뱅크는 서비스 노동을 모두 시간 단위로 동등하게 평가함으로써 노동의 질적 차이를 고려할 수 없게 만든다. 이렇게 되면 거래 당사자 사이의 확장성에는 큰 제약으로 작용할 수밖에 없다(김정훈·이다겸, 2018). 셋째, 앞의 두 번째와 같은 맥락으로 모든 서비스의 노동 시간에 대해 동일한 보수를 적용함으로써 숙련노동을 가진 사람들의 참여를 크게 제한하게 된다. 이렇게 되면 제공하는 서비스는 대부분 비숙련노동만이 남게 되고 공급하는 서비스도 크게 제한되어 문제가 발생하게 된다(Dittmer, 2013). 넷째, 타임뱅크도 레츠나 마찬가지로 이 화폐의 사용처 제한으로 인한 흑자 단위의 추가 거래를 제한한다. 즉 레츠나 타임뱅크의 화폐 수입자, 특히 사업자처럼 큰 규모의 흑자 단위가 벌어들인 화폐를 사용할 거래를 발견하기는 쉽지 않다. 이러한 경우 그들은 벌어들인 화폐를 다 사용할 때까지 더 이상의 거래를 지속하지 않게 되는 문제점이 있다(North, 2014a).

제3세대 유형 지역화폐: 레츠나 타임뱅크가 안고 있던 재화와 서비스의 거래 범위 협소 문제, 가격 협상과 타임 크레디트 책정 곤란 문제 등을 극복함으로써 보다 더 넓은 지역과 많은 거래 품목 범위를 갖게 되었을 뿐만 아니라,

거래 시 발생하는 교환비율의 문제도 해결할 수 있게 되었다. 즉 독일의 지역화폐, 영국의 이행 화폐, 브라질의 파우마스는 모두 국가화폐와 일정한 교환비율로 거래되도록 설계되었으며, 거래되는 재화나 서비스의 가격도 일반 재화나 서비스의 시장가격과 같이 시장에서 결정되도록 했다. 또 처음부터 지역의 생산기업은 물론, 가게나 자영업 공급자를 참여시켜 거래 품목을 다수의 생필품으로 확장시켰다. 그럼에도 불구하고 이 지역화폐 역시 아직은 지역경제 활성화나 고용불안 해소 등에 긍정적인 영향을 미치는 데 한계를 가지고 있다.

제3세대 지역화폐는 국가화폐와 교환을 통해 창출되기 때문에 국가화폐 수입이 없는 가난한 사람들에게까지 범위를 확장하는 데 한계가 있으며(Dittmer, 2013), 경기 후퇴 시 추가적 화폐공급과 그를 통한 일자리 창출에도 한계가 있어 곤경에 처한 기업이나 실업자를 지원하는 것이 곤란하다(Ryan-Collins, 2011). 킴가우어나 이행 화폐에서 나타난 것처럼 이 화폐거래가 새로운 상업거래를 확장하는 것이 아니라 기존의 거래를 단순히 국가화폐에서 지역화폐로 대체하는 것에 그치게 되면 소비자 입장에서는 거래 상품의 확장을, 생산자 입장에서는 새로운 고객의 확장을 기대할 수 없게 된다(Dittmer, 2013; Ryan-Collins, 2011; Thiel, 2012). 영국의 이행 화폐나 미국 버크셰어의 경우, 공급업자가 원료구입이나 임금지급 등에 이 지역화폐를 사용하기 곤란한 경우가 많아, 판매 대금으로 받은 지역화폐를 다 사용하지 못하고 국가화폐로 전환함에 따라 수수료 등의 비용을 감수해야만 하는 문제도 있다(Ryan-Collins, 2011; North, 2014b; Marshall and O'Neill, 2018). 여기에 더해, 지역화폐와 국가화폐를 동시에 사용하는 데 따른 불편함도 있고, 유급종사자가 필요함에도 불구하고 현재는 자원봉사자를 활용하는 경우가 많아서 지속성에도 문제가 있다(Ryan-Collins, 2011). 프랑스의 경우를 보면 자원봉사자에 의한 지역화폐 시험은 거의 2년 정도밖에 지속되지 못했으며, 연속성 유지를 위해서는 자원봉사자 의존에서 벗어나 유급 직원이 필수적이라는 주장도 있다(Blanc and Fare, 2018). 그리고 일부 지역화폐는 지역은행이나 지역 신용협동조합에서 대출이 이루어지기도 하지만 대체로 지역화폐의 신용 기능이 없어서 기업의 경우, 자본형성을 위한 차입이 불가능하다는 점도 문제로 지적된다(Schroeder, 2018; Blanc and Fare, 2018). 이러한 여러 가지 문제로, 다른 지역화폐 유형에 비해 혁신적 성격임에도 불구하고 제3세대 지역화폐도 지역경제 활성화 성과가 미미한 상태에 머물러 있고, 공동체 확장에도 별다른 성과를 보이지 못하고 있는 것이다.

4. 사회적경제 발전을 위한 지역화폐 시스템

앞에서 본 바와 같이, 대부분의 지역화폐는 평등과 참여, 자조를 기초로 하는 공동체 구축은 물론, 지역의 고용과 소득 증진을 위한 지역경제 활성화를 목표로 창출되었다. 그러나 각 유형의 지역화폐는 지향하는 바가 다르기도 하고 유통 원리도 차이가 있어서 각각의 장단점들을 가지고 있다. 이 절에서는 이러한 기존의 경험을 기초로 공동체 구축과 지역경제 활성화라는 두 가지 목표를 효과적으로 달성할 수 있는 지역화폐 시스템을 제시해 보고자 한다.

최근 발전하고 있는 지역공동체 경제로서의 사회적경제 활동도 사실 공동의 사회·환경적 목표하에 공동체 경제를 구축하고, 고용과 경제적 개선을 목표로 지역경제를 활성화하는 데 목적을 두고 있다.[7] 따라서 동일한 목표를

---

7) 사회적경제는 사회적 기업, 사회적 협동조합, 마을기업, 자활기업 등의 경제활동 전반을 가

가지고 있는 지역화폐와 사회적경제 활동이 서로 결합해 지역화폐가 사회적경제의 유통수단으로 기능하고 역할하게 되면, 양자의 목표 달성에 있어서 서로 상승효과를 얻을 수 있을 것이다.

특히 한국의 사회적경제는 최근 급속한 양적 증가에도 불구하고, 판로 협소, 자금조달 곤란, 네트워크 구축 미흡, 사회적경제에 대한 지역 공감대 부족 등의 문제로 지속적 발전에 어려움을 겪고 있다. 따라서 아래에서 제시하는 것과 같이, 사회적경제 주체들을 중심으로 지역화폐 시스템을 구축하고 지역화폐의 사용을 활성화한다면 사회적경제의 여러 문제 해소에 크게 도움이 될 것이다. 사회적경제 조직 관련자들의 지역화폐 사용의 확대와 활성화를 통한 소비자 확대, 생산자의 연계와 상호 거래 증대, 소비자와 생산자의 상호 이해와 협력, 정보 공유 증대는 사회적경제가 갖고 있는 판로, 네트워크 구축, 공감대 형성에 크게 기여할 수 있을 것이다. 또한 지역화폐 시스템이 신용 기능을 갖도록 구축되면, 사회적경제 조직들의 자금조달에도 도움을 줄 수 있을 것이다. 이처럼 적절한 지역화폐 시스템의 구축은 사회적경제로 구성되는 지역공동체 경제의 발전에 매우 중요한 요소로 작용할 수 있다.

이 절에서는 이러한 지역화폐와 지역공동체 경제의 목표 달성에 상승효과를 내게 할 수 있는 지역화폐 시스템 구축 방안을 제시하고자 한다. 그리고 이러한 시스템에서 지역화폐 유통을 활성화시킬 수 있는 방안과 이 시스템을 지속적으로 발전시킬 수 있는 운영체계에 대해서도 논의한다. 이 논의 과정에서 이전의 여러 지역화폐 실험에서 가장 큰 문제로 제시되었던 거래 영역의

리키는 것으로, 이들의 경제활동 목표는 단순히 경제적 이윤추구에만 있지 않고, 사회적·환경적 목표를 동시에 추구한다. 사회적 목표는 사회적경제 조직들마다 조금씩 다르게 제시하고 있기는 하지만, 대체로 고용창출, 교육·건강·보험 서비스의 접근 제고, 환경개선, 지역사회 기여, 빈곤 완화, 사회적 응집 제고 등을 목표로 제시하고 있다(European Parliament, 2016).

확장, 참여자의 확대, 신뢰의 확보, 사용의 편의성, 유통의 안정성 등을 새로운 지역화폐 시스템이 어떻게 개선하고 제고시킬 것인지도 고려할 것이다.

1) 지역공동체 경제를 위한 지역화폐 시스템 구축

지역공동체 경제발전을 위한 새로운 지역화폐 시스템 구축은 기본적으로 사회적경제 공동체의 발전으로 지역의 고용·생산·유통을 증대시켜 지역경제를 활성화하는 것은 물론, 환경과 건강을 개선하고 사회통합을 증진시키는 것을 목적으로 해야 한다.[8] 지역화폐는 지역의 경제적·사회적·환경적 상태 개선을 목표로 운영되는 사회적경제 활동을 지원함으로써, 이러한 활동이 지역의 고용과 소득을 증가시키게 하고, 참여자의 호혜와 결속으로 사회적 통합과 형평성을 제고시키도록 한다. 또한 친환경적 생산·유통으로 환경 보존과 건강 증진의 성과를 내는 데 기여해야 한다. 먼저 이러한 목적을 효과적으로 달성하기 위한 새로운 지역화폐 시스템의 구성을 살펴보자.

첫째, 새로운 지역화폐 시스템의 규칙과 질서로서 지역화폐의 가치기반은 위의 여러 지역화폐 문제점에서 상대적으로 유리한 특성을 갖는 제3세대의 지역화폐 유형을 참고 모델로 채용하는 것이 바람직할 것이다. 즉 새로운 지역화폐는 제3세대의 지역화폐 유형과 마찬가지로 국가화폐를 가치기반으로 해 국가화폐와 1 : 1 교환을 통해 발행되고, 공급자의 경우 이 지역화폐를 국

8) 여기서 지역화폐 시스템은 지역화폐 활동을 구성하는 제도들로 참여자(통상적 의미의 수요자와 공급자), 대상(통상적 상품), 활동 장소(통상적 시장), 법과 질서(통상 질서와 규제)들의 총칭을 의미한다. 이는 금융시스템을 정의할 때와 유사하다. 지역화폐 시스템의 참여자는 지역화폐를 지불수단으로 제공하고 받아들이는 주체와 운영자, 대상은 지역화폐, 활동 장소는 지역화폐의 유통 범위, 규칙과 질서는 지역화폐의 가치기반, 발행과 퇴장, 형태, 운영방식 등이다.

가화폐로 태환할 수 있도록 해야 한다. 지역화폐 단위를 '품'으로 한다면,[9] 이 지역화폐 1품은 국가화폐 1원과 교환해 구매 발행되며, 1품의 시장 구매력은 국가화폐 1원의 가치와 같게 된다. 독일의 킴가우어나 미국의 버크셰어가 이러한 유형의 모델이다. 이들 화폐는 모두 달러나 유로화에 기반하고 있으며, 1킴가우어나 1 버크셰어는 각각 1유로, 1달러의 가치를 갖는다. 이 화폐를 받은 생산기업이나 유통업체는 국가화폐로 태환할 수 있다. 이들 지역화폐 시스템은 국가화폐로의 태환을 억제하고, 지역화폐 유통을 활성화하기 위해 살 때는 할인율을, 팔 때는 수수료를 적용하기도 한다. 이 점은 뒤에서 다시 논의한다.

둘째, 지역화폐의 발행과 퇴장 원리로서 발행은 소비자와 생산공급자 및 유통업자가 국가화폐를 가지고 참여금융기관으로부터 지역화폐를 구입함으로써 이루어진다. 이때 교환비율은 앞에서 말한 바와 같이 1 : 1이지만, 지역화폐 구매 시 5%의 할인율을 적용해 100품의 지역화폐를 95원의 국가화폐로 구입할 수 있게 한다. 그리고 지역화폐의 퇴장은 이를 국가화폐로 태환함으로써 이루어지는데, 지역화폐를 국가화폐로 태환하고자 할 때는 5%의 수수료를 적용한다. 즉 100품으로 95원의 국가화폐를 받는 것이다. 미국의 버크셰어는 이와 같은 발행과 퇴장 방식을 적용한다. 킴가우어는 소비자가 화폐를 구입할 때 할인율은 적용되지 않으나, 공급자가 태환할 때는 5%의 수수료가 적용된다. 이 중 3%는 소비자가 지역화폐를 구입할 때 지정한 지역의 비영리 단체나 프로젝트에 기부하도록 되어 있다. 이러한 할인발행과 수수료부과 태환은 소비자에 대해서는 지역화폐 사용 유인을 제공하고, 공급자나 유통업자에 대해서는 지역화폐를 지역 내에서 환류하도록 유인하기 위한 것이다.

---

9) 여기서 '품'은 품앗이의 약자로 가상의 지역화폐 명칭을 설정해 본 것이다.

이 지역화폐의 유통 범위는 당연히 참여자로 한정되며 지역의 사회적경제 조직과의 거래 내에서이다. 그러나 지역화폐는 유통기한이나 시간 경과에 따른 감가가 없다. 이는 킴가우어의 연간 6%의 감가 방식과는 다르다. 킴가우어는 지역화폐의 순환, 즉 유통속도를 증가시키기 위해 이와 같은 감가 또는 체선료(demurrage-fee)를 적용하고 있다. 이 경우 경제위기 시를 제외하면 감가료가 지역화폐의 유통속도를 증진시키는지는 불분명하며(Godschalk, 2012), 사용자의 불만만 가중시킬 가능성이 있기 때문에 감가방식은 채택하지 않는 것이 타당하다.

셋째, 지역화폐 운영에 대한 총괄 관리는 총괄관리기구(운영기구)가 맡고 회계나 금융 기능은 참여금융기관이 맡아서 한다. 총괄관리기구는 소비자 및 공급자와 유통업자 등의 참여자 대표들로 구성되는 지역화폐협동조합으로 하되, 사무국을 두어 행정을 담당할 수 있게 한다. 사무국은 참여가입자(회원)를 관리하고 지역화폐의 발행과 퇴장 정보를 금융기관으로부터 받아 유지 관리하는 일을 한다. 지역화폐협동조합은 지역화폐의 발행·유통·퇴장과 관련된 규칙들을 제정하고 운영 전반을 감독한다. 이 총괄기구는 금융기관의 지역화폐 발행과 태환에 대해 사전 승인을 요구할 수도 있다. 참여금융기관은 지역화폐 발행과 퇴장을 대행하며, 모든 참여자의 예금을 받아 화폐잔고를 관리한다.[10) 이 예금에 대한 이자는 지불하지 않는다. 또한 지역화폐협동조합에서 정한 대출 기준과 조건 등에 따라 참여 회원들에게 대출을 시행한다. 또한 금융기관은 태환에 대비해 지역화폐 판매 대금의 국가화폐를 전액 준비금

---

10) 여기서 참여금융기관은 영리 목적의 상업은행보다는 비영리의 사회적 금융 기구인 사회적 은행이나 협동조합금융기구를 대상으로 하는 것이 적절하다. 이들 사회적 금융 기구는 지역화폐의 목표와 같은 목표를 지향하고 있어서 서로 이해와 협력을 유지하기가 쉽다. 사회적 금융 기구의 형태나 사회적 은행의 운영 원리에 대해서는 조복현(2018)을 참조.

으로 보유한다.

넷째, 새로운 지역화화폐 시스템의 참여자는 소비자, 생산공급자, 유통업자, 총괄관리기구, 금융기관으로 구성한다. 먼저 생산공급자나 유통업자는 사회적경제 기구의 경제주체로 한정한다. 이들은 이미 공동체 건설과 지역경제 활성화를 위해 지역화폐의 경제적·사회적·환경적 목표를 공유하기 때문이다. 이러한 제한이 이 지역화폐 시스템의 확장에 저해 요소로 작용할 수도 있겠으나 사회적경제 조직들이 계속 증가하고 있어서 이들을 모두 지역화폐 시스템 속으로 수용할 수만 있다면, 그것만으로도 상당한 공급네트워크를 형성할 수 있을 것이다. 소비자는 기존 사회적경제 유통업체의 회원을 포함해 회원제로 하되 계속해서 회원을 증가시켜야 한다. 소비자 회원의 증가는 총괄관리기구에서 담당한다. 총괄관리기구는 이 지역화폐 시스템을 관리하고 총괄하는 임무를 맡는다. 지역화폐 시스템 운영의 규칙을 제정하고 감독하며, 시스템의 지속과 확장을 위한 실무적 활동을 수행한다. 금융기관은 국가화폐와의 교환으로 지역화폐를 창출하며 태환의 업무도 맡는다. 총괄기구에서 정한 규칙에 따라 참여자의 예금을 받고 생산공급자와 유통업자에 대한 대출도 시행한다. 이 금융기관은 금융거래 내역을 매일 총괄기구에 보고한다.

다섯째, 지역화폐 시스템의 대상인 지역화폐 형태는 지폐와 전자지갑 형태를 병행한다. 최근에는 지폐의 사용보다 전자결제가 일반화되고 있어 지폐발행이 불필요할 수도 있으나, 화폐 실물이 갖는 결속력과 정체성 확인의 효과 등을 고려해 지폐발행을 병행한다. 지폐는 많이 사용되는 국가화폐 권종과 마찬가지로 1000, 5000, 1만 '품'권으로 발행한다. 전자화폐는 전자지갑의 형태로 스마트폰에 충전해 사용한다. 금융기관으로부터 지역화폐를 구입함으로써 구입 금액이 전자지갑에 충전되며, 공급자나 유통업자로부터 재화나 서비스를 구매함으로써 해당 금액이 빠져나가는 방식으로 운영된다. 이러한 거래 기록은 지역화폐협동조합 사무국과 참여금융기관, 거래 당사자의 전산거래와 동시에 블록체인 방식을 이용해 기록한다.

여섯째, 지역화폐 시스템의 기타 운영과 관련해 기존의 여러 지역화폐들이 단순히 화폐유통만 고려하고 자금조달 등의 신용은 염두에 두지 않았다. 그러나 이는 지역화폐를 통한 고용증대나 유동성 위기에 대한 대응을 불가능하게 만든다. 따라서 생산공급자나 유통업자에 대해서 지역화폐로 신용을 제공하는 것이 필요하다. 현실적으로 아직은 시설투자 등의 장기투자를 위해 지역화폐를 사용할 수는 없겠지만, 원료나 판매 제품 등은 지역화폐로도 구입이 가능하기 때문에 이러한 운전자본의 지역화폐로의 조달은 공급자나 유통업자에게 매우 중요할 수 있다. 기존의 여러 지역화폐들이 국가화폐 보유 이상의 유동성 공급 증가와 경제위기 시 지역화폐 유통이 줄어드는 것에 대응하기 어려웠던 것은 지역화폐 시스템의 신용 기능이 없었기 때문이다. 이에 따라 킴가우어도 2010년부터 독일의 사회적 은행인 GLS와 협의하에 소액 대출을 시행하기 시작했다.

일곱째, 지역화폐 시스템의 또 다른 운영과 관련해 비용은 참여 회원들의 회비로 조달하거나 거래 시 일정률의 수수료를 부과해 조달한다. 소수의 전임 직원 급여와 사무실 운영비 등 경비를 조달하기 위해 일부는 중앙 정부나 지방 정부의 지원을 받는 것도 고려할 수 있다. 앞의 프랑스 사례에서 본 것처럼 자원봉사자를 활용할 수도 있으나 이는 지속성은 물론 책임 있는 관리를 어렵게 만들 수 있기 때문에, 여러 가지 재정조달 방식을 통해 책임 있는 유급 전문 직원 고용이 필요하다.

2) 지역화폐 참여자 확장과 유통 활성화

지역화폐 시스템이 어떻게 구축되느냐에 따라 지역화폐의 유통이 활발해질 수도 있고, 그렇지 않을 수도 있다. 따라서 지역화폐 유통의 활성화는 이 화폐의 시스템 구축에 크게 의존한다. 그러나 이와 함께 소비자는 물론 생산공급자와 유통업자 등 사용자에 대한 여러 경제적·사회적 유인을 제공할 메커니즘을 만드는 것도 이에 못지않게 중요하다.

첫째, 소비자를 확장시키기 위한 유인으로 두 가지가 필요하다. 하나는 앞의 시스템 구축에서 이미 설명한 지역화폐 할인발행으로 구매력의 증가를 제공하는 것이다. 다른 나라의 지역화폐 시스템에서도 사용하고 있는 것과 같이 지역화폐 구입 시 5% 할인발행을 통해 추가 구매력을 얻게 하는 것이다. 물론, 킴가우어처럼 사업자가 국가화폐로 태환할 때 적용하는 수수료 중 일부를 자신이 선호하는 비영리단체나 프로젝트에 기부하도록 지정하게 할 수도 있겠으나, 이보다는 소비자가 직접적으로 경제적 혜택을 얻도록 하는 것이 더 큰 유인이 될 것이다. 다른 하나는 생산공급자와 유통업자가 판매하는 대부분의 상품이 일반 대형마트나 편의점에서 판매하는 상품과 비교했을 때 품질면에서 우수하고 친환경적이어야 한다. 당연히 해당 지역에서 생산된 것이어야 한다. 농수산물과 식품의 경우, 품질이 우수하고 안전한 친환경·유기농 제품이라면 소비자로서는 할인혜택이 없더라도 그 제품을 구매하는 데 주저하지 않을 것이다. 또한 회원 소비자들은 이미 지역경제 활성화와 공동체 구축이라는 이념에 동의하고 있기 때문에 지역에서 생산된 제품에 대해 더 큰 애착을 갖게 될 것이다. 생산공급자의 경우 대부분이 지역 공급자이기 때문에 문제가 없겠으나, 유통업의 경우 타 지역의 제품도 판매할 수 있다. 따라서 유통업체의 경우 해당 지역에서 생산된 제품을 더 많이 우선적으로 공급함으로써 소비자의 이념적 욕구를 충족시킬 수 있어야 한다.

둘째, 생산공급자나 유통업자를 확대시키는 것은 이들의 숫자를 증대시키는 것과 함께 회원공급지 사이의 지역화폐 사용 비중을 확대시키는 것이 매우 중요하다. 사회적경제 조직을 대상으로 하는 지역화폐는 사회적경제 조직인 사회적기업·마을기업·사회적 협동조합·자활기업의 숫자에 한정되기는 하지만 매년 계속해서 이들의 숫자가 증가하고 있으므로, 증가하는 기업이나 조합만 모두 회원으로 가입시켜도 상당한 가입 확대를 가져올 수 있다. 이것보다도 더 중요한 문제는 이들 사회적경제 기업들 사이에 지역화폐를 이용한 거래가 얼마나 많이 이루어지느냐 하는 것이다. 다른 나라의 경험을 보면 공급자가 판매 대금으로 받은 지역화폐를 지출할 대상이 충분하지 못하다는 것이 지역화폐 유통 확장에 큰 장애로 작용하고 있다. 따라서 회원 업체들이 이 지역 사회적경제 기업들과의 거래를 늘릴 수 있도록 해야 한다. 회원 기업들 사이의 상호 거래 증가는 공급자나 유통업자들이 지역화폐를 국가화폐로 전환하는 비중을 줄일 수 있는 효과적인 방법이 될 것이다. 그렇게 되면 생산공급자의 태환에 따르는 수수료 부담도 줄어들게 될 것이다. 아직 사회적경제 조직들 사이에 재료나 기계의 상호 조달이 이루어지는 연계가 부족한 상태이기는 하지만, 이러한 조달의 연계가 확대될수록 지역화폐의 역내 유통은 활발해질 것이다. 따라서 지역 내 사회적경제 기업들 사이에서 재료 조달 연계가 확대될 수 있도록 정보 교환 활성화 및 상호신뢰 제고가 중요하다. 또한 유통업의 경우 생산자를 지역화폐 회원으로 유입시켜 물품 구입비용을 지역화폐로 지불할 수 있게 해야 한다. 물론 사회적 기업들 사이의 거래나 유통업자와 물품 공급자 사이의 거래에서, 거래대금 중 어느 정도의 비율을 지역화폐로 결제하고 어느 정도의 비율을 국가화폐로 결제하는 것이 바람직한지도 협의를 통해 조정할 수 있게 해야 할 것이다. 이렇게 생산공급자와 유통업자, 유통업자와 비사회적기업 공급자 사이에 지역화폐 유통이 커질수록 지역화폐의 태환에 따르는 수수료 비용은 줄어들게 되고, 지역화폐의 생존기간도 길어져 지역 사회적경제 활성화에 더 큰 기여를 할 수 있게 될 것이다.

셋째, 소비자와 생산자, 유통업자 사이의 상호이해·협력·유대의 형성이 지역화폐 유통 확장을 위해 필요한 수단이 될 것이다. 김성훈(2019)은 대전지역 제1세대 유형 지역화폐인 한밭레츠가 장기간 지속될 수 있었던 가장 큰 이유로 거래 방식이나 품목 문제가 아니라, 호혜 관계의 조직화라고 분석하고 있다. 즉 한밭레츠는 회원들 간의 품앗이 만찬, 품앗이 놀이, 품앗이 장터를 통해 회원 상호 간의 신뢰 관계와 호혜 관계를 증진시킴으로써 장기간 성공적으로 이 지역화폐를 유지시킬 수 있었다는 것이다. 제3세대 지역화폐 유형에서도 이러한 참여자 회원 상호 간의 신뢰와 호혜 관계 형성은 이들 사이의 거래를 증가시키고 확장시키는 데 매우 중요한 역할을 하게 될 것이다. 사실 이러한 회원 간 신뢰나 호혜 관계의 증진은 지역화폐 사용으로 달성하고자 하는 목표 중 하나이다. 신뢰와 호혜가 지역화폐 사용의 목표라 할지라도 이것이 선행되지 않으면 지역화폐 사용의 확대도 어려움을 겪게 된다. 따라서 상호 신뢰와 호혜 증진, 그리고 지역화폐 유통 확장, 다시 신뢰와 호혜 증진이 선순환을 이룰 수 있도록 회원 상호 간 유대 강화를 위한 조직화가 매우 필요하다.

넷째, 소비자와 생산공급자, 유통업자가 서로 정보를 유통하고 공유할 수 있도록 홍보나 의사소통 매체 구축이 지역화폐 유통 확장에 필요한 요소이다. 소비자로서는 어떤 제품이 누구에 의해 어디서 생산되는지, 어디에서 그러한 제품을 구입할 수 있는지, 각 제품의 품질이나 친환경적 요소에서 어떤 차별성이 있는지 등에 대한 정보를 알게 되면 될수록 해당 제품에 대한 신뢰와 친밀도를 높일 수 있을 것이다. 또한 생산자나 유통업자, 생산자들 사이에도 생산과 판매에 대한 정보를 공유한다면 지역 내의 조달을 증가시키고 상호 연계를 강화할 수 있을 것이다. 이를 위해 이미 많이 시행되고 있는 SNS를 활용한다든지, 뉴스레터 같은 홍보지를 새롭게 만들어 배포해야 할 것이다.

3) 지역화폐의 지속가능한 운영체계

새로운 지역화폐의 유통이 안정적으로 지속되려면 유통 규모의 확대와 함께 지역화폐의 사용이 안전하고 투명해야 하며, 운영상의 재정 자립이 이루어져야 한다. 또한 전문 인력의 안정적인 확보도 필요하다. 지역화폐가 단순히 지폐로만 구성된다면 지폐의 가치 인정과 위조·변조 방지를 통해서 안전성과 투명성을 확보할 수 있을 것이다. 그러나 전자지갑 등의 전자화폐 형태를 취하게 되면 안전성과 투명성을 어떻게 증대시키느냐 하는 것이 매우 중요한 과제가 된다. 물리적으로 어떤 형태의 화폐를 운영하든 지역화폐 운영의 재정적 안정과 자립이 이루어져야 한다. 또한 지역화폐가 지속성을 가지려면, 지역화폐 운용 전문 지식과 더불어 회원 상호 간의 유대 강화를 위한 조직화에 열정을 가진 전담 직원의 안정적인 유지가 필요하다. 이를 보다 자세히 살펴보면 다음과 같다.

첫째, 지역화폐가 전자화폐 형태로 운영되려면 거래의 안전성과 투명성이 매우 중요하다. 최근 전자거래의 안전성과 투명성을 증대시키는 기술로서 블록체인 기술이 개발되어 여러 분야에 사용되고 있다. 지역화폐와 관련해서는 2014년에 영국의 헐(Hull)시에서 개발한 헐코인(Hullcoin)과 2018년 서울 노원구에서 시작한 '노원'이 블록체인을 이용해 발행하여 운용하고 있다(황영순·오동하, 2018). 새로운 지역화폐의 경우, 지역화폐의 발행 자체가 블록체인을 통해서 이루어지는 것은 아니지만 발행과 거래, 퇴장 등의 거래 내역을 블록체인을 통해 관리함으로써 투명성과 안전성을 확보할 수 있을 것이다. 그렇다고 해서 창설 초기부터 회원 누구나 네트워크의 데이터에 접근할 수 있는 퍼블릭 형태의 블록체인을 이용하는 것보다는 총괄관리기구, 참여금융기관, 사회적경제협회 등 소수의 허가 받은 컨소시엄 참여자에게만 접근을 허용하는 컨소시엄 유형의 블록체인 이용이 현 단계에서는 유용할 것이다.[11]

둘째, 새로운 지역화폐 시스템이 재정적 안정과 자립을 이루기 위해서는 인건비와 사무국 운영비 등 각종 운영비 조달이 필요하다. 이러한 경비는 일차적으로는 회원들의 회비를 통해 조달할 수 있다. 매 거래마다 현재의 카드 수수료와 같은 수수료 징수로 경비를 조달할 수도 있을 것이다. 물론 이 경우 지역화폐 사용 수수료는 카드 수수료보다는 낮아야 한다. 또 다른 운영 경비 조달 방법은 정부의 지원을 받는 것이다. 지방 정부와 연계해 지방 정부로부터 사무실과 운영 경비를 지원받을 수 있으면 경비 조달에 큰 도움이 될 수 있을 것이다. 독일 킴가우어의 경우 경비 조달을 위해 2016년 회비 징수를 결정했고, 현재 모든 회원이 연간 30유로의 회비를 납부하고 있다. 또한 사업자가 킴가우어를 유로로 환전할 때 5% 수수료 중 비영리 프로젝트에 가는 3%를 제외한 나머지 2%의 수수료를 운영 경비 조달에 사용한다(Gelleri, 2019). 미국 버크셰어의 경우도 회원이 연간 25달러에 상당하는 25버크셰어를 회비로 납부한다. 이러한 회비가 운영 경비의 일부를 조달하는 것이다.[12]

셋째, 새로운 지역화폐가 지속성을 가지려면 지역화폐 운용에 전문적인 지식을 가지고 있으며, 회원조직화에 열성을 가진 전문 인력의 상시 근무가 필요하다. 앞에서 본 것처럼 프랑스의 경우, 자원봉사자에 의한 운영은 대체로 2년을 지속하기 어려웠다고 한다. 자원봉사자의 초기 열정만으로는 지역화폐

---

11) 블록체인의 유형에 대해서는 황영순·오동하(2018)을 참조.

12) 버크셰어의 지역화폐 운영에 대해서는 버크셰어 홈페이지(https://www.berkshare.org)를 참조했다.

운영이 지속되기 어렵다는 것을 보여주는 것이다. 또한 자원봉사자의 잦은 교체는 그만큼 전문성을 쌓기가 어려울 것이다. 따라서 지역화폐 운영 및 전산시스템에 대한 지식을 가지고 있는 전문 인력을 고용해 업무의 지속성을 유지하는 것도 지역화폐 시스템의 장기 지속을 위해서는 필수적인 사항이 된다. 미국 버크셰어의 경우 대표와 부대표, 사무국장, 회계원 등을 직원으로 두고 있다. 사무국장은 법인과 이사회의 공식적 의사록을 관리하며 사무국의 운영을 책임진다. 회계원은 법인의 모든 금융과 회계를 기록하고 관리한다. 이들 직원은 최소 1년 이상의 임기를 보장하며 후임자가 있을 때까지 근무해야 한다(Berkshare 정관 참조). 새로운 지역화폐 시스템도 최소한 2명 정도의 상근 직원이 필요할 것이다. 지역화폐 시스템의 회원 조직을 관리하고 회원 간 정보 교환 등 유대 프로그램을 관리할 사무국장과 지역화폐 발행과 거래, 퇴장 등의 기록과 사무국 회계를 담당할 회계원은 필수적인 인원이라 할 수 있을 것이다.

5. 결론

고용과 평등의 경제적 가치, 사회통합과 민주적 참여의 사회적 가치, 환경개선과 자원절약의 생태적 가치를 지향하는 지역화폐 사용에 대한 실험이 세계적으로 다양하게 시행되어 왔다. 그러나 지역화폐제도는 아직 기존 화폐제도에 대한 보완 수준에 머무르고 있으며, 지역공동체의 건설 목표에서도 그 성과가 미미한 상태이다.

최근 사회적경제 활동이 활발하게 일어나고 있는데 이와 같은 지역화폐가 사회적경제와 결합하면 그 효과가 더 커질 수 있을 것이다. 이 글은 이러한 의도에서 사회적경제 활성화를 위한 지역화폐 시스템의 새로운 설계를 시도했다. 이 시도는 제3세대 유형의 킴가우어나 이행 화폐의 모형을 기초로 확장성과 투명성, 지속가능성을 어떻게 제고시킬 수 있을까 하는 문제를 고려하면서 전개했다.

새로운 지역화폐 시스템은 국가화폐를 기반으로 발행되고 또 국가화폐와 동일한 교환비율을 갖도록 설계해야 한다. 이 시스템은 소비자, 생산공급자 및 유통업자 등 사업체, 총괄관리기구, 참여금융기관으로 구성된다. 지역화폐는 국가화폐에 의한 할인 구입을 통해 발행되고 태환이 가능하며 태환 시 수수료를 부과한다. 또한 지폐와 전자지갑 형태를 병행하며 참여금융기관을 통해 예금과 대출이 가능하다. 이 시스템의 운영자금은 회원의 회비, 지역화폐 사용 수수료 등의 수입으로 조달한다.

지역화폐의 유통 활성화를 위해서는 할인발행과 제품 품질개선으로 소비자를 유인하고 사회적경제 내의 상호 조달 증대로 공급자의 지역화폐 사용을 유인해야 한다. 소비자와 사업체 사이의 정보 교환 증대 및 유대 강화 증진 등의 대책도 필요하다. 또한 지역화폐의 지속성을 위해서는 블록체인 기술의 활용, 재정 자립의 달성, 전문 인력의 상근 등과 같은 대책이 필요하다.

참고문헌

가라타니 코진(柄谷行人)·박유하. 2002.「NAM과 지역통화운동: 가라타니 코진과의 대담」. ≪녹색평론≫, 통권 65.

강수돌. 2002.「이윤과 권력을 동시에 넘는 실험」. ≪문화과학≫, 32.

김동배·김형용. 2001.「지역통화운동이 지역사회 공동체의식 강화에 미치는 영향에 관한 연구」. ≪한국사회복지학≫, 45.

김민정. 2012.「지역화폐운동의 성과와 한계」. ≪기억과 전망≫, 26.

김성훈. 2019.「지역화폐, 한밭레츠 그 이후」. ≪문화과학≫, 99.

김정훈·이다겸. 2018.『지역공동체 활성화를 위한 전략연구: 타임뱅크를 중심으로』. ≪기본연구 2018-07≫.

김현옥. 2008.「지역화폐운동에의 참여경험에 관한 연구: 송파품앗이와 한밭레츠를 중심으로」. ≪한국사회복지질적연구≫, 2(1),.

류동민·최한주. 2003.「지역통화운동 활성화방안에 관한 연구」. ≪경제발전연구≫, 9(1).

박용남. 2001.「한밭레츠-나눔과 보살핌의 공동체 실험」. ≪녹색평론≫, 60.

양정하. 2009.「지역화폐운동의 성격과 과제」. ≪지역사회≫, 61, 132~141쪽.

유문무. 2019.「지역복지운동으로서의 지역화폐운동 정착방안」. ≪노동연구≫, 39.

유영선. 2018.「국내외 지역화폐 도입 및 시사점」(한국은행 강원본부, 자체 조사연구).

이창우. 2002.「한국사회 지역화폐의 현황 및 과제」. 전국 지역화폐 워크숍 자료(새로운 돈의 얼굴, 공동체 화폐 실험 이야기). 미간행.

______. 2014.「지역화폐를 활용한 서울시 마을공동체 활성화 방안」(Working Paper 2013-PR-65). 서울연구원.

이채언. 2000.「상호부양의 교환체제, '레츠' 시스템에 관한 이론 및 경험의 연구」. ≪경제발전연구≫, 6(2).

조복현. 2018.「사회적 금융의 다중 목표와 호혜성: 사회적 은행의 이론적 기초」. ≪한국협동조합연구≫, 36(3).

조재욱. 2013.「새로운 화폐정치의 공간 만들기: 지역화폐 도입을 통한 보완경제의 가능성 시탐」. ≪비교민주주의 연구≫, 9(1).

천경희·이기춘. 2005.「지역화폐운동의 소비문화적 의미 연구: 한밭레츠 참여자의 소비행동을 중심으로」. ≪한국생활과학지≫, 14(4).

최준규·윤소은. 2018.「지역활성화를 위한 지역화폐의 쟁점과 과제」. ≪이슈&진단≫, 325.

한성일. 2013.「지역화폐운동과 지역경제: 독일 Regiogeld와 영국 Transition Currency」. ≪지역사회연구≫, 21(4).

황영순·오동하. 2018.「지역화폐와 블록체인 기술의 접목」. ≪BDI 정책포커스≫, 334.

Blanc, J. 2011. "Classifying CCs: Community, Complementary and Local Currencies' Types and Generations." *International Journal of Community Currency Research*, 19(1).

Blanc, J. and M. Fare. 2018. "Pathways to Improvement, Successes and Difficulties of Local Currency Schemes in France since 2010." *International Journal of Community Currency Research*, 22(1).

Cahn, E. 2001. "On LETS and Time Dollars." *International Journal of Community Currency Research*, 5.

Dittmer, K. 2013. "Local Currencies for Positive Growth? A Quality Check of Some Proposals for Changing Money-as-Usual." *Journal of Cleaner Production*, 54.

Douthewaite, R. 2012. "Degrowth and the Supply of Money in an Energy-Scare World." *Ecological Economics*, 84.

European Parliament. 2016. "Social Economy." Policy Department A: Economic and Scientific Policy.

Fare, Marie. and P. Ould Ahmed. 2017. "Complementary Currency Systems and Their Ability to Support Economic and Social Changes." *Development and Change*, 48(5).

Fare, M., C. Freitas and C. Meyer. 2015. "Territorial Development and Community Currencies: Symbolic Meanings in Brazilian Community Development Banks." *International Journal of Community Currency Research*, 19(2).

Gelleri, C. 2009. "Chiemgauer Regiomoney: Theory and Practice of a Local Currency." *International Journal of Community Currency Research*, 13.

______. 2019. "Democratizing Money - Chiemgauer Community Currency as a Collective Designed Money." Easy Chair Preprint, No.1384.

Godschalk, H. 2012. "Does Demurrage Matter for Complementary Currencies?" *International Journal of Community Currency Research,* 16.

Greco, T. 2009. *The End of Money and the Future of Civilization.* Chelsea Green Publishing.

Jackson, T. 2009. *Prosperity without Growth: Economics for a Finite Planet.* London: Earthscan Publications Ltd.

Jacob, J., M. Brinkerhoff, E. Jovic and G. Wheatley. 2004. "HOUR Town: Paul Glover and the Genesis and Evolution of Ithaca HOURS." *International Journal of Community Currency Research,* 8.

Joachain, H. and F. Klopfert. 2012. "Emerging Trend of Complementary Currencies Systems as Policy Instrument for Environmental Purposes: Changes ahead?" *International Journal of Community Currency Research,* 16(1).

Kennedy, M. 2001. *A Changing Money System: The Economy of Ecology*, Permaculture Publications.

Lietaer, B. 2001. *The Future of Money: Creating New Wealth, Work and a Wise World.* London: Arrow Books Ltd.

Marshall, A. and D. W. O'Neill. 2018. "The Bristol Pound: A Tool for Localization?" *Ecological Economics,* 146.

Martignoni, J. 2012. "A New Approach to a Typology of Complementary Currencies." *International Journal of Community Currency Research,* 16(2).

Michel, A. and M. Hudon. 2015, "Community Currencies and Sustainable Development: A Systematic Review." *Ecological Economics,* 116.

North, P. 2014a. "Complementary Currencies as Alternative Organizational Forms." in M. Paker et al.(eds.). *The Routledge Companion to Alternative Organization*, London: Routledge.

North, P. 2014b. "Ten Square Miles Surrounded by Reality? Materializing Alternative Economies Using Local Currencies." *Antipode,* 46(1).

Robertson, J. 1999. *The New Economics of Sustainable Development: A Briefing for Policy Maker*, London: Kogan Page.

Ryan-Collins, J. 2011. "Building Local Resilience: The Emergence of the UK Transition Currencies." *International Journal of Community Currency Research,* 15(1).

Seyfang, G. 2002. "Tackling Social Exclusion with Community Currencies: Learning from LETS to Time Banks." *International Journal of Community Currency Research*, 6.

Seyfang, G. and N. Longhurst. 2013. "Growing Green Money? Mapping Community Currencies for Sustainable Development." *Ecological Economics,* 86, pp.65~77.

Schroeder, R. 2018. "Complementary Currencies and the Financing of Investments in Long-Term Assets." *International Journal of Community Currency Research,* 22(1).

Schneider, F., G. Kallis and J. Martinez-Alier. 2010. "Crisis or Opportunity? Economic Degrowth for Social Equity and Ecological Sustainability." *Journal of Cleaner Production,* 18(6).

Thiel, C. 2012. "Moral Money- The Action Guiding Impact of Complementary Currencies: A Case Study at the Chiemgauer Regional Money." *International Journal of Community Currency Research,* 16(1).

Williams, C. 1996. "The New Barter Economy: An Appraisal of Local Exchange and Trading Systems (LETS)." *Journal of Public Policy,* 16(1).

제6장

장기적 관점에서 본 남북한 경제협력 방안

양문수 | 북한대학원대학교 교수

1. 서론

1988년 한국 정부의 7·7 선언을 계기로 막이 오른 남북경협은 그간 숱한 우여곡절과 함께 성장·침체·후퇴를 경험하며 오늘에 이르고 있다. 현재는 남북경협 33년 역사에서 최대의 위기적 상황이다. 2010년 5·24 조치가 취해진 이후 개성공단을 제외한 모든 사업은 10년 넘게 중단된 상태이다. 5·24 이후 몇 년 동안 유일하게 남아 있던 개성공단 사업조차 2016년부터 전면 중단되었다. 이에 따라 모든 남북경협사업은 중단되었고, 이러한 '남북경협사업 제로' 시대는 5년째 지속되고 있다.

그러다가 지난 2018년 초부터 북한의 비핵화 선언, 남북정상회담, 북미정상회담 등으로 한반도 해빙 무드가 조성되면서 남북경협의 재개에 대한 기대감이 고조되었다. 하지만 2019년 2월 하노이 회담 결렬 이후 북미 간 핵협상이 교착 국면에 접어들면서 남북경협의 재개도 다시 안개 속으로 빠져든 상태이다.

한국경제가 저성장의 위기와 장기침체의 늪에서 탈출하기 위해서는 남북경협, 남북경제공동체를 통한 새로운 성장동력의 확보가 절실히 요구된다는 목소리는 기회가 있을 때마다 나오고 있다. 그런 기대감도 점점 커지고 있다. 하지만 현실은 오히려 거꾸로 가고 있다. 이제는 남북경제공동체는커녕 남북경협의 싹마저 사라졌다. 한국경제의 위기를 타개할 새로운 대안이 뚜렷하게 보이지 않을수록 남북경협과 남북경제공동체에 대한 기대감이 커져가고 있지만, 현실에서 맹위를 떨치고 있는 북핵 문제와 '안보위기론'에 파묻히고 있다.

그렇다고 해서 마냥 손을 놓고 있을 수만은 없는 노릇이다. 이 장에서는 이런 문제의식을 기반으로 해서, 다소 긴 호흡으로 향후 10년 이상의 장기적 관점을 취하면서 남북한 경제협력 방안 문제를 재조명해 보기로 한다. 다만 이 문제는 매우 광범위한 영역과 주제를 포괄하는 것으로서, 여기서는 지면의 제약도 있기 때문에 몇 가지 주요한 이슈만을 검토하는 선에서 그치기로 한다.

2. 남북한 장기 경제협력 방안에 관한 기존 논의

1) 고전적인 남북경제공동체 논의[1)]

장기적인 남북 경제협력 방안에 대한 논의는 총론적 논의와 각론적 논의로 이루어지는데, 전자의 경우 주로 남북경제통합 또는 남북경제공동체의 틀 속에서 전개되었다. 다만 최근에 와서는 장기적인 남북경협 방안이 경제공동체

1) 남북경제공동체 논의에 대한 이하의 서술은 양문수(2016: 512~515)의 내용을 수정·보완한 것이다.

와는 무관하게 논의되는 사례도 늘고 있다.

남북 경제통합에 대한 논의는 독일이 통일된 1990년 직후 활발하게 진행되었다. 독일의 경험을 분석해 교훈 및 시사점을 도출하려는 시도가 급증했으며, 이에 따라서 이 시기 남북통합에 대한 가장 많은 연구는 급작스러운 흡수통일에 대비한다는 차원에서 수행되었다. 하지만 시간이 경과함에 따라 통일 독일에서 급격한 통일 후유증과 많은 문제점이 발생하는 모습을 보면서 급진적 경제통합을 경계하는 목소리가 나오기 시작했다.

1998년 출범한 김대중 정부가 '사실상의 통일 상황'을 정책 목표로 설정하고 대북 정책이 교류협력의 활성화와 제도화에 초점을 맞추게 됨에 따라, 남한 내에서는 통일 및 통일 방안에 대한 논의가 급격하게 위축되는 현상을 보였다. 그 대신 남북한의 경제 교류협력을 활성화하기 위한 방안을 모색하는 논의가 증가했다. 노무현 정부 시절에도 유사한 경향이 이어졌다. 특히 남북경제협력 활성화 방안은 중장기적으로 남북경제공동체를 형성하기 위한 방안이라는 형태로 이루어졌다.

이후 이명박 정부 및 박근혜 정부 시절에는 간헐적으로 북한 붕괴론이 고개를 들고, 이에 따라 공개적·비공개적으로 통일 방안 및 남북경제통합 방안에 대한 논의가 다시 증가하기도 했다. 특히 비공개적으로 이루어지는 통일 방안 및 남북경제통합 방안 논의는 급진적인 통일 방안이 주종을 이루었다. 아울러 시간이 지나면서 경제통합 또는 경제공동체 형성 방안 논의가 축적되어 급진적 경제통합이든 점진적 경제통합이든 단순한 통합 논의에 그치지 않고, 북한의 체제 전환, 북한 및 남북한 경제발전, 남북한 경제통합을 동시에 고려하는 논의로 확대되고 발전했다.[2)]

---

2) 최근의 대표적인 논의로서 이석(2013), 이장로·김병연·양운철(2015) 등이 있다.

그런데 독일의 경제통합은 나름대로 성과를 거두었지만 너무 큰 경제사회적 후유증을 가져왔다는 것이 대체적인 평가이다. 구서독 입장에서는 통일에 따른 경제적 부담이 당초 예상보다 크게 증가했고, 통일 정부 입장에서는 재정 부담이 급증했다. 구동독 입장에서는 실업이 크게 증가했고, 특히 자생적으로 성장할 수 있는 기반을 마련하지 못했다.

반면 점진적 통합은 그 당위성에도 불구하고 현실성의 측면에서 많은 비판에 노출되어 있다. 예컨대 북한이 스스로 체제 전환에 나설 가능성이 매우 낮다는 것, 또한 북한은 남북경제통합에 대해서도 강한 거부감을 가지고 있다는 것이다. 또한 남북 관계가 악화되면 남북 간 합의에 의한 경제적 통합은 더욱 멀어질 가능성이 있다는 것이다.

한편 급진적 경제통합론은 이른바 북한 급변 사태 문제와 깊은 연관이 있다. 물론 북한 급변 사태가 남한 주도의 흡수통일을 보장하는 것은 아니지만, 그 가능성을 높여준다는 것이 급진적 경제통합론을 지지하는 사람들의 대체적인 생각이다.

남북경제공동체 분야에서 최근의 또 다른 논의로는 '급진적 정치통합 이후의 점진적 경제통합', 즉 통일 후 북한 경제의 한시적 분리 방안이 있다. 이는 남북한이 정치통합은 급진적으로 이루지만 경제통합은 점진적으로 추진한다는 것이 골자이다. 즉 급진적으로 정치적 통일을 이룬 이후에 일정 기간 한시적으로 북한 경제를 남한 경제와 분리해서 관리·운영한다는 것이다. 하지만 이러한 주장이 현실의 세계에서 어느 정도 통용될 수 있을지, 얼마나 설득력이 있을지는 여전히 미지수이다.

2) 보다 확장된 남북경제공동체론

노무현 정부 시절에 등장한 평화경제론은 엄밀히 따지면 경제통합 이론이라기보다는 남북 관계에서 정치와 경제의 관계, 그리고 국제 환경을 포괄적으로 이론화하고자 한 시도이다(이정철, 2008: 155). 이는 평화와 경제의 선순환을 강조하는 입장이다(김연철, 2006). 즉 경제를 통한 평화 추구를 한 축으로 하고 평화를 통한 경제협력의 발전을 다른 한 축으로 한다. 특히 북핵 문제 해결이 남북 경제협력의 발전과 경제공동체 형성에 중요한 환경변수라는 점을 인정하지만, 동시에 경제협력의 지속·발전이 북핵 문제 해결과 안보 현안을 해결하는 과정에서 긍정적으로 작용한다고 보고 있다.

한편 '한반도 경제'라는 개념은 그동안 간헐적으로 몇몇 학자들에 의해 사용되어 왔다. 필자 자신도 몇몇 학자들과 공동 작업을 통해 초보적인 개념화 작업을 수행한 바 있다.[3] '한반도 경제 구상'이라고 이름 붙인 이 구상은 엄밀히 말하면 '개방적 한반도 경제권'을 형성하기 위한 구상이다. 이는 남한 경제, 북한 경제, 동북아 경제의 연관성 제고를 통해 형성되는 경제권이다. 이는 남한과 북한이 자율적인 국민 경제 체제를 유지하되, 경제활동에 있어서는 남과 북을 각각 별개의 단위로 사고하는 것이 아니라 한반도 전체를 하나의 단위로 사고한다.

아울러 한반도 경제권은 적극적인 대외 개방을 펴는데 특히 동북아에 대한 개방의 수준을 대폭 제고한다. 동시에 지역, 도시, 기업 차원의 연계·결합 등 미시적 협력과 국가차원의 시장통합, 정책통합 등 거시적 협력을 병행 추진한다. 아울러 남북 관계의 측면에서 보면 남북 연합 단계에 부합하는 남북 경제

3) 자세한 것은 양문수·이남주(2007), 이수훈 외(2006)를 참조.

통합을 가리킨다.[4] 다만 이 논의는 북한의 본격적인 개혁개방을 전제로 하고 있으며, 한반도 경제권의 경계가 다소 모호한 것을 포함해 구상을 전략으로 전환하기 위해서는 적지 않은 숙제를 안고 있다.

한반도 경제에 대한 또 다른 이론화로서 주목할 만한 것은 이일영(2009, 2019)의 논의이다. 그는 "한반도 경제란 남북한 각각을 개혁할 뿐 아니라 남북한을 통합하며 세계와 공존하는 새로운 체제를 의미한다"라고 밝히고 있다(이일영, 2009: 5~6). 그는 이어 "한반도 경제 체제는 세계 체제·분단 체제·국내 체제의 층위가 중첩되어 있으며, 새로운 한반도 경제 체제는 다층적인 체제 혁신의 과정이다"라고 주장하고 있다(이일영, 2019: 17~18). 그는 기존의 국가 중심적 남북경제통합 논의에서 벗어나야 한다고 강조하고 있는데 그 자신의 주장처럼 새로운 진보의 대안으로 충분히 평가받을 만하다. 다만 이 논의에서는 경제통합의 수준과 단계, 남북 관계의 발전 수준에 대한 고려는 다소 약한 편이다. 또한 논의의 추상 수준도 여전히 높아서 구체성과 현실성을 채워 나가는 것이 과제로 남아 있다.

3) 평화경제론

문재인 대통령은 지난 2019년, 3·1절 100주년 기념사를 통해 향후 100년간 우리가 주도하는 새로운 질서로서 '신한반도 체제'를 주창했다. 이는 평화협력 공동체와 경제협력 공동체를 양대 축 및 핵심 목표로 설정했으며, 이를 실현하기 위한 핵심 전략으로 '평화경제'를 제시했다. 이후 문대통령은 몇 차

---

4) 이정철(2008)은 한반도 경제론에 대해 북한을 경제통합의 영역뿐만 아니라 지역(region) 형성의 차원에서도 접근해야 할 필요성을 제기한 데 가장 큰 의의가 있다고 평가하고 있다 (이정철, 2008) 참조.

례 더 '신한반도 체제' 구상을 대내외에 밝히면서 이 구상은 문재인 정부의 대북 정책의 핵심 기조로 부상하는 듯 보였다. 다만 2019년 여름부터는 '신한반도 체제'라는 표현이 등장하지 않고, '평화경제'라는 표현으로 대체되었다(이정철, 2020). 이에 따라 '평화경제'론이 문재인 정부의 대북 정책의 핵심 철학이자 정책 기조로 자리 잡았다.

앞에서도 언급했듯이 평화경제론은 노무현 정부 시절에 등장했던 것인데 문재인 정부 시절에 보다 발전된 형태로서 다시 등장한 것이다. 평화경제론의 핵심은 평화와 경제의 선순환적 관계이다. 평화경제론은 시간이 지남에 따라 약간의 변화가 발생해, 교류협력의 확대가 평화 정착에 도움을 줄 수 있다는 기능주의적 접근을 강조하는 초기 입장에서 평화 정착과 경제협력의 보완적 관계를 강조하는 신기능주의적 입장으로 인식의 진전이 있었다. 특히 평화문제의 진전 없이 남북경협이 지속가능한 발전을 이룰 수 없다는 인식의 진전이 있었다. 즉 평화와 경제의 선순환 관계이지만 그 시작은 평화인 것이다.

평화경제론에 대해 정부는 보다 구체적인 설명을 제시하지 않고 있으며, 학자들도 개념 정의 및 설명에 있어 다소 상이한 면을 보인다. 하지만 평화경제론이 경제 분야뿐 아니라 정치·외교·군사 분야도 포괄하는 개념이라는 데는 어느 정도 공감대가 형성되어 있다. 즉 한반도·남북 관계, 나아가 동북아시아의 정치·외교·군사 분야와 경제 분야를 아우르는 개념이다.

평화경제론은 모든 사람이 그런 것은 아니지만, 기존의 남북경제공동체론의 연장선상에서 평화의 중요성을 경제보다 강조하는 입장의 학자가 더 많다. 한반도 평화의 필요성과 중요성은 이미 잘 알려진 데다 누구나 공감하는 바이지만, 경제적 번영을 위해서도 반드시 한반도 평화가 필요하다는 것이다.

평화경제론은 정치·외교·군사 분야와 경제 분야의 상대적 독자성을 인정하는 토대 위에서 평화와 경제의 선순환 구조를 구축하는 것이 요체이다. 여기에서는 일정 수준의 평화 구축이 선결적 과제인바, 이는 정치·외교·군사 분야와 경제 분야에서의 노력이 병행적으로 이루어져야 한다. 경제 분야에서의 노력, 즉 남북한 경제협력은 남북한 상호 경제적 이익의 극대화, 각자의 경제적 잠재력의 충분한 발현을 통한 남북한 동반성장·공동번영이라는 목표와 함께 한반도 및 동북아 평화 구축의 토대 마련이라는 목표도 부여받게 된다.

물론 평화경제론에 대한 도전적 요인도 적지 않다. 가장 큰 것은 최근의 남북 관계 및 북핵 문제 상황, 주변국과의 관계 악화이다. 2019년 2월 하노이 북미정상회담 결렬 이후 북미협상은 교착상태에 빠지면서 북핵 문제는 좀처럼 진전되지 않고 있다. 남북 관계도 냉각상태에서 벗어나지 못하고 있으며, 한일 관계도 돌파구를 찾지 못하고 있다. 요컨대 최근의 여건은 '평화경제'의 실현과는 거꾸로 가고 있다. 평화경제론은 현재의 여건에 비추어볼 때 비현실적이라는 비판에 직면해 있다.

사실 평화경제론은 아직 구상 수준의 논의라고 할 수 있다. 혹은 일종의 그랜드 디자인으로서 남북 관계의 현실, 동북아 지형, 최근의 한일관계 악화, 북핵 문제 등 중단기 현안보다는 훨씬 호흡이 긴 장기적 비전이다. 결국 장기적으로 추구해야 할 과제이며 현재로서는 방향성 수준의 논의이다. 따라서 구체성과 현실성의 측면에서 더 많은 고민과 논의를 통한 보완이 필요한 것은 너무도 당연하다. 향후 수십 년간 한반도를 둘러싼 제반 여건의 변화에 대한 고찰, 우리의 비전 실현을 둘러싼 각종 제약 요인, 극복 방안 등, 이른바 '전략'과 '방법'에 대한 고민이 필요하다. 요컨대 평화경제론을 주장하는 학자들조차 보다 체계적인 이론 정립이 추가적으로 필요하다는 점을 인정하고 있다는 점에서도 평화경제론의 이론적 완결성은 여전히 숙제로 남아 있다.

3. 남북한 장기 경제협력의 청사진

1) 개관

이하에서는 장기적인 관점에서 본 남북한 경제협력의 청사진을 살펴보기로 한다. 물론 이는 잠재성의 영역이다. 현실화되기 위해서는 많은 조건이 필요하다. 더욱이 남북 경제협력의 성과에 대해서는 이견이 있을 수도 있다. 이를 전제로 한 상태에서 청사진에 대해 간단히 검토하기로 한다.

만일 중장기적 관점에서 한반도 정세가 호전되고 북한 경제가 본격적인 경제성장을 하게 된다면 남한 경제는 북한 지역이라는 새로운 경제 영토를 확보할 수 있다. 남북한은 긴밀하고 지속적이며 안정적인 분업 구조를 구축할 수 있으며, 이를 통해 장기간에 걸쳐 대규모의 경제적 이익을 상호 획득할 수 있다. 사실 종전에 한국기업의 GVC에는 북한이 빠져 있었다. 하지만 이제는 북한을 여기에 포함해 종전보다 훨씬 효율적인, 새로운 GVC를 구축할 수 있다.

아울러 한국은 북한에 대해 한중 간 및 한-베트남 간 분업 구조와 유사한 협력 방식을 창출할 수 있다. 생산기지로서 활용함과 동시에 소비재·중간재 수출 시장으로 활용하는 것이다. 그런데 한국의 입장에서는 북한과의 협력이 중국이나 베트남과의 협력보다 더 유리하다. 언어와 문화를 공유하고 있으며, 지리적으로도 매우 가깝다는 강점이 있다.

2) 남북한 장기 경제협력의 청사진: 산업적 측면

이제는 조금 더 구체적으로 살펴보자. 산업적 측면에서 남북한의 장기적 경제협력의 청사진, 특히 남북한 분업 구조 구축 방안을 5개의 유형으로 나누

어 살펴보면 다음과 같다.[5)]

제1유형: 해외 이전 남한 기업의 국내 유턴(U-Turn)이다. 남한 입장에서는 베트남·캄보디아·미얀마 등지보다 북한이 더 유리한 생산기지 역할을 수행할 것으로 예상된다. 개성공단의 사례에서 명확하게 드러났듯이 북한은 낮은 인건비, 풍부한 노동력 등 생산 여건이 여타 아시아 국가들보다 우위에 있고 동일한 언어를 사용해 의사소통이 원활하다. 또한 남한과 지리적으로 인접해 있어 물류 비용이 낮고, 납기 단축이 가능해 경쟁력을 높일 수 있다. 따라서 해외에 진출해 있던 생산기지를 다시 국내로 유턴시켜서 산업 경쟁력을 회복하고 시장을 확대할 수 있다. 섬유 의류·가전이 대표적인 업종이다.

제2유형: 북한 시장 수요의 폭발적 증가를 남한 기업이 향유하는 것이다. 향후 북한의 본격적 개혁개방 및 본격적 성장 시기에 시장 수요가 폭발적으로 증가할 것으로 예상되는 대표적인 산업은 건설업·서비스업이다. 구동독의 경우, 통일 특수 효과가 가장 뚜렷하게 나타났던 분야가 건설업이다. 주택·도로·상하수도·학교·병원 등의 분야에서 수요가 크게 늘 것이다. 또한 대형마트·백화점·편의점 등 현대적 유통 시설에 대한 수요, 상업 금융 서비스에 대한 수요도 크게 늘 것이며 'Motorization(자동차 대중화)' 현상도 나타날 것이다.

제3유형: 북한의 시장 수요 증가에 남한의 과잉 설비로 대응하는 것이다. 향후 북한 경제가 성장해 가는 과정에서 소비재에 대한 수요뿐만 아니라 중간재, 자본재에 대한 수요도 크게 증가할 것이다. 무엇보다 철강 소재에 대한 수요가 크게 증가할 것으로 보인다. 그런데 남한은 이미 상당한 정도의 과잉 설비 능력을 보유하고 있어 산업 전반에 대한 추가적인 투자 없이 북한의 수

---

5) 이 부분의 서술은 양문수(2018: 105~107) 인용. 남북경협을 통한 한국경제 산업 분야의 새로운 기회에 대한 5가지 유형화는 이석기 외(2007) 및 이석기 외(2016)을 참조.

요 증가에 대응할 수 있다. 또한 북한은 본격적인 석유의 시대를 경험하지 못한 채 석탄 시대에 머물러 있으며, 화학산업도 석유화학이 아니라 석탄화학의 단계에 머물러 있다. 그런데 한국의 정유산업 및 석유화학산업은 국내적으로 공급 과잉 및 과당 경쟁에 시달리고 있을 뿐만 아니라 세계적으로도 설비·공급 과잉이 갈수록 심화되고 있다. 따라서 북한의 석유화학 수요는 남한의 과잉 설비로 대응 가능하다는 장점이 있다.

제4유형: 북한의 기존 산업 기반을 남한이 활용하는 것이다. 북한의 기계산업 기반은 1990년대 경제난으로 크게 위축되었지만 남한이 약간의 협력만 제공하면 충분히 활용할 수 있는 수준으로 평가되고 있다. 남한은 향후 정밀도와 기술 수준이 높은 특수 기계류를 북한에 공급하는 대신 현재 남한이 중국 등지에서 수입하고 있는 범용 기계류는 앞으로 북한에서 공급받는 식으로 분업 구조를 구축할 수 있다.

제5유형: 남한이 북한 지역에 신기술 및 첨단사업을 도입·육성·활용하는 것이다. 남한에서는 기존 산업과 시장의 저항 때문에 혁신 기술의 도입이 지연되거나 불발되는 경우가 상당히 많아졌다. 그러나 북한은 기존에 투자된 것이 없으므로 새로운 투자에 대한 저항이 없고, 따라서 신기술의 도입·육성에 유리하다. 따라서 남북한 협력이 전면화되는 시점에 북한은 신기술 산업의 새로운 거점 및 시장이 될 수 있는 잠재력이 크다. 북한이 기술의 불모지라는 점을 오히려 긍정적 요인으로 활용해 남한의 혁신기업들이 북한을 신기술의 적용을 시험해 볼 수 있는 공간, 신기술의 상용화를 시도해 볼 수 있는 공간, 즉 신기술의 테스트 베드(test bed)로 활용하는 방안도 충분히 고려해 볼 수 있다. 아울러 스마트 시티, 스마트 농업 등과 같이 4차 산업혁명과 관련된 분야도 북한에서 시도될 수 있을 것으로 보인다.

3) 남북한 장기 경제협력의 청사진: 경제지리적 측면

이제는 경제지리적 측면에서 남북한 장기 경제협력의 청사진을 살펴보기로 하자. 북한의 본격적인 개방 및 남북한의 자유로운 왕래로 인해 남한은 동북아 지역과의 경제협력 공간을 복원할 수 있다. 남한은 그동안 대륙에 연해 있는 반도이면서도 실질적으로는 육지에서 멀리 떨어진 섬과 같은 존재로 전락했다. 한국과 중국 동북3성의 교류는 이러한 물리적 제약을 받게 되었고, 이에 따라 거래 비용이 크게 증가한 상태이다. 하지만 남북한 경제협력이 활성화되면 남한은 동북3성을 비롯해 대륙과의 경제적 연계가 심화되는 발판을 확보할 수 있다. 특히 남북한 교통망과 TCR(중국횡단열차), TSR(시베리아횡단열차)의 연결로 인해 유럽 등지로의 물류비 대폭 절감이 가능해지고 이는 한국과 유럽 등지의 경제적 교류를 확대·심화할 가능성이 크다.

교통의 경우, 북한은 대륙으로 연결되는 육상 교통망이 잘 갖춰져 있으며, 남한은 해상 및 항공 운송망이 갖춰져 있다. 따라서 남북한 간에 교통망이 연결되고 통합적으로 운영되면 시너지 효과를 충분히 발휘할 수 있다. 즉 한반도가 실질적인 하나의 경제권, 하나의 경제 수송 단위로서 활성화될 수 있다.

지금까지 우리가 알고 있는 한반도의 교통망이 서울~부산 400km 정도의 거리였다면, 앞으로는 더 넓게 보아 북한을 거쳐서 중국·극동 러시아까지 연결되는 하나의 광역 교통망으로 확장될 수 있는 상황이다. 서울·개성·평양·신의주, 다롄·단둥·선양·창춘·하얼빈 등이 육상 교통망으로 연결된다면, 이는 지역발전과 경제성장의 기폭제가 될 수가 있다.

〈그림 6-1〉 동북아 메타경제권 구축 개념도

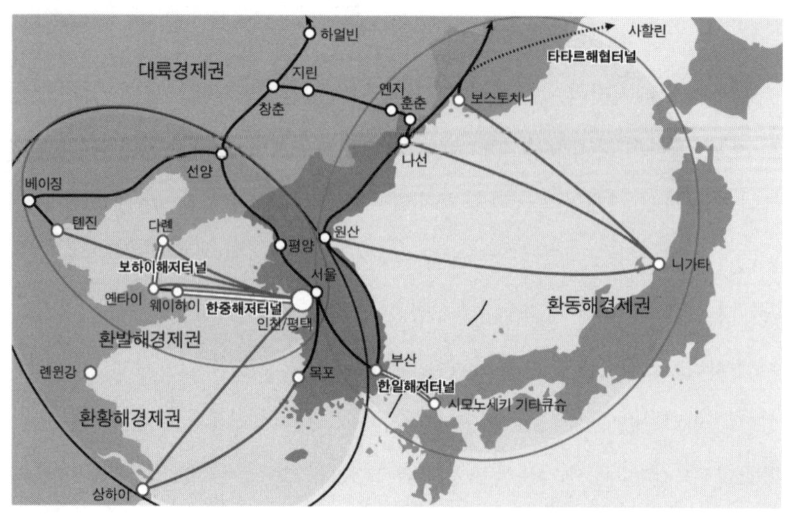

자료: 안병민(2018: 40).

4. 쟁점과 과제

1) 대북 제재 문제

이하에서는 남북한 장기 경제협력의 '현실' 문제를 검토하기로 한다. 여러 가지 쟁점과 과제가 있지만, 여기서는 대표적인 것 세 가지만 다루기로 한다.

가장 큰 것은 대북 제재 문제이다. 돌이켜 보면 지난 2018년에 이루어진 역사적 '판문점 선언·평양 선언'을 통해 남북 당국은 남북 교류의 확대에 대한 의지를 표명하고, 이를 실행에 옮기려고 했다. 하지만 국제사회의 대북 제재 이완에 대한 미국 정부의 강한 우려가 작용해 남북 당국은 교류협력을 제대로 수행하지 못하고 있다. 경제 분야의 교류협력은 말할 것도 없고, 사회문화 분야의 교류협력, 심지어는 인도적 지원조차 제재의 벽에 막혀 있어 개별 사안의 남북 교류는 유엔 제재위원회의 면제 조치를 받아야만 실행이 가능한 실정이다.

따라서 당분간 남북경협의 향배를 좌우할 핵심 변수는 뭐라고 해도 단연 대북 경제 제재이다. 즉 미국 및 국제사회의 대북 경제 제재 완화·해제 시점 및 범위·수준이 남북경협 재개 및 활성화에 결정적인 변수로 작용한다. 그리고 현재 북한을 옥죄고 있는 미국 및 국제사회의 대북 제재는 역사상 가장 강력한 대북 제재임은 잘 알려진 사실이다(〈표 6-1〉 참조).

대북 제재, 즉 북한에 대한 경제 제재는 양자 간 제재와 다자간 제재로 구분된다.

양자 간 대북 제재에서 가장 큰 것은 미국의 대북 제재이다. 미국은 한국전쟁 발발 직후부터 여러 차례 관련 법의 제·개정을 통해 북한에 대한 경제 제재를 단행했다. 그런데 미국의 대북 제재는 북한의 4차 핵실험(2016.1)을 기점으로 그 성격과 내용이 근본적으로 변화했다. 특히 미국은 북한의 4차 핵실험 이후 '대북제재강화법'(2016.2)을 발효시켰다. 이는 사실상의 전면 금수 조치로서 북한과 거래하는 제3국도 제재 대상에 포함시키는, 이른바 세컨더리 보이콧의 성격도 포함하고 있다는 점에서 눈길을 끈다.

유엔의 대북 제재도 미국의 대북 제재와 마찬가지로 북한의 4차 핵실험을 기점으로 그 성격과 내용이 근본적으로 변했다. 종전에는 북한의 대량살상무기(WMD)와 사치품만을 제재 대상으로 하는 스마트 제재의 성격을 띠고 있었으나 북한의 4차 핵실험 이후 북한 경제 전반을 대상으로 하는 전방위적 제재, 특히 종전과는 달리 '민생'은 고려하지 않는 제재로 변화했다.

2019년 2월 하노이 북미정상회담 결렬 이후 문재인 대통령은 개성공단, 금강산 관광, 철도 도로 연결 등 남북경협의 적극적 전개 의사를 여러 차례 밝힌

〈표 6-1〉 유엔의 대북 경제 제재 주요 내용(2016.1. 이후)

	2270호 (2016.3)	2321호 (2016.11)	2371호 (2017.8)	2375호 (2017.9)	2397호 (2017.12)
북한의 수출	- 석탄, 철, 철광석 수출 금지(민생은 예외)	- 석탄 수출 연간 4억 달러 상한 (예외 조항 삭제) 아연, 동, 니켈 등 기타 주요 광산물 수출 금지	- 석탄, 철, 철광석, 납, 납광석 등 수출 전면 금지 수산물 수출 금지	- 섬유 의류 수출 금지	- 식용품, 농산물, 목재, 토석류, 선박 기계류, 전기기기 등 수출 금지
북한의 수입				- 북한의 원유도입량 동결(연간 400만 배럴) - 북한의 석유 제품 도입량 연간 200만 배럴 제한	- 북한의 석유 제품 도입량 연간 50만 배럴로 제한 - 산업용 기계류, 운송 수단, 철강 금속 수입 금지
금융	- 북한 내 외국 금융 기관 폐쇄 및 거래 금지 - 북한 금융 기관 해외 지점 폐쇄 및 거래 금지	- 북한과의 무역을 위한 공적·사적 금융 지원 금지			
기타	- 북한과의 수출입 화물 검색 의무화		- 북한과의 신규 합작 금지 - 북한 해외노동자 규모 동결	- 북한과의 모든 합작 중단, 기존 합작 기업 120일 내 폐쇄. - 계약 만료 해외 노동자 계약 연장 금지	- 북한 해외 노동자 24개월 내 송환 - 북한 영해 조업권 금지

자료: 김석진(2018)을 일부 수정.

바 있다. 하지만 미국 정부는 직간접적으로 이에 대한 부정적 반응을 보였고, 특히 2019년 4월 워싱턴의 한미 정상회담에서 트럼프 대통령은 인도적 지원 문제를 제외한 개성공단, 금강산 관광사업 등 남북경협 재개에 대해서는 부정적 입장을 표명했다. 또 현재의 제재가 적절한 수준이라고 말해, 당분간 추가 제재 조치도 없을 것이지만, 현재 제재의 완화 가능성도 없을 것임을 시사했다.

제재 완화·해제에 대해 종전에도 미국의 입장은 매우 강경했지만 2019년 2월의 하노이 회담을 계기로 더욱 강경해졌고, 앞으로도 그럴 것으로 보인다. 북한 스스로, 더욱이 김정은 위원장의 입을 통해서 제재 효과를 입증하고 시간은 미국의 편임을 확인시켜 준 것이나 마찬가지이다. 김정은 위원장이 2019년 4월 최고인민회의 시정 연설을 통해 "제재 해제 문제 따위에는 이제 더는 집착하지 않을 것"이라고 종전의 전략을 변경했지만 이미 버스는 떠난 뒤였다.

물론 한국 정부가 미국의 반대에도 불구하고 개성공단, 금강산 관광, 철도·도로 연결 등을 추진하는 것이 불가능하지는 않다. 하지만 정치경제적으로 부담스러운 것은 부인하기 어렵다. 무엇보다도 현재 미국의 독자적 대북 제재로 세컨더리 보이콧이 사실상 가능하게 되었기 때문이다. 즉 북한과 거래하는 제3국 정부·기업, 예컨대 중국 또는 한국 정부·기업에 대해 미국이 제재를 가할 수 있게 되었기 때문이다. 나아가 미국과의 관계에서 다른 분야에서 한국이 대가를 치러야 할 가능성이 높기 때문이기도 하다.

요컨대 현재의 여건하에서는 남북경협의 입장에서 제재가 결정적인 변수이다. 그리고 제재는 북미협상의 결과에 달려 있다. 따라서 단기간 내 북미협상이 재개·타결되고 제재가 완화되어 남북경협이 재개될 가능성은 그리 높지 않다. 상당한 시일을 요할지도 모른다.

2) 남북한 장기 경제협력 방안에 대한 남북한의 합의 도출 문제

남북한은 지금까지 남북경협의 큰 그림 혹은 청사진에 대해 머리를 맞대고 진지하게 논의한 경험이 없다. 특히 본격적·전면적인 남북경협을 통한 북한 경제발전 전략, 남한 경제발전 전략과 같이 본질적이고 포괄적인 논의를 해본

〈그림 6-2〉 한반도 신경제 구상 중 3대 경제벨트

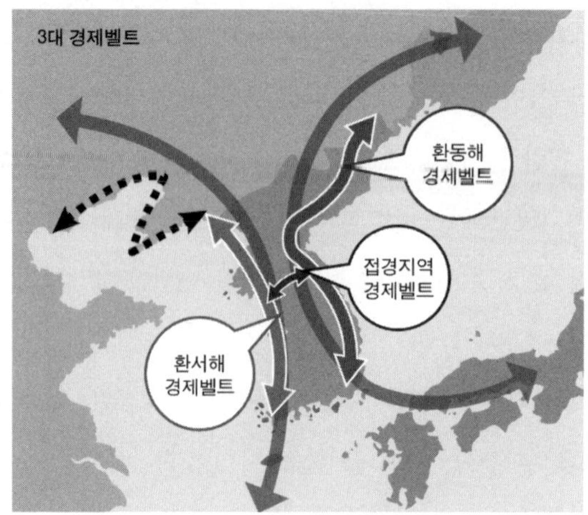

자료: 통일부(2018: 21).

경험이 없다. 몇 차례의 정상회담 및 실무 후속 회담에서 개별 남북경협사업에 대해 논의해 본 경험이 상대적으로 많은 것과는 대조적이다.

하지만 장기적 협력을 실질적으로 증진시키기 위해서는 남북경협의 큰 그림에 대해 남과 북이 논의하는 것이 매우 중요하다. 남북한의 공동번영을 위해 남북경협의 청사진을 어떻게 그려야 할지 남과 북이 계속 논의하면서 합의의 수준을 높여가는 것이 중요한 과제이다.

남북한 중장기 경제협력 방안에 대한 한국 정부의 기본 골격은 문재인 정부의 '한반도 신경제 구상'으로 제시된 바 있다. 이는 문재인 정부가 출범 당시 제시한 핵심 국정 과제 중 하나이며, 문재인 정부의 남북경협 정책의 핵심 기조라고 할 수 있다. 이는 남북경협의 활성화를 통해 남북한의 새로운 성장동력을 확보하는 한편, 중국·러시아 등 주변국들과의 연계를 통해 경제 영역을 확장하고 동북아 평화와 공동번영을 도모한다는 구상이다.

한반도 신경제 구상은 〈그림 6-2〉에 제시한 3개 경협벨트와 '하나의 시장'

이라는 두 개의 핵심 과제로 이루어져 있다. 이 중 3대 경제벨트는 △ 환동해권: 원산·함흥, 단천, 나선, 러시아를 연결하는 에너지·자원 벨트, △ 환서해권: 수도권, 개성-해주, 평양-남포, 신의주, 중국을 연결하는 교통·물류·산업벨트, △ 접경지역: DMZ 생태평화안보관광지구, 통일경제특구를 연결하는 환경·관광 벨트로 구성되어 있다.

그런데 한반도 신경제 구상은 남북경협에 대한 문재인 정부의 지향점이나 비전을 제시하는 역할을 충분히 수행하고 있지만, 구체적인 정책 차원에서는 보완할 부분이 있다. 특히 남북경협에 대한 북한의 수요, 북한의 경제개발 구상 등을 반영해 방법론을 보완해야 한다.[6)]

한편 북한은 남북경협의 청사진은 말할 것도 없고, 자신들의 경제발전 전략에 대해서도 구체적으로 공개한 바가 거의 없다. 극히 일부의 자료에 대해 제한적으로 공개했을 뿐이다. 경제난 이후 발표된 자료로는 북한의 외자 유치를 담당하는 조선대풍국제투자그룹이 2010년에 작성하고 다음 해에 발표한 경제개발 10개년 계획(정식 명칭은 2010~2020 조선민주주의인민공화국 경제개발 중점 대상)을 꼽을 수 있다. 이는 김정일 시대 말기에 북한이 희망했던 경제발전 전략의 원형을 보여준다 할 수 있다.

이어 2013년부터 지금까지 몇 차례에 걸쳐 발표했던 경제개발구 계획[7)]에서

---

6) 4·27 남북정상회담에서 문대통령이 김 위원장에게 한반도 신경제지도 구상을 전달한 것으로 전해지고 있다. 그런데 북한은 이에 대해 공식적 반응을 내놓은 바가 없다. 이와 관련, 일각에서는 몇몇 북한 사람의 비공식적·개인적 반응이라고 전해졌는데 대체로 보아 냉소적·부정적 반응이었다고 한다. 예컨대 "그건 당신들의 생각이지 않느냐"라는 식이다.

7) 북한이 2018년에 발간한 『조선민주주의인민공화국 주요 경제지대들』(평양: 외국문출판사, 2018)에서는 과거 김일성·김정일 시대에 지정된 경제·관광 특구조차 '경제개발구'의 범주에 새로 포함시켰다. 즉 이 책자에서는 모든 경제·관광 특구 및 개발구를 김정은 시대의 브랜드인 '경제개발구'로 통일시켜 부르고 있다. 그러면서 경제개발구는 총 27개이며, 이를 중앙급 경제개발구(8개)와 각 도(평양, 남포 포함)의 개발구(19개)로 구분하고 있다. 단 상기

도 김정은 시대의 경제발전 전략의 일부를 읽을 수 있다. 36년 만에 개최한 2016년 당대회에서 공개한 국가 경제발전 5개년 전략(2016~2020)은 말 그대로 북한의 경제발전 전략을 잘 보여줄 수 있지만, 그 내용은 전혀 공개되지 않고 있다.[8)]

이 세 가지 자료를 종합해서 유추해 보면 김정은 시대의 경제발전 전략은 산업적으로는 에너지·금속·화학 등의 소재산업, ICT 등의 기술집약적인 산업, 수출 제조업, 관광산업을 중점적으로 육성한다. 지역적으로는 동해안 지역에서는 청진·나선·함흥 등을 중심으로 중화학공업을, 원산 및 백두산 지역을 중심으로 관광산업을 중점적으로 육성하고, 서해안 지역에서는 평양·남포 지역을 중심으로 ICT 등 기술집약적인 산업, 수출 제조업, 에너지 산업을 육성하려는 것이 전략의 핵심(이석기 2019: 53)이라고 할 수 있다.

따라서 큰 틀에서 한반도 신경제 구상과 북한의 경제발전 전략을 단순 대조해 보면 서해안 지역의 발전 구상은 ICT·수출 제조업 등으로서 크게 차이가 나지 않는다. 반면 동해안 지역은 남한의 구상은 에너지·자원이지만 북한의 구상은 중화학공업 등으로서 다소 차이가 난다. 아울러 접경지역은 남한의 구상은 있지만 북한의 구상은 현재로서는 없다는 차이가 있다. 따라서 현재의 한반도 신경제 구상 수준에서도 남북한 간 합의 도출이 중요한 과제로 제기되고 있으며, 향후 남북한이 협력 구상을 구체화하는 과정에서는 상호 의견 교환 및 논의를 통한 합의 수준 제고가 더욱 중요한 과제로 제기될 것이다.

책자에서 개성공업지구는 거론조차 되지 않고 있다.

8) 당대회가 개최되기 한 달 전인 2016년 4월에 작성한 것으로 표기되어 있는, 「국가경제발전전략(2016~2020)」이라는 제목의 북한 내부 문건(총 157페이지)의 일부 내용을 일본 ≪마이니치신문≫ 2019년 4월 21일 자에서 보도한 바 있다.

3) 남북경협에 대한 남한 내 합의 수준 제고

우리 사회 내에는 남북한 경제협력의 의미와 효과, 내용과 방법 등에 대해 다양한 견해가 존재한다. 특히 이른바 보수진영과 진보진영 간의 견해차 및 대립이 오랜 기간 진행되면서 사회적 갈등으로까지 발전했고, 이는 정권교체 이후 대북 정책이 극단적으로 변화하는 계기를 제공했다. 더욱이 이러한 견해차 및 지그재그식 정책은 남북경협의 동력을 떨어뜨리는 요인의 하나로 작용하기도 했다. 물론 시간이 흐름에 따라 일부 영역에서는 보수와 진보 간에 견해차가 좁혀지는 현상도 나타났지만 양 진영의 의견 차는 여전히 크다고 볼 수 있다.

가장 최근에는 대북 제재에 가로막혀 남북경협이 전혀 진전을 보지 못하는 상황에서 양 진영의 견해차가 나타나기 시작했다. 더욱이 2018년 남북한 정상이 합의한 각종 남북 교류 협력사업을 한국 정부가 제대로 이행하지 못하고, 이에 북한은 남한을 비난하면서 남북 관계가 다시 냉각되고, 이런 냉각 상태가 지속됨에 따라 보수진영과 진보진영의 의견 대립이 뚜렷하게 나타났다.

보수진영에서는 남북경협에서 국제사회와의 공조를 최우선시하고 있다. 이는 유엔에서 대북 제재를 주도하고 있는 것이 미국이라는 점을 시야에 넣고, 보수진영이 한국의 대외 정책, 대북 정책에서 이른바 한미동맹을 최우선시해 왔다는 점을 고려한다면 쉽게 이해할 수 있다.

이들은 남북 관계를 국제사회의 독립변수가 아니라 종속변수로 파악한다. 북핵 문제 해결이 최우선적 과제이며, 북한이 국제사회에 편입되고 개혁개방을 하는 것이 무엇보다도 중요하다는 입장이다. 나아가 이들은 대북 제재의 효과와 필요성을 주장하고 있다. 현재의 대북 제재는 효과가 크며, 앞으로 지속된다면 북한의 비핵화를 견인할 수 있다고 본다. 향후 비핵화 협상에서 북한의 양보를 끌어낼 수 있다는 것이다.

따라서 현 국면에서 남북경협을 재개하는 것은 바람직하지 않다고 한다. 국제사회의 대북 제재 공조 체제를 약화시킬 수 있으며, 더욱이 북한 핵문제 해결을 지연시킬 것이라는 논리이다.

반면 진보진영에서는 국제사회와의 공조, 한미동맹도 중요하지만 남북 관계도 중요하다는 입장이다. 남북 관계는 국제사회의 종속변수가 아니라 독립변수로 보아야 한다는 것이다. 특히 2019년까지 한국 정부가 미국 정부의 반대 때문에 2018년 남북 합의 사항을 이행하지 못하고, 남북 관계가 악화된 데 대해 비판적인 태도를 취하고 있다.

나아가 이들은 대북 제재의 효과와 필요성에 대해서도 회의적이다. 현재의 대북 제재가 효과가 없지는 않지만 △ 중국의 태도, △ 제재에 대한 북한의 적응 등으로 인해 효과가 크지도 않다고 보고 있다. 설령 제재 효과가 있다고 해도 북한 체제 특성상 북한의 비타협적 태도를 초래해 오히려 북핵 문제 해결의 장애요인으로 작용한다는 것이다.

따라서 현 국면에서 전면적이지는 않더라도 부분적으로 남북경협을 재개해야 한다는 입장이다. 남북경협의 일부 재개를 통해 남북대화를 재개하면서 남북 간 신뢰 회복을 위해 노력하고, 나아가 대북 제재의 완화·해제 및 남북경협의 확대를 매개로 해서 북한의 비핵화를 유도해야 한다는 것이다.

이들은 남북 관계가 더 이상 북미 관계에 연동되어서는 곤란하다고 보고 있다. 현재 국면에서 남북 관계의 자율성 확보가 최우선적 추진 과제로 설정되어야 한다는 것이다. 요컨대 남북 관계가 북미 관계보다 최소한 반 발자국 또는 한 발자국 앞서가야 한다는 것이다. 현재 경색되어 있는 남북 관계를 풀어나가기 위해서는 2018년 남북 간 합의 사항, 특히 남북한 교류 협력사업을 추진해야 한다는 것이다.

한편 북핵 문제가 진전되면서 대북 제재가 점진적으로 완화·해제되어 남북경협을 추진할 수 있는 여건이 마련된다고 해도 남북경협의 방법에 대한 보수·진보의 견해차는 나타날 수 있다.

대표적인 것이 남북경협에 있어서 정부와 민간의 적절한 역할 재분담이다. 특히 남북경협에서 정부가 어디까지 역할을 해야 하는지에 대해서는 보수와 진보 간의 견해차가 상당히 크다. 이른바 게임의 규칙을 만들고 집행하는 심판의 역할, 남북경협의 제도적 환경의 구축 등에 대해서는 보수든 진보든 동의한다. 하지만 정부 재정을 투입하는 문제는 여전히 논란의 대상이다.

예컨대 남북경협의 공공재적 성격을 인정한다면 정부가 남북경협에서 보다 적극적으로 역할을 수행해야 하고, 민간이 나서기 어려운 분야 및 단계에 정부 재정을 투입해야 한다. 또한 일정 정도는 대북 정책뿐 아니라 중소기업 정책 차원에서도 민간기업을 지원해야 한다. 하지만 남북경협이 공공재적 성격이 있는지 여부, 나아가 긍정적 외부성이 있는지 여부에 대해서는 보수와 진보의 견해차가 크다.

우리 사회 내 최소한의 합의 도출을 위해 민간 차원의 경협과 정부 차원의 경협을 분리하고, 민간과 정부의 역할을 재 분담하는 방안을 고민해야 한다는 수준의 합의는 가능하지만 그 이상에 대해서는 여전히 지속적인 토론이 필요하다.

5. 결론

언제부터인가 한국 사회 내에서는 남북경협의 활성화, 나아가 남북경제공동체가 한국경제의 활로를 모색할 수 있는 새로운 돌파구가 될 수 있다는 인식이 확산되기 시작했다. 특히 한국경제가 장기침체의 늪에 빠졌고, 이런 위기를 타개할 대안이 뚜렷하게 보이지 않는다는 공감대가 커질수록 남북경협 및 남북경제공동체에 대한 기대감이 커져갔다.

장기적인 관점에서 보았을 때 북한의 경제성장이 본격화한다면, 비록 그 규모에서는 차이가 나겠지만 과거 중국이나 베트남의 성장이 한국경제에 기여했던 것과 유사한 형태로 기여할 가능성이 높다. 북한은 남한에 대해 시장과 생산기지로서 역할을 수행할 것이며 규모의 경제 및 생산요소의 보완이라는 측면에서 남한 경제에 크게 기여할 수 있다. 또한 남한의 국가 위험도를 현저히 감소시킴으로써 남한의 국제 신인도를 상승시킬 수 있으며, 나아가 남한은 동북3성을 비롯해 동북아 지역과의 경제협력 공간을 복원할 수 있는 등 여러 분야에 걸친 다양한 효과가 발생할 수 있다. 다만 이런 기대는 아직 잠재성의 영역에 머물러 있다.

현실에서는 역사상 가장 강력한 대북 제재의 장벽이 가로막고 있다. 대북 제재가 완화·해제되기 위해서는 북미 간 핵협상이 진전되어야 하는데 북미 간 의견 차가 워낙 커서 앞을 내다보기가 어렵다. 단기간 내 협상이 타결되고 제재가 완화되어 남북경협이 재개될 가능성은 그리 높지 않다. 상당한 시일을 요할지도 모른다.

극적으로 제재가 완화되어 남북경협이 재개된다고 하면 남북경협 방안에 대한 남북한의 합의 도출을 위해 짧지 않은 협의·협상의 과정을 거쳐야 한다. 아울러 남북경협의 내용과 방법 등에 대한 남한 내 보수진영과 진보진영 간 합의 수준 제고를 위한 노력도 지속적으로 이루어져야 한다. 적지 않은 과제가 우리 앞에 놓여 있다.

참고문헌

김석진. 2018.5.3.「북한경제 현황과 전망」. 미발표 자료.

김연철. 2006.「한반도 평화경제론: 평화와 경제협력의 선순환」. ≪북한연구학회보≫, 10(1).

안병민. 2018.5.29.「한반도 통합교통망 구축방향과 과제」.『신한반도 경제지도와 금융』(연합인포맥스 창립 27주년 기념 컨퍼런스, 발표 논문).

양문수. 2016.「북한의 체제전환과 남북경제공동체」. 이병천 외 엮음.『한국의 민주주의와 자본주의: 불화와 공존』. 돌베개.

______. 2018.「한반도 비핵화 및 평화체제 시대의 남북경협: 전망과 과제」. ≪동향과 전망≫, 104.

양문수·이남주. 2007.「한반도 경제구상: 개방적 한반도 경제권의 형성」. 한반도사회경제연구회.『한반도경제론』. 창비.

이석 편. 2013.ㄴ『남북통합의 경제적 기초: 이론, 이슈, 정책』. 한국개발연구원.

이석기. 2019.『남북한 산업협력 쟁점분석』. 산업연구원.

이석기 외. 2007.『남북한 산업협력 기본전략과 실행방안』. 산업연구원.

이석기 외. 2016.『통일을 대비한 남북한 산업협력 전략과 실행방안』. 산업연구원.

이수훈 외. 2006.『한반도 경제구상: 개방적 한반도 경제권의 형성』. 동북아시대위원회.

이일영. 2009.『새로운 진보의 대안, 한반도 경제』. 창비.

______. 2019.『뉴노멀 시대의 한반도 경제』. 창비.

이장로·김병연·양운철 엮음. 2015.『남북한 경제통합: 전략과 정책』. 한울엠플러스.

이정철. 2008.「참여정부의 남북경제공동체론 평가」. ≪북한연구학회보≫, 12(1).

______. 2020.「신한반도체제와 평화경제론」.『POSTECH·POSRI-코리아 리포트』, Winter/Spring.

차명철. 2018.『조선민주주의인민공화국 주요 경제지대들』. 평양: 외국문출판사.

통일부. 2018.『문재인의 한반도 정책: 평화와 번영의 한반도』. 통일부.

지은이(가나다순)

김혜원

서울대학교 경제학과 졸업, 서울대학교 경제학 박사

현재 한국교원대학교 교육정책전문대학원 교수

주요 연구: 「근로빈곤층에 대한 실업안전망 구축 방안」(공저, 2017), 「사회적기업의 노동통합 성과 분석」(2017), 「고용서비스 민간위탁기관간 경쟁도와 위탁 규모가 취업 성과에 미치는 영향」(2015)

양문수

서울대학교 경제학과 졸업, 일본 도쿄대학교(東京大學校) 대학원 경제학박사

현재 북한대학원대학교 교수

주요 연구: 「한반도 비핵화 및 평화체제 시대의 남북경협: 전망과 과제」(2018), 「김정은 집권 이후 개정 법령을 통해 본 '우리식경제관리방법'」(2017), 『북한경제의 시장화: 양태, 성격, 메커니즘, 함의』(2010)

유재원

서울대학교 경제학과 졸업, 미국 예일대학교 경제학 박사

현재 건국대학교 경제학과 교수

주요 연구: 『국제금융경제』(공저 2020), 「베이지안 VAR모형을 이용한 해외 실물 및 금융충격의 국내 파급효과 분석」(공저, 2020), "Declining Fixed Investment and Increasing Financial Investment of Korean Corporations"(공저, 2019), "Effects of Japanese Quantitative Easing Policy on the Economies of Japan and Korea"(공저, 2019), 「포용적 통상국가실현을 위한 추진전략 연구」(공저, 2019)

이강국

서울대학교 경제학과와 대학원 졸업, 매사추세츠주립대학교 경제학 박사

현재 리쓰메이칸대학교 경제학부 교수

주요 연구: 『이강국의 경제산책』(2015), "Economic Complexity, Human Capital and Income Inequality: A Cross-Country Analysis"(2020), 「한국경제의 노동생산성, 임금 그리고 노동소득분배율」(2019), "Growth, Inequality and Structural Changes in Korea: Egalitarian Growth and Its Demise"(2017)

정세은

서울대학교 경제학과 졸업 파리13대학교 경제학 박사

현재 충남대학교 경제학과 교수

주요 연구: 「위기 이후 아일랜드 모델의 변화와 지속성장을 위한 과제」(2019), 「문재인정부 조세재정정책 평가 및 바람직한 대안의 모색」(2018), 「2008년 이후 근로소득세제 개편의 소득재분배 및 세부담 효과」(2017)

조복현

충남대학교 경제학과 졸업, 서울대학교 경제학박사

현재 한밭대학교 경제학과 교수

주요 연구: 『현대 자본주의 경제의 불안정성』(1997), 『자본주의 경제 동학 에세이 1933~1970』(역서, 2010), "Investment Finance and Financial Sector Development"(2008), 「현대화폐이론과 재정금융정책」(2020), 「지역의 사회적 금융 생태계 구축방안」(공저, 2020), 「화폐내생성과 유동성 선호」(2019), 「금융화경제에서의 임금주도성장 전략(2019), 「사회적 금융의 다중 목표와 호혜성」(2018), 「케인스 일반이론의 혁명성」(2018)

한울아카데미 2271

서울사회경제연구소 연구총서 XXXIX

세계 속의 한국경제: 2021~2030

엮은이 | 서울사회경제연구소
지은이 | 김혜원·양문수·유재원·이강국·정세은·조복현
펴낸이 | 김종수
펴낸곳 | 한울엠플러스(주)
편집책임 | 최진희
편집 | 김하경

초판 1쇄 인쇄 | 2020년 12월 15일
초판 1쇄 발행 | 2020년 12월 31일

주소 | 10881 경기도 파주시 광인사길 153 한울시소빌딩 3층
전화 | 031-955-0655
팩스 | 031-955-0656
홈페이지 | www.hanulmplus.kr
등록번호 | 제406-2015-000143호

Printed in Korea.
ISBN 978-89-460-7271-8 93320 (양장)
978-89-460-8009-6 93320 (무선)

※ 책값은 겉표지에 있습니다.
※ 이 책은 강의를 위한 학생용 교재를 따로 준비했습니다.
강의 교재로 사용하실 때는 본사로 연락해 주시기 바랍니다.